AF608557

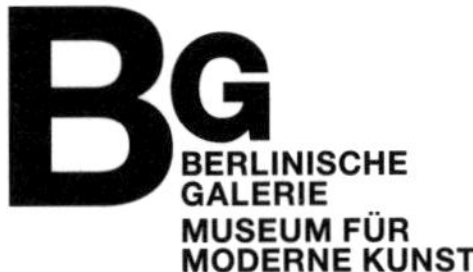

DISTANZ

realities: united

Fazit

Inhalt

Content

Vorwort

Thomas Köhler

de Die Architektursammlung der Berlinischen Galerie wurde im Jahr 1985 begründet, jedoch beschränkt sie sich inzwischen nicht nur auf die Akkumulation von Plänen, Modellen und Architekturfotos. Seit 2011 werden in loser Folge Architekt*innen eingeladen, in der ersten großen Ausstellungshalle ein Projekt zu realisieren. Die Projekte können eher explorativen, experimentellen Charakter haben, installative Ansätze verfolgen oder gar den klassischen Bereich der Architektur vollkommen hinter sich lassen.

realities:united wurden im Jahr 2000 von Jan Edler und Tim Edler als interdisziplinäres Studio für Kunst und Architektur gegründet. Internationale Bekanntheit erlangten sie 2003 mit BIX, der Licht- und Medienfassade am Kunsthaus in Graz. Die beiden Brüder sind auch die Initiatoren von Flussbad Berlin, einem von Bund und Land geförderten Stadtentwicklungsprojekt zur gemeinschaftlichen Nutzung des Spreekanals im Zentrum Berlins, dessen utopisch anmutender Ansatz für Kontroversen gesorgt hat.

realities:united haben immer wieder souverän, klug und bisweilen auch leicht ironisch auf räumliche und urbane Situationen reagiert. In Mönchengladbach zeigten sie beispielsweise anlässlich der sanierungsbedingten Schließung des Museums Abteiberg das Projekt MuseumX. Mit großflächigen Fassadenelementen und durch gezielte Ein- und Anbauten wurde der massive Baukörper des zentral gelegenen ehemaligen Schauspielhauses in einen imaginären Museumsbau im Stil der Nachkriegsmoderne verwandelt. Die Installation war eine Referenz an den postmodernen Mönchengladbacher Museumsbau des Architekten Hans Hollein aus dem Jahr 1983, der für viele nachfolgende Museumsbauten Modellcharakter hatte und in welchem das Museum am Abteiberg eigentlich untergebracht ist. Gleichzeitig war MuseumX auch eine kritische Referenz an die aktuelle städtebauliche Entwicklung in Mönchengladbach, die in naher Zukunft einen Abriss des Schauspielhauses und eine Umwandlung des umgebenden städtischen Zentrums in eine Shopping Mall vorsah und die dadurch auch ein Brennpunkt der zentralen und mit großer Heftigkeit geführten Diskussion um das zukünftige Wesen der Stadt und ihres gesellschaftlichen Selbstverständnisses war.

Die Ausstellung Fazit in der Berlinischen Galerie ist der Auftakt für ein neues gleichnamiges künstlerisches Projekt von realities:united. Anlässlich der durch die Politik eingeleiteten graduellen Abschaltung der großen Wärmekraftwerke in Deutschland wird deren künstlerisches Potenzial für den damit einhergehenden industriellen, kulturellen und sozialen Wandel thematisiert. Insbesondere die großen geometrischen Baukörper der Kühltürme beschäftigen realities:united schon seit geraumer Zeit. Was wird mit diesen zeichenhaften Bauten geschehen, nachdem sie ihre ursprüngliche Funktion eingebüßt haben? Wie kann man schon jetzt auf die sich abzeichnende Energiewende an den Kraftwerken selbst hinweisen? Für den Neubau einer Müllverbrennungsanlage in Kopenhagen hatte sich das Studio bereits mit den künstlerisch-ästhetischen Potenzialen von industrieller Kraftwerkstechnik auseinandergesetzt, um mittels kontrollierter Emissionen der Rauchgase aus dem Schornstein weithin sichtbare Zeichen abzusetzen. Der Entwurf wurde nicht realisiert, aber realities:united haben an dem zugrundeliegenden Konzept weitergearbeitet. Das in der Berlinischen Galerie zur Diskussion gestellte Projekt ist ein Schritt, den Prozess zu dessen Umsetzung weiterzuverfolgen. Die gesellschaftliche Debatte rund um die Energiewende und die damit einhergehenden Chancen und Herausforderungen sollen im Rahmen der Ausstellung in der Berlinischen Galerie mit Vertreter*innen der Energiebranche und Umweltverbänden, mit Künstler*innen und Besucher*innen weitergeführt werden. Die Ausstellung will das langfristig angelegte künstlerische Projekt vorantreiben, dessen Realisierung initiieren und für eine nachhaltige kulturelle Auseinandersetzung mit dem Thema im musealen Kontext sorgen.

Jan und Tim Edler haben das Angebot der Berlinischen Galerie, eine räumliche Intervention zu entwickeln, sofort angenommen. Sie haben sich fast zwei Jahre lang mit den besonderen örtlichen Gegebenheiten auseinandergesetzt und Themen diskutiert, die sich für eine Intervention im Museum eignen könnten. Beiden danke ich herzlich für ihre Leidenschaft, ihre kollegiale, freundschaftliche Kommunikation und die Energie, die sie in das Projekt gesteckt haben. Im Studio wurden sie von Daniela Ihrig, Svenja Binz, Christopher Gramer und Felizitas Maria Konrad unterstützt, welche die Organisation und Gestaltwerdung der Ausstellung maßgeblich mit vorangetrieben haben und denen ich für ihren Einsatz unendlich dankbar bin.

Regelrecht stolz sind wir auf den Katalog, der zum Projekt entstanden ist. Gregor Schreiter hat sich ausführlich mit realities:united und dem Projekt befasst und eine höchst ästhetische gestalterische Lösung für die Publikation gefunden. Ihm danke ich auf das Herzlichste. Ein wesentlicher Bestandteil sind die Installationsaufnahmen des Fotografen Axel Schmidt. Sie vermitteln ein klares Bild des Projekts und dessen eindeutigen Bezug zum Ausstellungsraum.

Anne Bitterwolf als kuratorische Referentin hat die Zügel stets in der Hand behalten, sanft gemahnt, klug kommentiert und begleitet. Herzlichst danke ich ihr für ihr umsichtiges Tun!

Die Dimensionen des Ausstellungsraumes sind immer eine Herausforderung für das Technikteam des Museums. Daher möchte ich Wolfgang Heigl und dem Team von RT Ausstellungstechnik danken, dass sie auch die Anforderungen und Tücken des Projektes erfindungsreich und professionell gelöst haben.

Das Ausstellungsprojekt von realities:united konnte ohne jegliche Drittmittel komplett aus dem Haushalt der Berlinischen Galerie finanziert werden. Dass dies so reibungslos funktioniert hat, ist der Verwaltungsdirektorin Birgitta Müller-Brandeck und Susanne Teuber, Leiterin Finanzen, zu verdanken. Museen sind politische Orte, sollen und müssen es sein. Ich hoffe und wünsche mir, dass das Projekt von realities:united und das dazugehörige Rahmenprogramm ein Forum für kritische Diskussionen bieten mögen. ●

Preface

Thomas Köhler

en The Berlinische Galerie's architecture collection was founded in 1985, since then, it has not been limited to the accumulation of plans, models, and architectural photographs. Starting in 2011, architects have, in loose succession, been invited to realize a project in the large, foremost exhibition hall. The projects can have a more explorative, experimental character, pursue installative approaches, or even leave the classical field of architecture behind entirely.

realities:united was founded in 2000 by Jan Edler and Tim Edler as an interdisciplinary studio for art and architecture. In 2003, they achieved international fame with BIX, the light and media façade of the Kunsthaus in Graz. The two brothers are also the initiators of Flussbad Berlin, an urban development project funded by the federal and state governments for the collective use of the Spree Canal in central Berlin, whose seemingly utopian approach has caused controversy.

realities:united have repeatedly reacted to spatial and urban situations in a sovereign, intelligent, and sometimes slightly ironic way. In Mönchengladbach, for example, they showed the MuseumX project when the Museum Abteiberg was closed for renovation. The massive structure of the centrally located former Schauspielhaus was transformed into an imaginary museum building with large-scale façade elements and deliberate installations and extensions in the style of post-war modernism. The installation was a reference to the postmodern Mönchengladbach museum building designed by architect Hans Hollein in 1983, which served as a model for many subsequent museum buildings and in which the Museum Abteiberg is actually housed. At the same time, MuseumX was also a critical reference to the current urban development in Mönchengladbach, which intended to soon demolish the Schauspielhaus and to transform the surrounding urban center into a shopping mall. Thus, this was also a focal point of the central and heated discussion about the future nature of the city and its social self-image.

The exhibition Fazit at the Berlinische Galerie is the prelude to a new artistic project of the same name by realities:united. As the large thermal power plants in Germany gradually shut down, as initiated by politics, their artistic potential for the accompanying industrial, cultural, and social change will be explored. In particular, the large geometric structures of the cooling towers have long been of interest to realities:united. What will happen to these symbolic buildings after they have lost their original function? How can one already allude to the looming energy transformation at the power plants themselves? For the construction of a new waste incineration plant in Copenhagen, the studio has already explored the artistic-aesthetic potential of industrial power plant technology by using controlled emissions of flue gases from the chimney to emit signs that are visible from afar. The design was not realized, but realities:united continued to work on the underlying concept. The project put up for discussion in the Berlinische Galerie is a step towards pursuing the process of its implementation. The social debate surrounding the energy transformation and the associated opportunities and challenges will be continued within the framework of the exhibition in the Berlinische Galerie with representatives of the energy industry and environmental associations, with artists and visitors. The exhibition aims to further the long-term artistic project, initiate its realization, and ensure a sustainable cultural debate on the subject in a museum context.

Jan and Tim Edler immediately accepted the Berlinische Galerie's offer to develop a spatial intervention. For almost two years, they have devoted themselves to its unique conditions and discussed topics that could be suitable for an intervention in the museum. I would like to thank both of them for their passion, their collegial, friendly communication, and the energy they put into the project. In the studio, they have been supported by Daniela Ihrig, Svenja Binz, Christopher Gramer, and Felizitas Maria Konrad who were instrumental in the organization and shaping of the exhibition and to whom I am infinitely grateful for their commitment.

We are very proud of the catalog that has been created for the project. Gregor Schreiter has dealt extensively with realities:united and the project and found a highly aesthetic design solution for the publication. I thank him most sincerely. The installation shots by photographer Axel Schmidt are an essential element. They convey a distinct picture of the project and its clear relationship to the exhibition space.

As the curatorial assistant, Anne Bitterwolf has always kept the reins in her hand, gently reminded, cleverly commented, and accompanied. I thank her most sincerely for her prudent work!

The dimensions of the exhibition room are always a challenge for the museum's technical team. Therefore, I would like to thank Wolfgang Heigl and the team of RT Ausstellungstechnik for addressing the demands and quirks of the project with an inventive and professional approach.

It was possible to finance the realities: united exhibition project entirely through the Berlinische Galerie budget, without any third-party funds. This project ran smoothly thanks to Birgitta Müller-Brandeck, director of administration, and Susanne Teuber, head of finance. Museums are political places, should and must be. I hope and wish that the realities: united project and the accompanying supporting program will offer a forum for critical discussions. ●

realities:united Fazit

Thomas Köhler

de Jan und Tim Edler arbeiten als Architekten, Künstler und Forscher und haben mit ihrem Studio realities:united seit dem Jahr 2000 vor allem in Zusammenarbeit mit anderen Architekt*innen und Künstler*innen Projekte realisiert. Zu nennen wären Bauvorhaben mit Peter Cook und Colin Fournier in Graz, EM2N in Zürich, Moon Hoon in Singapur und Will Alsop in Toronto. Die Arbeit der Brüder entsteht an der Schnittstelle zwischen Kunst und Architektur, zwischen Experiment und technischer Realisierung. Mit dieser Grundausrichtung ist das Büro prädestiniert für das Ausstellungsprogramm der Berlinischen Galerie, die Büros mit vergleichbarer Haltung zu In-situ-Projekten in die erste große Ausstellungshalle des Museums einlädt.

Von großer Resonanz in der Öffentlichkeit konnte Flussbad Berlin profitieren, da es in engem Zusammenhang mit der Wiederentdeckung des öffentlichen städtischen Raums und dessen Neubewertung steht. Die Sehnsucht nach einer kollektiven Erfahrung, nach Authentizität und Einfachheit, nach einer Nähe zu den eigenen Bedürfnissen in einem urbanen Umfeld findet ihre Erfüllung in der Idee, mitten in der Stadt an exponiertester Stelle baden gehen zu können: das zwanglose Schwimmvergnügen vor dem wiederaufgebauten Schloss und der Museumsinsel – eine faszinierende und zugleich subversive Idee. Und sehr partizipativ und demokratisch dazu, wenn die lange kontrovers diskutierte Kopie der Fürstenresidenz zur Kulisse für ein Freizeitvergnügen für alle wird.

Die Idee des Flussbad Berlin ist es, den Spreekanal zwischen Auswärtigem Amt und Bode-Museum als natürliches Badegewässer einzurichten. Das Wasser soll in einem technisch letztlich leicht umsetzbaren, natürlichen Prozess geklärt werden. Was bis vor kurzem noch utopisch klang, soll um das Jahr 2025 Realität werden. Dann könnten vor dem Auswärtigen Amt, dem Bode-Museum und damit vor der Kulisse der Museumsinsel Schwimmer*innen ihre Bahnen ziehen.

Jan und Tim Edler kämpfen seit zwei Jahrzehnten für das Flussbad Berlin. Ihr Büro liegt fast an der Spree, allerdings etwas weiter flussaufwärts an der Oberbaumbrücke, in einem von außen tristen Nachkriegsgebäude auf der Kreuzberger Seite. Der Name realities:united ist Programm. Denn die Brüder wollen nicht nur Vision und Machbarkeit verbinden, sondern auch verschiedene Auffassungen von Disziplinen und Realitäten vereinen. Für eine „user-generated city" im erklärten Gegensatz zu von Investor*innen bestimmten städtischen Strukturen wird mit Flussbad Berlin ein Modell entworfen. Der städtische Raum soll wieder von seinen Bewohner*innen in Besitz genommen werden.[1]

Kunst und Architektur, Urbanismus und Ökologie – die beiden denken über die Grenzen der Disziplinen hinaus und entwickeln daraus erfrischend unkonventionelle Blicke auf unsere Lebenswelt. So arbeiten sie mit der Energiebranche zusammen, planen Kühl- und Ablufttürme als Kunstobjekte in Szene zu setzen, sodass diese nicht mehr nur als Relikte einer auslaufenden Industriemoderne wirken, sondern wie Boten für eine posttraditionelle Synthese aus Ökonomie und Ökologie.

Jan und Tim Edler wurden in Köln geboren, leben aber seit vielen Jahren in Berlin. Die Verbindung zum Rheinland und zum Ruhrgebiet spielt in ihrer Arbeit aufgrund der Transformationsprozesse in den alten Industrieregionen eine wichtige Rolle. In

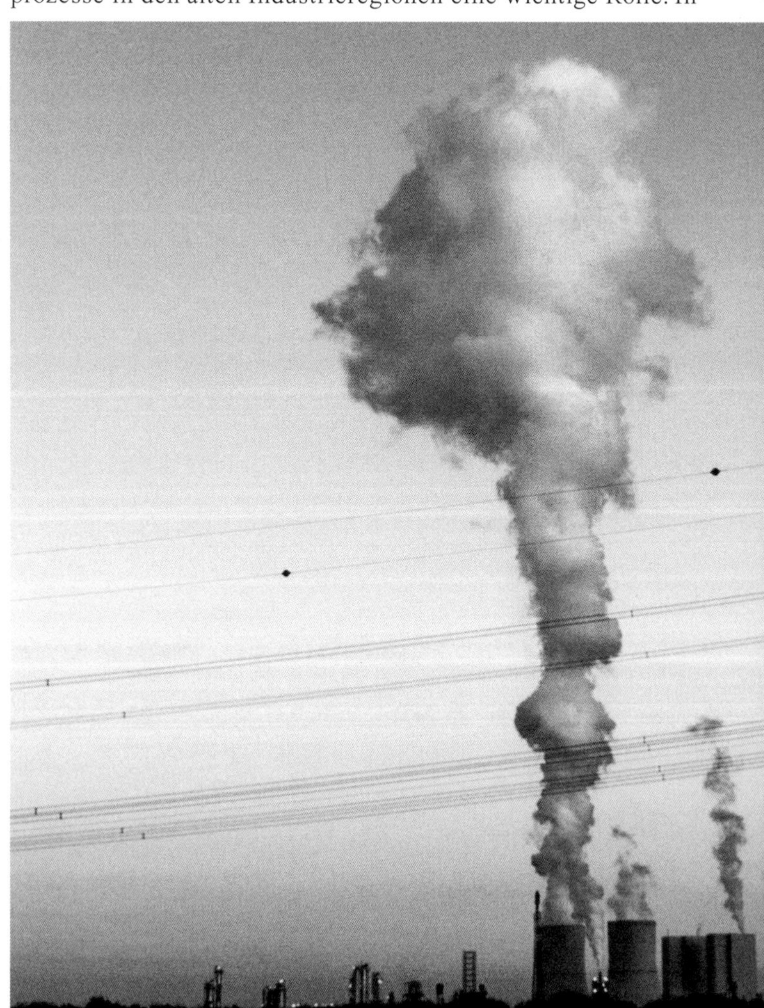

en Jan and Tim Edler work as architects, artists, and researchers. Since 2000, they have been executing projects with their studio realities:united, primarily in collaboration with other architects and artists. These include building projects with Peter Cook and Colin Fournier in Graz, EM2N in Zurich, Moon Hoon in Singapore, and Will Alsop in Toronto. The brothers' work originates at the intersection of art and architecture, between experiment and technical realization. With this fundamental orientation, the office is predestined for the Berlinische Galerie's exhibition program, which invites offices with similar approaches to realize in situ projects in the museum's first large exhibition hall.

Flussbad Berlin benefited from a significant public response, as it is closely linked to the rediscovery of public urban space and its reassessment. The longing for a collective experience, for authenticity and simplicity, for the chance to have one's needs met in an urban environment is fulfilled by the thought of being able to swim in the city center's most exposed location: the casual pleasure of swimming in front of the rebuilt castle and Museum Island – a fascinating and, at the same time, subversive idea. And very participative and democratic too, when the long-controversial replica of the princely residence becomes a backdrop for leisurely pleasure for everyone.

The idea behind Flussbad Berlin is to establish the Spree Canal, between the Federal Foreign Office and the Bode-Museum, as natural bathing water. The water will be purified using a natural process that is ultimately technically easy to implement. What, until recently, sounded utopian should become a reality around the year 2025. Then, swimmers will be able to do their laps in front of the Federal Foreign Office, the Bode-Museum, and thus, in front of the backdrop of Museum Island.

Jan and Tim Edler have been fighting for Flussbad Berlin for two decades. Their office is almost located on the Spree, but a little further upstream by Oberbaum Bridge, in a post-war building on the Kreuzberg side that, from the outside, has a dreary appearance. The name realities:united says it all. The brothers not only want to combine vision and feasibility, they also want to unite different views of disciplines and realities. With Flussbad Berlin, a model for a "user-generated city" has been designed as an illustrative contrast to investor-determined urban structures. The urban space will be repossessed by its inhabitants once again.[1]

Art and architecture, urbanism and ecology – the two think beyond the boundaries of disciplines and develop refreshingly unconventional perspectives of our living environments. They work together with the energy industry, planning the staging of cooling and exhaust towers as art objects so that they no longer appear to be mere relics of an almost obsolete industrial modern, but as messengers for a post-traditional synthesis of economy and ecology.

Jan and Tim Edler were born in Cologne, but have lived in Berlin for many years. The connection to the Rhineland and the Ruhr area plays an important role in their work due to the processes of transformation in the former industrial regions. In 2006, in Mönchengladbach, for example, they refurbished the neglected, empty municipal theater as a location of action for the Abteiberg Museum, which was being renovated. Against widespread resistance by local politics, they managed to stage MuseumX as a form of inspiration for the temporary revival of a neglected urban district.[2] Even though demolition in favor of a shopping mall could not be prevented in the long run by their artistic intervention, at least a temporary awareness of the elegant post-war building's beauty was achieved. realities:united and its projects pursue a kind of artistic activism that Peter Weibel attempts to capture in the word formulation "Artivism." He says: "Artivism encompasses a wide range of ways of utilising artistic means to intervene in socially relevant processes. The term 'artivism' refers to the interface of art and activism in the sense of a turning away from l'art pour l'art, art for art's sake, and also of a turning away from twentieth-century art."[3] MuseumX, as a museum simulation, moved into a theater building from the ill-reputed post-war modern age. The building not only served as an example of a changed cultural situation, since the theater had not been in operation as such for years, but it also clarified what the priorities had been and are becoming in terms of urban development. The architectural and cultural quality of the theater was rated lower than the commercial value and promise of a thriving shopping center.[4]

Jan and Tim Edler became internationally known in 2003 when they implanted their BIX façade – "big" and "pixel" – on the Kunsthaus Graz. With it, they gave the already spectacular, armadillo-like, and "spacy" building a projection surface for artistic and media projects that could radiate into the entire city, into public space.

Today, works by these visionary lateral thinkers can be found in numerous private art collections as well as in the Museum of Modern Art in New York and other international museums. realities:united work on the connection between architecture, art, public space – and the lives of people – all over the world. Between Bergkamen an der Lippe and Zurich, from Spain's Córdoba, Copenhagen, and Toronto to Singapore, Jan and Tim Edler travel to reflect and shape the present and the

Braunkohlekraftwerk Lippendorf • Lignite-fired power plant Lippendorf

Mönchengladbach etwa hatten sie schon im Jahr 2006 das vernachlässigte, leer stehende Stadttheater als Aktionsort für das in Renovierung befindliche Museum Abteiberg hergerichtet. Gegen viele Widerstände in der Lokalpolitik schafften sie es, dieses MuseumX als Inspiration für die zeitweise Belebung eines vernachlässigten Stadtviertels zu inszenieren.[2] Auch wenn der Abriss zugunsten einer Shoppingmall durch ihre künstlerische Intervention auf Dauer nicht verhindert werden konnte, so wurde doch zumindest temporär ein Bewusstsein für die Schönheit des eleganten Nachkriegsbaus hergestellt. realities:united und ihre Projekte verfolgen eine Art künstlerischen Aktivismus, den Peter Weibel mit der Wortschöpfung „Artivism" zu fassen versucht. Er sagt: „Artivism encompasses a wide range of ways of utilising artistic means to intervene in socially relevant processes. The term ‚artivism' refers to the interface of art and activism in the sense of a turning away from l'art pour l'art, art for art's sake, and also of a turning away from twentieth-century art."[3] MuseumX bezog als Simulation eines Museums einen Theaterbau der schlecht beleumundeten Nachkriegsmoderne. Das Gebäude stand nicht nur beispielhaft für eine veränderte kulturelle Situation, da das Theater schon über Jahre nicht mehr als solches betrieben wurde, sondern es führte auch eindringlich vor Augen, welche Prioritäten bei der Stadtentwicklung gesetzt wurden und werden. Die architektonische und kulturelle Qualität des Theaters wurde geringer bewertet als der kommerzielle Nutzen und das Versprechen eines florierenden Einkaufscenters.[4]

International bekannt wurden Jan und Tim Edler schon 2003, als sie dem Kunsthaus Graz ihre BIX-Fassade implantierten – „Big" und „Pixel". Damit verpassten sie dem an sich schon spektakulären, gürteltierartigen und „spacigen" Gebäude eine Projektionsfläche für künstlerische und mediale Projekte, die in die gesamte Stadt, in den öffentlichen Raum ausstrahlen konnten.

Heute finden sich Werke der visionären Quer-Denker sowohl in zahlreichen privaten Kunstsammlungen als auch im Museum of Modern Art in New York und anderen internationalen Museen. realities:united arbeiten in der ganzen Welt an der Verbindung von Architektur, Kunst, öffentlichem Raum – und dem Leben der Menschen. Zwischen Bergkamen an der Lippe über Zürich, dem spanischen Córdoba, Kopenhagen und Toronto bis Singapur sind Jan und Tim Edler unterwegs, um Gegenwart und Zukunft zu reflektieren und zu gestalten.

realities:united beschäftigen sich auch intensiv mit dem immer komplizierter und komplexer werdenden Verhältnis von digitalen Welten zur urbanen Realität. Der Verlust von Kommunikation, die stetig weiter abnehmende Möglichkeit, die Umgebung wirklich zu berühren, anzufassen – eine enorme Herausforderung für Politiker*innen, Architekt*innen und die Zivilgesellschaft.

Die beiden beziehen Fragen der Überwachung und Kontrolle öffentlichen Lebens durch Kameras oder Bewegungsprofile in ihre Überlegungen ein. Die Artifizialität von Städten und Räumen, die Wünsche nach cleanen, leicht zu kontrollierenden, rein auf Konsumbedürfnisse ausgerichteten öffentlichen Orten – all das treibt die Brüder um.

Für die Ausstellung in der Berlinischen Galerie haben realities:united eigens ein neues Projekt konzipiert, das sich genau an diesem Übergang von Kunst zu Architektur, Ökologie und Technik, Urbanismus und Stadtgesellschaft befindet.

Inspiriert durch einen Entwurf, den realities:united für eine Müllverbrennungsanlage in Kopenhagen erdacht haben, wird man in der Berlinischen Galerie drei unterschiedlich organisierte Räume erleben können.

Denn dass Gebäude nicht unbedingt leuchten müssen wie das Grazer Kunsthaus, um mit ihrer Umwelt in Kontakt zu treten, zeigt das Konzept eines 2011 von realities:united gewonnenen Wettbewerbs: Das neue Kraftwerk Amagerforbrænding in Kopenhagen sollte weithin sichtbar durch Rauchzeichen mit der Stadt kommunizieren. Dieses Szenario haben realities:united für ein deutsch-dänisches Kooperationsprojekt entwickelt. Das Architekturbüro BIG Bjarke Ingels Group und die Landschaftsarchitekten von TOPOTEK 1 und Man Made Land zeichnen für das Gemeinschaftsprojekt verantwortlich. Ausgeschrieben war ein Wettbewerb für den Neubau einer Müllverbrennungsanlage, den BIG in ihrem Entwurf in einen künstlichen Berg verpackt haben. Das Dach des Kraftwerks wurde zu einem 31 000 Quadratmeter großen Skigebiet unterschiedlicher Schwierigkeitsgrade und dient als ein besonderes Freizeitangebot für Kopenhagener*innen und Tourist*innen. Es scheint wie ein typisches Bjarke-Ingels-Projekt, welches das „Problem Kraftwerk", nicht weit von einem Stadtzentrum gelegen, in ein positives „Erlebnis" für die Stadt umwandeln soll. Die Technik der Müllverbrennungsanlage wird dabei unter der Skipiste versteckt, um so aus dem Industriegebäude mit höchst problematischer Aufgabe ein Naherholungsgebiet werden zu lassen. Die bei der Müllverbrennung entstehenden Abgase sollten durch eine besondere Vorrichtung im Schlot derart dosiert werden, dass in bestimmten Abständen, statt eines mehr oder minder gleichmäßigen Ausstoßes, Rauchringe in den Himmel aufsteigen – so die Idee von realities:united. Um darauf hinzuweisen, dass es den Rauch, also die gesamte Energie- und Umweltproblematik, immer noch gibt, stören realities:united den Gedanken des idyllischen Vorstadtvergnügens der multifunktionalen Anlage mit einer antagonistischen Geste. Durch eine stoßweise, periodische Ausstoßung des Rauchgases soll ein abstrakter Begriff eine konkrete Größe annehmen: Je mehr Abfall die Kopenhagener*innen produzieren, desto mehr der jeweils 500 kg CO_2 fassenden Rauchringe steigen auf.

Ausgehend von der Idee für Kopenhagen, die letztendlich nicht umgesetzt wurde, wandelten realities:united das Prinzip des technisch manipulierten Schornsteins für Wärmekraftwerke

Rauchringe über der Müllverbrennungsanlage Amagerforbrænding (Visualisierung) • Steam rings above the waste incineration plant Amagerforbrænding (visualization)

future. realities:united are also intensively engaged with the increasingly complicated and complex relationship between digital worlds and urban reality. The loss of communication, the constantly decreasing possibility of really touching and connecting with one's surroundings – an enormous challenge for politicians, architects, and civil society.

The two include questions of surveillance and control of public life through cameras or movement profiles in their reflections. The artificiality of cities and spaces, the desire for clean, easy-to-control, purely consumer-orientated public spaces – all are considerations that drive the brothers.

For the exhibition at the Berlinische Galerie, realities:united have conceived a specific new project that is located precisely at this transition from art to architecture, ecology and technology, urbanism and urban society.

Inspired by a design conceived by realities:united for a waste incineration plant in Copenhagen, one will be able to experience three differently organized spaces at the Berlinische Galerie.

The concept of a 2011 competition won by realities:united shows that buildings don't necessarily have to shine like the Graz Kunsthaus to connect with their environments: the new Amagerforbrænding power plant in Copenhagen was to communicate with the city from afar using smoke signals. This scenario was developed by realities:united for a cooperative German-Danish project. The architects BIG (Bjarke Ingels Group) and landscape architects from TOPOTEK 1 and Man Made Land are responsible for the joint project. A competition was advertised for the construction of a new waste incineration plant, which BIG packed into an artificial mountain with their design. The roof of the power plant became a 31,000 square meter ski area of varying degrees of difficulty and serves as a unique leisure facility for Copenhageners and tourists. Transforming the "problem power plant," not far from a city center, into a positive "experience" for the city seems like a typical BIG project. The technology of the waste incineration plant is hidden under the ski slope in order to turn the industrial building, with its highly problematic task, into a local recreation area. The emissions produced during waste incineration were to be dispensed by a special device in the chimney in such a way that at certain intervals, instead of a more or less uniform output, smoke rings would rise into the sky – this was the idea of realities:united. To point out that the smoke, i.e., the entire energy and environmental problem, still exists, realities:united would disrupt the idea of idyllic suburban pleasure at the multifunctional plant with an antagonistic gesture. Through an intermittent, periodic emission of the flue gas, an abstract concept would assume a tangible form: the more waste Copenhageners produced, the more of the 500 kg CO_2 smoke rings would rise.

Starting from the idea for Copenhagen, which was ultimately not implemented, realities:united modified the principle of the technically manipulated chimney for thermal power plants. At thermal power plants that operate with nuclear, brown coal, or black coal and cannot use river water for cooling, the cooling towers are part of a complex system and an essential part of the cooling process. Spraying the heated water into the hollow cylinders of the cooling towers creates a "chimney effect" and the diffuse rise of steam. realities:united now want to manipulate the escaping steam by use of a special device, a kind of membrane, so that – as originally planned in Copenhagen – steam rings emerge from the cooling tower. The new project is based on a similar technical principle, but above all on the so-called Bernoulli's equation, which was developed in the eighteenth century by Daniel Bernoulli and Giovanni Battista Venturi as the basis for aerodynamic and hydrodynamic calculations and predominantly deals with fluid mechanics.

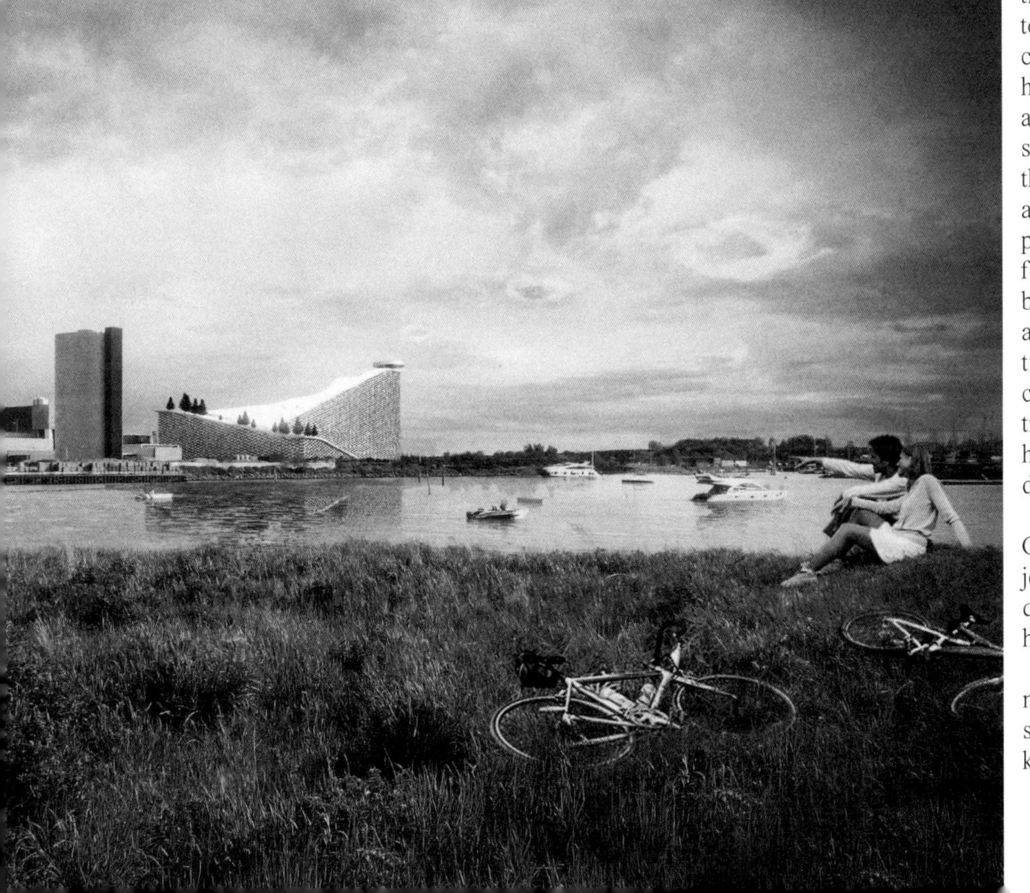

With the exhibition at the Berlinische Galerie, realities:united want to initiate a project and launch a discussion about the frequently announced, but apparently only half-heartedly pursued energy revolution.

The cooling towers are massive, even monumental, buildings that shape the landscape. Sometimes localities have only become known in Germany because of the power

ab. In Wärmekraftwerken, die auf Atom-, Braun- oder Schwarzkohle-Basis funktionieren und die kein Flusswasser zur Kühlung nutzen können, sind die Kühltürme Teil eines komplexen Systems und wichtiger Teil des Kühlungsprozesses. Durch Einsprühen des erhitzten Wassers in die Hohlzylinder der Kühltürme entstehen ein „Kamineffekt" und das diffuse Aufsteigen des Dampfes. Den austretenden Dampf wollen realities:united nun mittels einer speziellen Vorrichtung, einer Art Membran, so manipulieren, dass – wie in Kopenhagen ursprünglich vorgesehen – Dampfringe dem Kühlturm entsteigen. Das neue Projekt basiert auf einem ähnlichen technischen Prinzip, vor allem jedoch auch auf der sogenannten Bernoulli-Gleichung, die im 18. Jahrhundert von Daniel Bernoulli und Giovanni Battista Venturi als Grundlage für aero- und hydrodynamische Berechnungen entwickelt worden ist und sich im Wesentlichen mit der Strömungsmechanik befasst.

Mit der Ausstellung in der Berlinischen Galerie wollen realities:united ein Projekt initiieren und in die Diskussion zur vielfach angekündigten, aber offenbar nur halbherzig verfolgten Energiewende einsteigen.

Bei den Kühltürmen handelt es sich um massive, ja monumentale und landschaftsprägende Bauwerke. Zuweilen sind Ortschaften nur durch die entsprechenden Kraftwerke und unter Umständen damit konnotierte Umweltskandale in Deutschland bekannt geworden. Die großen Bauwerke sind weithin sichtbar und stehen für industrielle Potenz, für Fortschrittsglauben und technologische Überlegenheit. Gleichzeitig verbindet man die Türme mit Angst vor Umweltkatastrophen, mit Unkontrollierbarkeit und Unnahbarkeit. Kühltürme wirken aus der Ferne. Aus der Nähe lernt man sie nicht kennen. Ihre genaue Wirkungsweise ist den meisten Menschen vermutlich unbekannt. Sie gehören großen Energiekonzernen, sind Sicherheitsbereiche, und das Betreten ist verboten. Die Kühltürme haben durch diese Distanz etwas von einem Hoheitszeichen, von einem verbotenen Bezirk.[5] Überdies sind die Kraftwerke jedoch Arbeitgeber und funktionieren als identitätsgebende Elemente einer Region.

Fazit in der Berlinischen Galerie ist daher keine Ausstellung, die einen Überblick über das Schaffen von realities:united zu vermitteln versucht. Vielmehr handelt es sich um ein Projekt zur Verabschiedung einer bestimmten Form der Energiegewinnung, zur Setzung eines weithin sichtbaren Zeichens des Abschieds und der Mahnung, wichtige Zukunftsfragen nicht auf die lange Bank zu schieben. Begleitend zur Intervention in den Ausstellungsräumen wird ein Diskussionsforum organisiert, in dessen Rahmen Vertreter*innen aus der Politik, von Energiekonzernen, Umweltverbänden und Kulturwissenschaftler*innen miteinander ins Gespräch kommen sollen. Der Ausstellungsort wird so auch Versammlungsort. Durch Fazit soll die Energiewende eine Art „kulturelle Begleitung" erlangen, die sich nicht nur auf Umweltfragen beschränken

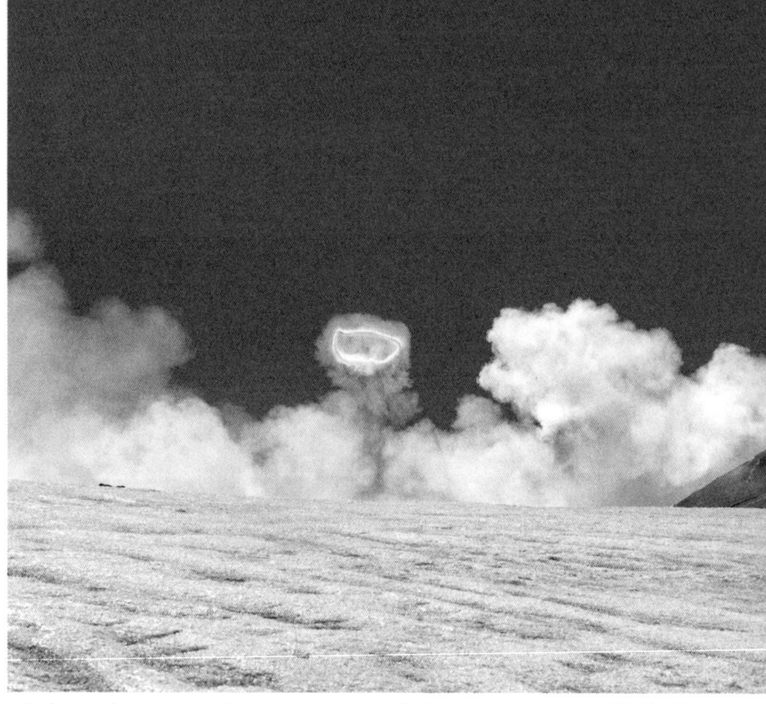

wird, sondern vielmehr versuchen soll, den massiven gesellschaftlichen Auswirkungen der Transformation Rechnung zu tragen. realities:united verfassen mit Fazit ein Programm zur Energiewende, welches in der Ausstellung und im Katalog nachzulesen ist. Sie wünschen sich, dass die Intervention in der Berlinischen Galerie ein Auftakt sein möge: Die Realisierung der Idee in Deutschland steht im Mittelpunkt der Recherchen, eine Ausweitung auf das Ausland ist aber nicht ausgeschlossen. Durch eine Kooperation mit Wissenschaftler*innen untersuchen sie die technischen Aspekte und Herausforderungen ihres Konzeptes. Die Realisierung könnte also in greifbare Nähe rücken. ●

1 Vgl. Hanno Rauterberg, Wir sind die Stadt. Urbanes Leben in der Digitalmoderne, Berlin 2013, S. 111 ff.

2 MuseumX sollte eine Art „Werbeschild" für das Museum sein, aber eben auch ein Katalysator für den gesellschaftlichen Diskurs in der Stadt über den Umgang mit dem kulturellen Erbe. Ein klassisches Interimsquartier des Museums war MuseumX nicht, denn die Sammlung des Museums wurde dort nicht ausgestellt.

3 Peter Weibel, Artivism. Media, Art and Democratic Action in the Twenty-First Century, in: Susa Pop, Tanya Toft, Nerea Calvillo, Mark Wright (Hg.), What Urban Media Art Can Do. Why, When, Where & How, Stuttgart 2016, S. 67.

4 Nils Ballhausen, Museum X, in: Bauwelt 22, 2007, S. 20–25.

5 Der deutsche Künstler Anselm Kiefer kündigte 2011 an, das Atomkraftwerk Mühlheim-Kärlich zu erwerben, allerdings gab er nicht preis, wie er sich dessen zukünftige Nutzung vorstellte. In einem SPIEGEL-Interview konstatiert er, Atomkraftwerken wohne etwas „Mythologisches" inne. http://www.spiegel.de/spiegel/vorab/a-794738.html, abgerufen am 22.2.2019. Zum Kauf des Kraftwerks kam es dann in letzter Konsequenz doch nicht, und der Kühlturm des Kraftwerks wurde 2018 schließlich abgerissen.

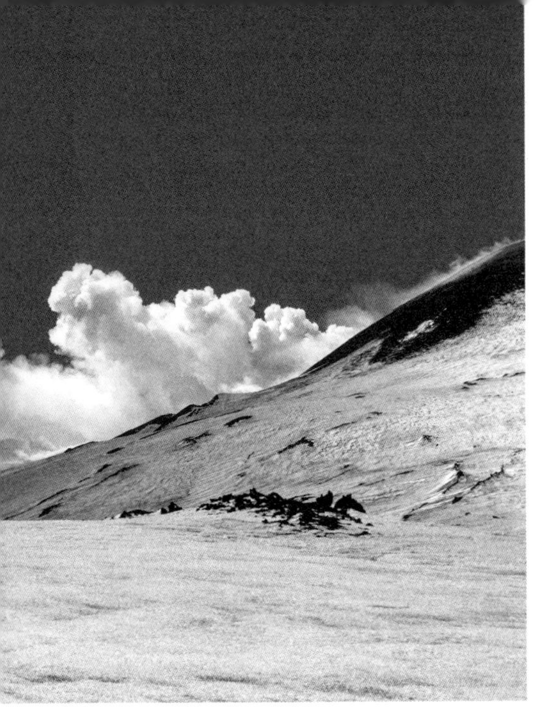

plants and environmental scandals that have been associated with them. The large buildings are visible from afar and represent industrial potency, belief in progress, and technological superiority. At the same time, the towers are associated with a fear of environmental catastrophes, uncontrollability, and unapproachability. Cooling towers work from a distance. You can't become familiar with them up close. Their exact operating principles are probably unknown to most people. They belong to large energy companies, they are security zones, and it is forbidden to enter them. This distance makes the cooling into something of an emblem, of a forbidden district. Moreover, the power plants are employers and function as elements that give a region its identity.

Fazit at the Berlinische Galerie is, therefore, not an exhibition that attempts to convey an overview of the work of realities:united. Rather, it is a project to say goodbye to a particular form of energy production, one that creates a widely visible farewell sign and a reminder to stop postponing essential questions about the future. A complementary discussion forum in the exhibition spaces will be organized, in which representatives from politics, energy companies, environmental associations, and cultural scientists will be able to talk to one another. Thus, the exhibition venue will also become a meeting place. Through Fazit, the energy revolution will gain a kind of "cultural accompaniment" that will not be limited to environmental issues alone; instead, it will attempt to take into account the massive social effects of the transformation. With Fazit, realities:united have drafted a program on the energy revolution, which can be read in the exhibition and catalog. They hope that the intervention in the Berlinische Galerie will be a prelude: the realization of the idea in Germany is the focus of the research, but an expansion into other countries is not excluded. In cooperation with scientists, they'll examine the technical aspects and challenges of their concept. Implementation could, therefore, be within reach. ●

1 Cf. Hanno Rauterberg, Wir sind die Stadt. Urbanes Leben in der Digitalmoderne, Berlin 2013, pp. 111 ff.

2 MuseumX should be understood as a kind of "advertising" for the museum, but also a catalyst for social discourse in the city on how to deal with cultural heritage. MuseumX was not a classic interim quarter of the museum, because the museum's collection was not exhibited there.

3 Peter Weibel, "Artivism. Media, Art and Democratic Action in the Twenty-First Century," in: Susa Pop, Tanya Toft, Nerea Calvillo, Mark Wright (eds.), What Urban Media Art Can Do. Why, When, Where & How, Stuttgart 2016, p. 67.

4 Nils Ballhausen, "Museum X," in: Bauwelt 22, 2007, pp. 20–25.

5 German artist Anselm Kiefer announced in 2011 that he would acquire the Mühlheim-Kärlich nuclear power plant, but did not reveal how he imagined its future use. In a SPIEGEL interview, he states that nuclear power plants have something "mythological" about them. http://www.spiegel.de/spiegel/vorab/a-794738.html, accessed on 22.2.2019. Ultimately, the power plant was not purchased, and the cooling tower of the power plant was finally demolished in 2018.

Da in Germany werden Friedenspfeifen geraucht

Antje Stahl

de Kurz nachdem ich Jan und Tim Edler in ihrem Berliner Büro an der Oberbaumbrücke besucht hatte, schaute ich mir noch einmal die Folge von The Simpsons an, in der Barts persönlicher Superheld Radioactive Man stirbt.

Die Comicfigur, die größere Kräfte als Batman hat, for sure, fliegt darin nämlich wie jeden Tag ein wenig gelangweilt durch den Himmel über Zenith City, als ihn ein Notruf aus dem Atomkraftwerk erreicht. Seine Konkurrenten, die fossilen Brennstoffvertreter Petroleus Rex, Old King Coal, Charcoal Briquette und The Fracker, stehen im Begriff, die in seinen Augen „sicherste Energiequelle Amerikas" zu zerstören. Sie rücken mit Pipelines, Bohrern und Flammenwerfern an. Und da Radioactive Man weiß, wie stark die Kräfte von Öl und Kohle sind, ruft er Solar und Wind zu Hilfe. Doch seine beiden Freunde haben leider, wie Charcoal Briquette hämisch voraussagt, zu wenig Energie: „It's too cloudy", sagt Solar, bepackt mit diesen Solarpanelen, müde. „People don't like the noise I make", sagt Wind, das Rad auf seinem Rücken quietscht traurig. Radioactive Man verliert deshalb den Kampf gegen die sogenannten Fossil Fuel Four. Das Atomkraftwerk steht in Flammen und er stirbt.

Ich bin mir nun nicht mehr so sicher, ob diese Szene der richtige Einstieg für den „Weg zur Energie der Zukunft" darstellt, den die Bundeskanzlerin Angela Merkel 2011 in ihrer Regierungserklärung ankündigte und den Jan und Tim Edler mit ihrem Projekt Fazit kreuzen wollen – und werden. Aber die Simpsons-Episode illustriert immerhin, welche Superkräfte bei dieser Thematik aufeinanderprallen und welche Gefahren entstehen. Die Zerstörung des Atomkraftwerks von Zenith City ist jedenfalls mit dem Tod des Helden und dem Sieg der fossilen Brennstoffvertreter über die schlappen Energieträger Wind und Solar zu bezahlen.

Selbst Angela Merkel nannte den geplanten Ausstieg aus der Atomkraft im Deutschen Bundestag damals eine „Herkulesaufgabe", spielte also auf die übernatürlichen Kräfte einer antiken Sagenfigur an, um die Parlamentarier*innen auf die Hindernisse einzustimmen, die sich ihnen bei der Umsetzung der Energiewende in den Weg stellen würden. Und die Situation, davon darf nach den jüngsten Nachrichten Ende Januar 2019 wohl ausgegangen werden, wird sich noch weiter verschärfen.

Gerade eben einigte sich die von der Bundesregierung eingesetzte Expertenkommission auf den vollständigen Kohleausstieg. Weder Radioactive Man noch Old King Coal oder Charcoal Briquette sollen die Umwelt vom Standort Germany aus länger gefährden, um noch einmal auf das unterhaltsame Simpsons-Panorama zurückzukommen, bevor wir zum Ernst der Sache übergehen …

Obwohl die Verhandlungen mit den Betreibern noch gar nicht begonnen haben, kündigte RWE unmittelbar nach dem Entscheid bereits einen „signifikanten Stellenabbau" an. Gegenwärtig beschäftigt der international agierende Energiekonzern mit Sitz in Essen allein rund 60 000 Mitarbeiter*innen. Hinzu kommen die zahlreichen sogenannten Zulieferer-Unternehmen. Die Regierungsbeauftragten werden sich mit Vertreter*innen der Oppositionsparteien, Kommunen, Arbeiter*innen und Gewerkschaften auseinandersetzen müssen. Geplant sind über 40 Milliarden schwere Förderungshilfen für die mitunter sehr schlecht infrastrukturell erschlossenen Kohle-Regionen. Ein so groß angelegter Strukturwandel geht die Gesellschaft in Gänze an.

Eine der zentralen Fragen des Projekts Fazit wird daher sein, wie sich Jan und Tim Edler in diesen hochdramatischen und tatsächlich als historisch zu bezeichnenden Moment hacken können, sofern „hacken" überhaupt die richtige Beschreibung für ihre Arbeitsweise ist. Ich glaube, es war der Journalist und Computerexperte Wau Holland, der sagte: „Ein Hacker ist jemand, der versucht, einen Weg zu finden, wie man mit einer Kaffeemaschine Toast zubereiten kann." Das erinnert an das surrealistische Bildgebungsverfahren, die zufällige Begegnung zwischen einem Regenschirm und einer Nähmaschine, nur dass Holland im Gegensatz zum Dichter Lautréamont, beziehungsweise André Breton, nicht den Zufall, sondern die Berechnung, das Tüfteln, zum Prinzip der Arbeit erhebt, um einem System etwas zu entlocken, auf das es nicht eingestellt ist, aber das nur am Rande. Der Plan von realities:united steht jedenfalls

There in Germany, Peace Pipes Are Smoked

Antje Stahl

en Shortly after visiting Jan and Tim Edler in their Berlin office at Oberbaum Bridge, I re-watched the episode of The Simpsons in which Bart's personal superhero Radioactive Man dies.

The cartoon character, who has greater powers than Batman, for sure, flies a bit bored through the sky above Zenith City, as he does every day, when an emergency call from the nuclear power plant reaches him. His competitors, fossil fuel representatives Petroleus Rex, Old King Coal, Charcoal Briquette, and The Fracker, are about to destroy what is, in his eyes, America's "safest energy source." They are moving in with pipelines, drills, and flamethrowers. And since Radioactive Man knows how strong the forces of oil and coal are, he calls Solar and Wind to his aid. However, unfortunately, as Charcoal Briquette maliciously predicts, his two friends have too little energy: "It's too cloudy," says Solar wearily, loaded with solar panels. "People don't like the noise I make," says Wind, the wheel on his back squeaking sadly. Thus, Radioactive Man loses the battle against the so-called Fossil Fuel Four. The nuclear power plant is in flames, and he dies.

I'm no longer so sure whether this scene is the right point of entry for the "Way to the Energy of the Future," as announced by Chancellor Angela Merkel in her 2011 government declaration and which Jan and Tim Edler want to – and will – intersect with their Fazit project. But still, the Simpsons episode illustrates which superpowers collide on the topic and which dangers might arise. The destruction of Zenith City's nuclear power plant is paid for with the hero's death and the fossil fuel representatives' victory over the flaccid wind and solar energy sources.

At the time, even Angela Merkel called the planned phase-out of nuclear power a "Herculean task" in the German Bundestag, alluding to the supernatural powers of an ancient mythical figure in order to get parliamentarians in the right mood for the obstacles they would face in implementing the energy revolution. Moreover, according to the latest news at the end of January 2019, the situation is likely to intensify.

The expert commission appointed by the German government has just reached an agreement to phase out coal completely. Neither Radioactive Man nor Old King Coal or Charcoal Briquette will endanger the environment from Germany any longer, in order to return to the entertaining Simpsons panorama before we redirect to the seriousness of the issue ...

Although negotiations with operators have not yet begun, RWE announced a "significant reduction in jobs" immediately after the decision. The Essen-based international energy group alone currently employs around 60,000 people. In addition, there are numerous so-called supplier companies. The government commissioners will have to deal with representatives of the opposition parties, municipalities, workers, and trade unions. More than forty billion in subsidies are planned for the coal regions, some of which have a very poor infrastructure. Such large-scale structural change concerns society as a whole.

Therefore, one of the central questions of Fazit will be how Jan and Tim Edler can hack their way into this highly dramatic moment that could actually be described as historical, provided that "hacking" is at all the right description for their way of working. I think it was the journalist and computer expert Wau Holland who said: "A hacker is someone who tries to find a way to make toast with a coffee machine." This is reminiscent of the surrealist imaging process, the chance encounter

fest: Sie möchten den großen, langwierigen und schwierigen Strukturwandel künstlerisch begleiten und der Bundesrepublik Deutschland die Möglichkeit geben, sich angemessen von den Atom- und Kohlekraftwerken zu verabschieden.

In diesen Tagen, in denen sich ja auch die Kritik am schlechten Ausbau der erneuerbaren Energien und die politischen Konflikte rund um die Gas-Pipeline aus Russland, die die Energieversorgung Deutschlands sicherstellen soll, beinahe überschlagen, wirkt dieses kulturelle Angebot aus dem Hause realities:united vielleicht wie the last thing to worry about. Aber die Kunst wirft wie so oft den Blick auf andere Fragen: Welche Stimmung wird die kommenden Jahre und Jahrzehnte beherrschen?

Kehren wir also ins Reich der Fantasie zurück und stellen uns vor: Aus einigen oder sehr vielen Ecken Deutschlands würden Dampfringe in den Himmel aufsteigen, was ergäbe das für ein festliches und auch dramatisches Bild?

Atomkraftwerke werden ab und zu gewartet, da ließen sich – erzählen Jan und Tim Edler während der Vorbereitungszeit ihrer Schau – Klappen und Netze, eine Membran, die sich öffnet und schließt, in den Kühltürmen installieren. Sie kann den Dampf in eine Ringform pressen, die dann in den Himmel aufsteigt. Wissenschaftler*innen und Hochschulprofessor*innen berechnen tatsächlich bereits, wie dieses Szenario realisiert werden könnte – wie Dampfringe aus Kernkraftwerken Richtung Unendlichkeit schweben. Was wir mit anderen Worten erleben könnten, ist die Verwandlung von den noch in Betrieb befindlichen Atomkraftwerken an Standorten wie Brokdorf, Grohnde, Gundremmingen oder Neckarwestheim in Kunstkraftwerke: Bis zu ihrem Lebensende im Jahr 2022 könnten sie Zeichen senden. Zählt man die rund 100 Kohlekraftwerke hinzu, darf man von einem Meer aus Dampfringen am Himmel über Deutschland sprechen. Schon der Anblick der Fotomontage, die Jan und Tim Edlers Ausstellung auf der Homepage der Berlinischen Galerie ankündigt, lässt einen ja staunen: Links im Bild erkennt man noch den Flügel eines Flugzeuges, das weit über einer weißen Wolkendecke auf einen unbekannten Zielflughafen zusteuert. Der Blick wandert in diesem bläulichen Himmelsmeer jedoch geradewegs nach rechts unten: Dort schwebt ebenso ein weißer Ring über den Wolken.

Die Natur schenkt uns dieses Schauspiel, soweit ich ihren Gesetzen folgen kann, über Vulkanen wie dem Ätna auf Sizilien äußerst selten. Luftströmung, Kratergröße, Dampf- und Rauchvolumen sind wenigstens vier Faktoren, die zur Entstehung dieser Ringe mit einem Durchmesser von bis zu 200 Metern beitragen. Aus dem Fenster eines Flugzeugs in über 10 000 Metern Höhe muss es tatsächlich so aussehen, als ob die Erde Signale sendet und vor dem für Anwohner lebensbedrohlichen Ausbruch warnt. Andere träumen vielleicht lieber vom Wilden Westen, in dem ein Junge seinen Kumpels drüben in den anderen Dörfern und Stämmen über die Schluchten und Wälder hinweg durch die Luft zu verstehen gibt, dass sie sich am runden See zum Pfeil- und Bogenschießen treffen, oder so.

Jan und Tim Edler fasziniert die ambivalente Schönheit der Ringe bereits seit einiger Zeit. Und um zu verstehen, wie sie auf eine künstliche Erzeugung durch Kraftwerke kommen, lohnt ein kurzer Rückblick zu einem anderen Projekt. Vor fast zehn Jahren begann das Architekturbüro BIG den Bau für Amager Bakke, eine Müllverbrennungsanlage in Kopenhagen, zu planen und bezog realities:united in die Konzeption der Kunst am Bau mit ein. Statt eine Verkleidung für die Fassade zu entwerfen, richteten die Berliner ihren Blick jedoch lieber auf das Innenleben der Anlage und fragten sich, wie man dieses sichtbar machen könne.

Dabei ging es ihnen nicht um ein postmodernes Denkmal aus technischen Bausteinen à la Renzo Piano, den Maschinen und Rohren, sondern um eine Ausstellung ihrer Leistung: 400 000 Tonnen Abfall sollen in Amager Bakke in Heizkraft für 160 000 und in Elektrizität für 62 500 Heime umgewandelt werden. Dänemark verkauft das selbstverständlich als nachhaltige Recycling-Box. Dabei entstehen jedoch auch Wasserdampf und eine Menge Kohlenstoffdioxid, die in die Atmosphäre abgegeben werden. Jan und Tim Edler entwickelten eine Mechanik, die diese Abgase nicht kontinuierlich, sondern in Abhängigkeit von ihrem CO_2-Gewicht in Ringen ausstoßen kann. Sobald sich einer dieser Ringe formiert, informiert er die Bevölkerung über ihren Müllverbrauch – ein Ring steht für eine halbe Tonne CO_2. Über dem Himmel von Kopenhagen sollten folglich Mahnmale der Umweltzerstörung aufsteigen, die so wolkig gewesen wären, dass sie sicherlich auch als Postkarten und Instagram-Motiv taugen würden. Das ist die Ambivalenz von wirklich guter Kunst.

Das Projekt wurde in Kopenhagen nicht realisiert. Auf dem Rücken der Müllverbrennungsanlage und des Kraftwerks Amager Bakke wird wie geplant ein Amusement-Park mit Bäumen und Biotopen, Kletterwänden und ja: einer langen Skipiste gebaut. Die CO_2-Ringe wären in dieser hedonistischen Landschaftsarchitektur wohl so etwas wie der moralische Kompass gewesen, der das reine Vergnügen auf dem jungfräulichen Schnee in regelmäßigen Abständen auf die verdammt dreckige Angelegenheit der Müllverbrennung zurückgeführt hätte.

Ob der Anblick der Ringe ausspuckenden Kunstkraftwerke in Deutschland nun auch ein schlechtes Gewissen bereiten wird, wie es sehr wahrscheinlich in Kopenhagen der Fall gewesen wäre, wissen wir nicht. Es scheint aber der richtige Zeitpunkt gekommen zu sein, um diese künstlerische Idee zu verwirklichen. Im Gegensatz zur Müllverbrennungsanlage in Dänemark bereiten sich die Kraftwerke in Deutschland auf ihr Ende vor. Am Himmel entsteht deshalb vielleicht auch weniger ein Mahn- als vielmehr ein ephemeres Denkmal. Überlässt man sich seiner Fantasie, könnte man

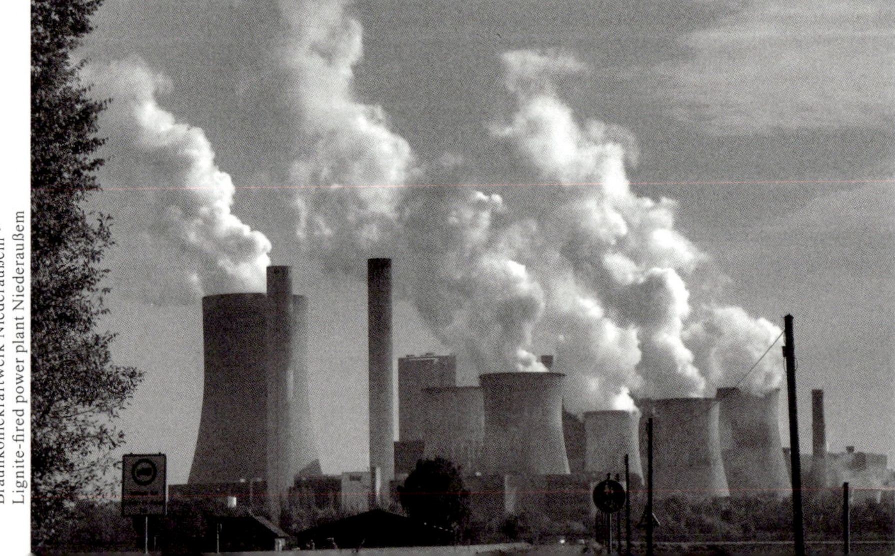

Braunkohlekraftwerk Niederaußem • Lignite-fired power plant Niederaußem

between an umbrella and a sewing machine, except that, unlike poet Lautréamont or rather André Breton, Holland does not elevate chance to the principle of work, but calculation, tinkering, in order to elicit something from a system that it is not configured to do that thing, but only in passing. At any rate, the plan of realities:united is clear: they want to accompany the great, protracted, and difficult structural change artistically and give the Federal Republic of Germany the opportunity to say goodbye to nuclear and coal-fired power plants appropriately.

These days, when criticism of the poor development of renewable energies and the political conflicts surrounding the gas pipeline from Russia, which is supposed to secure Germany's energy supply, is on the brink of being overturned, this cultural offer from realities:united perhaps looks like the last thing to worry about. But art, as so often, raises other questions: what mood will dominate in the coming years and decades?

So let's return to the realm of fantasy and imagine: from some or many corners of Germany, steam rings would rise into the sky, what kind of festive yet dramatic image is this?

Nuclear power plants are serviced from time to time – Jan and Tim Edler explain during the preparation for their show – flaps and nets, a membrane that opens and closes, could be installed in the cooling towers. It can press the steam into the shape of a ring that then rises into the sky. Scientists and university professors are already calculating how this scenario might be realized – how steam rings from nuclear power plants might float towards infinity. What we could experience, in other words, is the transformation of the nuclear power plants still in operation at locations such as Brokdorf, Grohnde, Gundremmingen, or Neckarwestheim into art power plants: they could send signs until the end of their lives in 2022. If we add the 100 or so coal-fired power plants, we can speak of a sea of steam rings in the sky over Germany. The very sight of the photo montage that Jan and Tim Edler's exhibition announces on the Berlinische Galerie's website is already amazing: on the left, you can still see the wing of an airplane heading for an unknown destination airport far above white cloud cover. But in this bluish sea of sky, the view wanders straight down to the right: there, a white ring floats above the clouds as well.

As far as I can follow its laws, nature offers us this spectacle only extremely rarely, over volcanoes like Mount Etna on Sicily. Airflow, crater size, steam, and smoke volumes are at least four factors that contribute to the formation of these rings with a diameter of up to 200 meters. From the window of an airplane at an altitude of over 10,000 meters, it must actually look as if the earth is sending signals and warning local residents of a life-threatening outbreak. Others may prefer to dream of the Wild West, where a boy is telling his buddies over there in the other villages and tribes through the air across the gorges and forests that they should meet at the round lake for bows and arrows, or something.

Jan and Tim Edler have been fascinated by the ambivalent beauty of the rings for some time. So to understand how they came up with the idea of using power plants, it is worth taking a brief look back at another project. Almost ten years ago, the architectural firm BIG began planning the construction for Amager Bakke, a waste incineration plant in Copenhagen, and involved realities:united in the conception of an art in public space project. Instead of designing a dressing for the façade, however, the Berliners focused their attention on the interior of the plant and wondered how this could be made visible.

They weren't interested in a postmodern monument made up of technical components à la Renzo Piano, the machines and pipes, but rather in an exhibition of their output: 400,000 tons of waste will be converted into heating power for 160,000 as well as electricity for 62,500 homes in Amager Bakke. Denmark, of course, sells this as a sustainable recycling box. But it also produces water vapor and a lot of carbon dioxide, which is released into the atmosphere. Jan and Tim Edler have developed a mechanism that can emit these exhaust gases not continuously, but in rings dependent on their weight in CO_2. As soon as one of these rings is formed, it informs the population about its waste consumption – one ring represents half a ton of CO_2. Consequently, Copenhagen's sky would have been covered in memorials to environmental destruction. It would have been so cloudy that it certainly would have been suitable for postcards and Instagram motifs. That is the ambivalence of really good art.

The project was not realized in Copenhagen. In the location of the waste incineration plant and the Amager Bakke power plant, an amusement park with trees and biotopes, climbing walls and yes, a long ski slope, is being built as planned. In this hedonistic landscape architecture, the CO_2 rings would probably have been something like a moral compass, which, at regular intervals, would have reduced the pure pleasure on virgin snow to the damn dirty business of waste incineration.

We don't know whether the sight of the rings being spit out of art power plants in Germany would create a guilty conscience as well, as would very probably have been the case in Copenhagen. However, it seems that the right time has come to realize this artistic idea. In contrast to the waste incineration plant in Denmark, the power plants in Germany are

sogar glauben, da in Germany werden Friedenspfeifen geraucht. Wie war das mit dem Jungen, der seine Kumpels über Schluchten und Wälder hinweg zum Spiel aufruft? Stellen Sie sich die Symbolkraft dieses Hackings der Betriebsabläufe der Kraftwerke vor: Über Ländergrenzen hinweg verbreiten sich die Bilder der aufsteigenden Ringe, der Ausstieg aus der Atom- und Kohlekraft wird plötzlich mit einem Ritual assoziiert, an dem man teilnehmen möchte … Jan und Tim Edler erwähnten sogar kurz den Begriff „Therapie".

Als Jan und Tim Edler die Ausstellung für die Berlinische Galerie in Angriff nahmen, konnten sie nicht wissen, dass der Kohleausstieg vor der Eröffnung beschlossen sein würde. Dennoch haben sie den Termin nicht grundlos ausgesucht. Ende 2018 wurde die letzte Zeche in Deutschland geschlossen, der Bundespräsident Frank-Walter Steinmeier nahm das letzte Stück Steinkohle symbolträchtig von Bergarbeitern entgegen, die Helme mit Lampen und rußverschmierte Klamotten trugen. Selbst in den Gesichtern klebte schwarzer Schweiß. Der „Tag der Trauer", wie die Bergleute die letzte Schicht im Schacht nannten, wurde 2007 vom Bundestag festgesetzt. Zu diesem Zeitpunkt war der sogenannte „Wandel von der Industriestruktur zur Industriekultur" für den Essener Zollverein schon längst vollzogen, dennoch steht er bis heute als großes Vorbild für den Umgang mit dem Erbe eines Wirtschaftszweigs, der ein Land seit über 500 Jahren strukturiert. Die ehemaligen Schachtanlagen XII, 1/2/8 und die Kokerei Zollverein gehören zum UNESCO-Weltkulturerbe, und im Angebot findet sich so gut wie alles, was das Kulturherz begehrt: Konzerte, Ausstellungen, Cafés.

Was wird aus den unzähligen Kraftwerken werden? Der Künstler Anselm Kiefer hatte vor einigen Jahren angekündigt, er würde ein Atomkraftwerk gerne in ein Pantheon verwandeln. In seinem Zentrum steht das Gedenken an eine Vergangenheit, in der das Atom die Gedanken ja tatsächlich noch in paradiesische Götterwelten entführte. Der französische Architekt Claude Parent, einst Mitarbeiter von Le Corbusier und Freund von Paul Virilio, schenkte seinen Architekturentwürfen für das sogenannte friedliche Atom Anfang der 1980er Jahre sogar den liebevollen Titel Les Maisons de l'atome. Die Geschichte der Beschleunigung sollte auf ihrem Höhepunkt endlich ein Zuhause auf dem schönen Land in Frankreich bekommen. Allerdings setzt so eine Umnutzung immer schon das Ende der Nutzung der Architektur voraus, wird mit anderen Worten zu einem Problem der Denkmalpflege (und der Umweltbehörden, versteht sich).

Jan und Tim Edler interessiert etwas anderes. Sie beteiligen sich an dem politischen Prozess, der den Blick der Denkmalpflege auf die Architektur prägen wird, und werden diesen gestalten. Das macht das Projekt Fazit so komplex und seinen Ausgang so ungewiss. Ob der Hackerangriff von realities:united gelingen wird, hängt nicht zuletzt von der Bereitschaft ab, das Ende von Energiequellen zu umarmen, von denen ein Land gegenwärtig noch abhängig ist. ●

preparing for their end. Perhaps that's why it would be less of a memorial in the sky than an ephemeral monument. Left to your imagination, you might even believe that peace pipes are smoked in Germany.

How was it with the boy, who calls his buddies over ravines and woods to play? Imagine the symbolic power of this hacking of the power plant operations: the images of the rising rings crossing over national borders, the abandonment of nuclear and coal power is suddenly associated with a ritual in which one would like to participate … Jan and Tim Edler even briefly mentioned the term "therapy."

When Jan and Tim Edler tackled the exhibition for the Berlinische Galerie, they couldn't know that the decision to stop using coal would be made before the opening. Nevertheless, they did not choose the date without reason. At the end of 2018, the last coal mine in Germany was closed, the Federal President Frank-Walter Steinmeier symbolically received the last piece of coal from miners wearing helmets with lamps and sooty clothes. Even their faces were covered in black sweat. The "Day of Mourning," as the miners called the last shift in the shaft, was set by the Bundestag in 2007. At that time, the so-called "transition from industrial structure to industrial culture" had long since taken place for the Essener Zollverein, yet it still stands today as a great role model for dealing with the legacy of a branch of industry that has structured a country for over 500 years. The former pits XII, 1/2/8 and the Zollverein coking plants belong to UNESCO World Cultural Heritage, and on offer is almost everything a cultural heart desires: concerts, exhibitions, and cafés.

What will become of the countless power plants? A few years ago, artist Anselm Kiefer announced that he would like to transform a nuclear power plant into a pantheon. At its center, the memory of a past in which the atom carried thoughts away into the paradisiacal worlds of gods. In the early 1980s, French architect Claude Parent, a former Le Corbusier collaborator and friend of Paul Virilio, even gave his architectural designs for the so-called peaceful atom the loving title Les Maisons de l'atome. At its peak, the history of acceleration was ultimately to be given a home in France's beautiful countryside. However, such a change of use always presupposes the end of the use of architecture, in other words, it becomes a problem for the preservation of monuments (and, self evidently, the environmental authorities).

Jan and Tim Edler are interested in something else. They are taking part in the political process that will characterize and shape the monument conservators' view of architecture. This is what makes the Fazit project so complex and its outcome so uncertain. Whether the hacker attack by realities:united will succeed depends not least on a willingness to embrace the end of energy sources on which a country is currently still dependent. ●

Fazit

Programm

de Die mit atomaren oder fossilen Brennstoffen betriebenen Großkraftwerke Deutschlands zeigen in den letzten Jahren vor ihrer Stilllegung eine koordinierte Abschiedsperformance. Das Ende einer langen und großen Epoche des Industriezeitalters.

Zusätzlich zur Energieproduktion übernehmen die leicht modifizierten Kraftwerke jetzt eine weitere Aufgabe: Sie erzeugen besonders schöne und hochfliegende Wolken. Weil die Gelegenheit nicht wiederkommt. Überall und in einem gemeinsamen Rhythmus. Weithin sichtbar, von der Lausitz bis zum Niederrhein.

Standorte und Regionen, die durch ihre Rolle als Energieerzeuger außerhalb der Ballungszentren anhaltend geprägt wurden, verbinden sich deutlich sichtbar. Sie lenken Aufmerksamkeit auf sich selbst und auf den gesamtgesellschaftlich und überregional zu bewältigenden Transformationsprozess.

Der Konflikt um Kohle- und Atomenergie, der die Gesellschaft in den letzten Jahrzehnten beschäftigt hat, verliert seine lähmende und spaltende Wirkung. Die zu meisternde Entwicklungsaufgabe für Gesellschaft und Technologie wird wieder zu einem die Gesellschaft vereinenden, gemeinsamen Projekt. realities:united

Program

en In the years remaining before their decommissioning, the largest power plants in Germany, powered by nuclear or fossil fuels, will present a coordinated farewell performance. The end of a long and great epoch of the industrial age.

In addition to energy production, the slightly modified power plants will take on an additional task: the production of particularly beautiful high-flying clouds. Because an opportunity like this will not be presented again. Everywhere and in a coordinated rhythm. Visible from afar, from Lusatia to the Lower Rhine.

Locations and regions that have been shaped by their roles as energy producers outside urban areas will be visibly connected. They will draw attention to themselves as well as to the transformation process that needs to be managed on a societal and supra-regional level.

The conflict over coal and nuclear energy that has occupied society in recent decades will lose its paralyzing and divisive effect. The development task to be mastered by society and technology will once again be a joint project uniting society.

realities:united

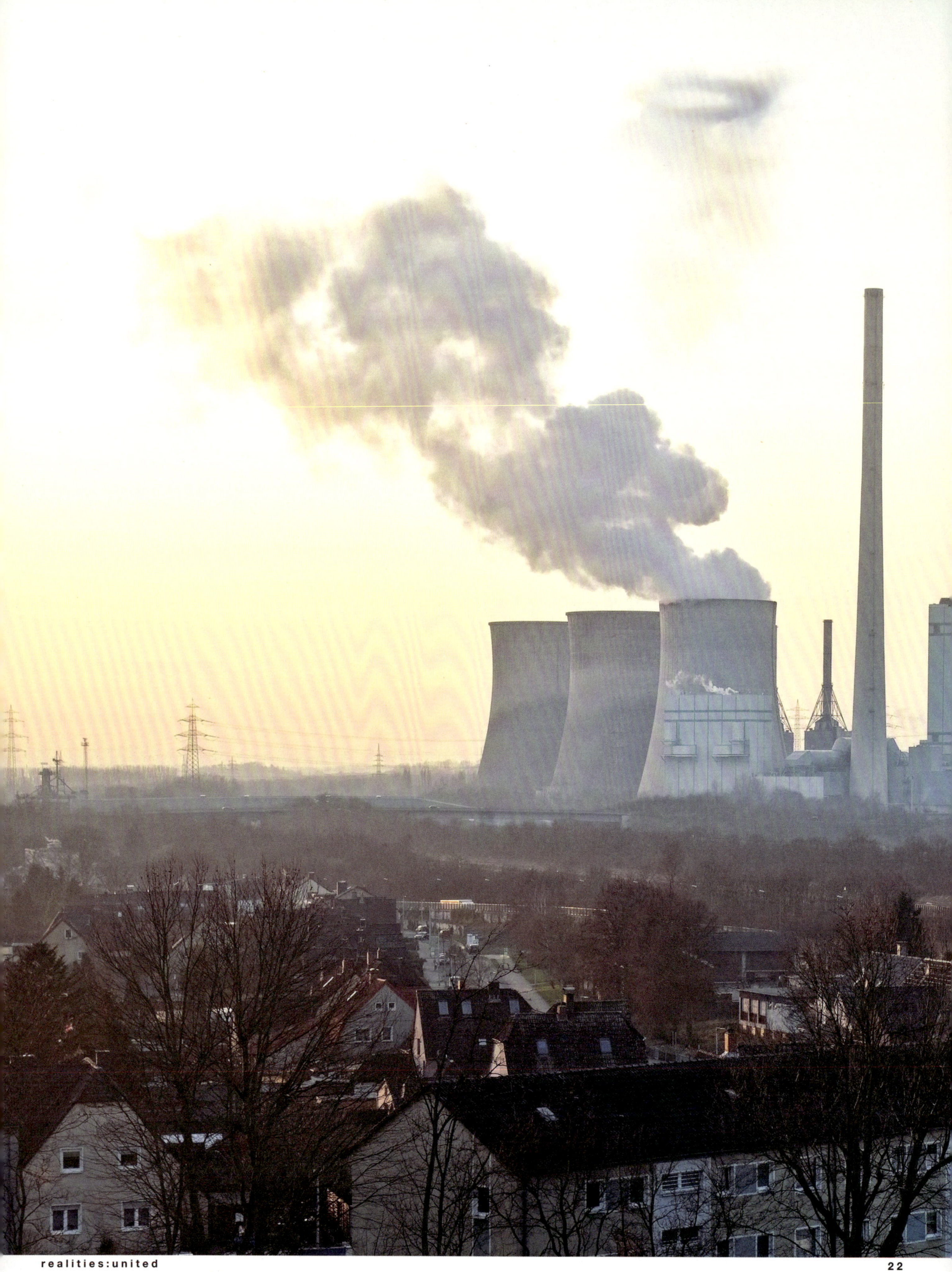

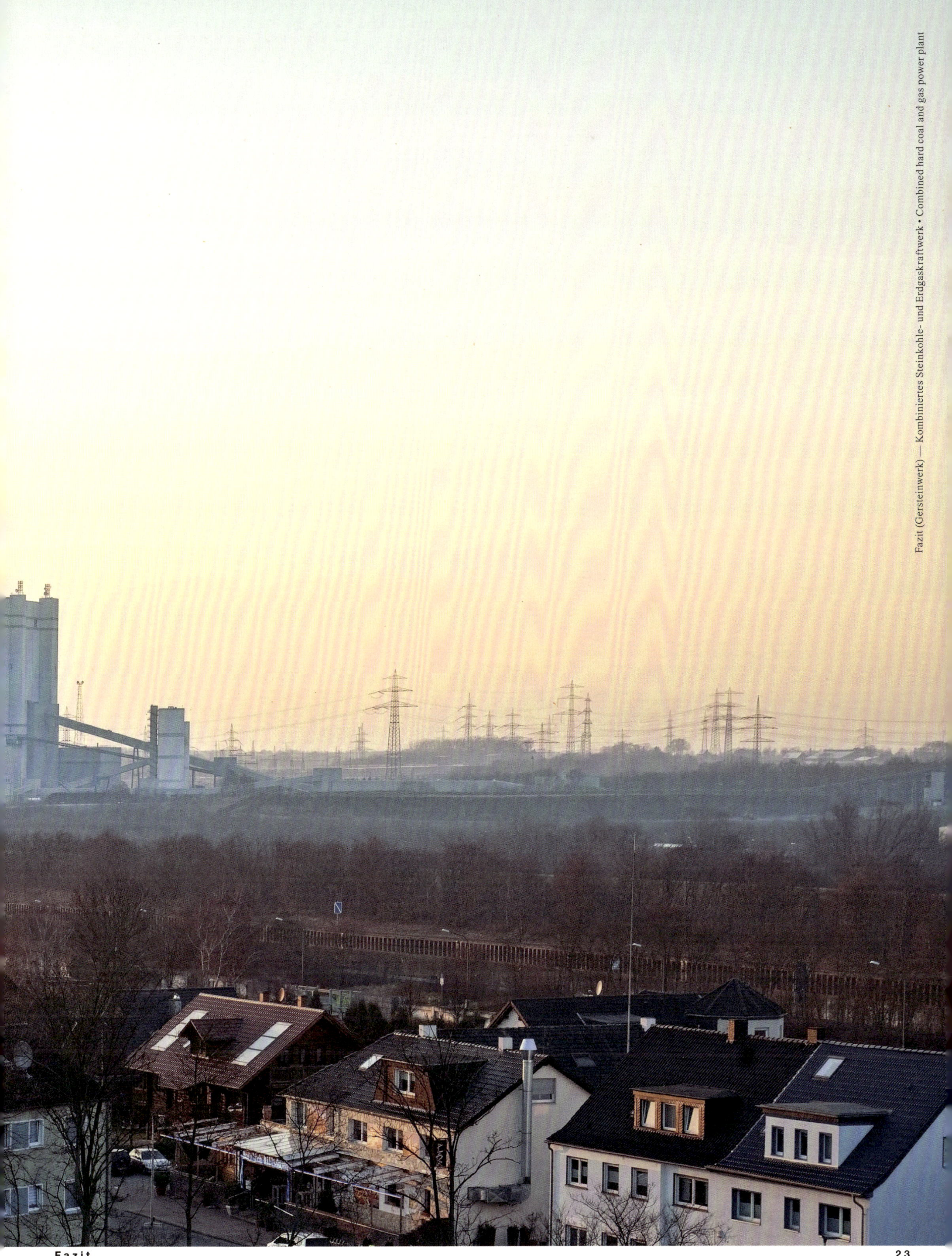

Fazit (Gersteinwerk) — Kombiniertes Steinkohle- und Erdgaskraftwerk • Combined hard coal and gas power plant

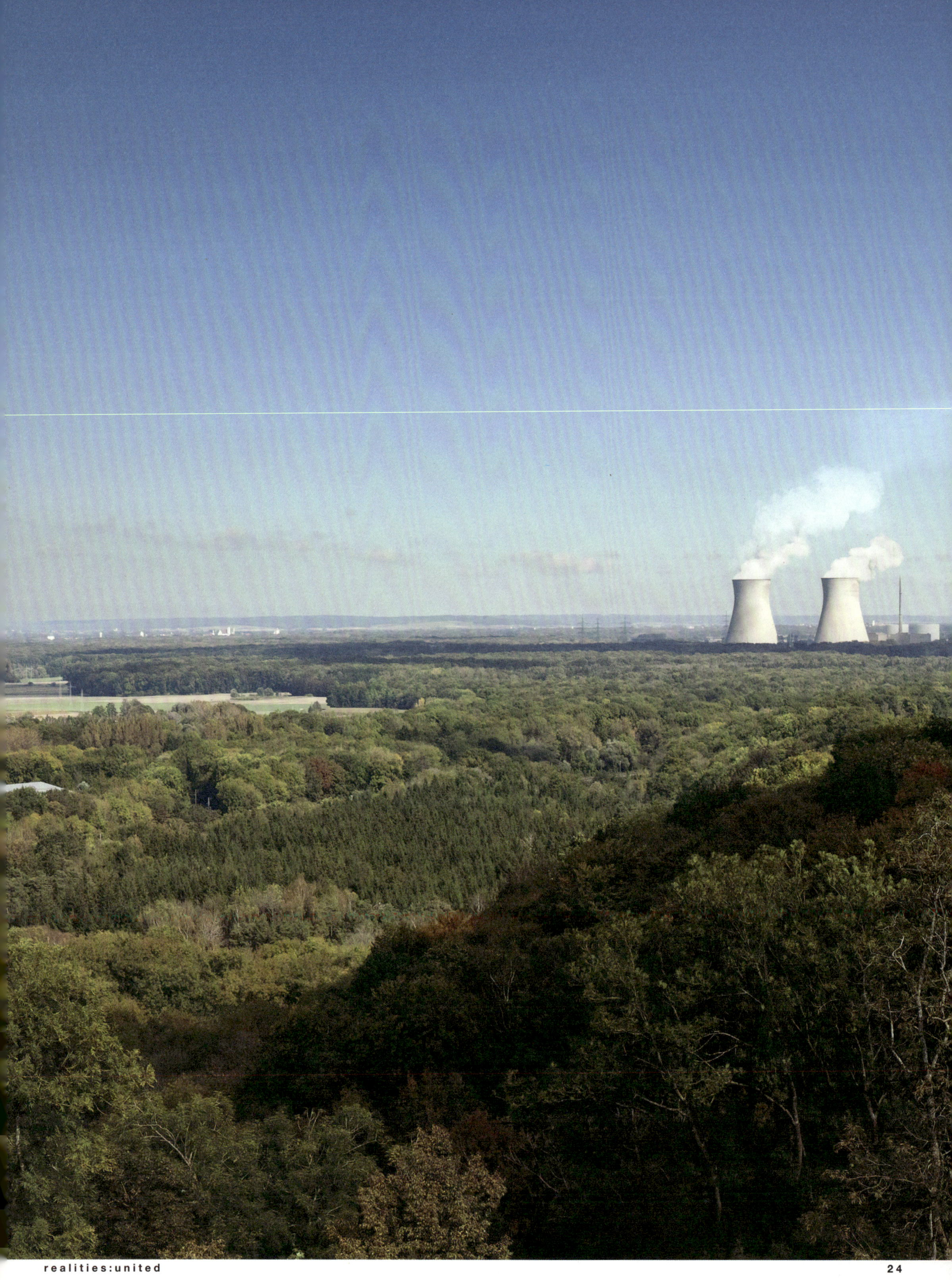

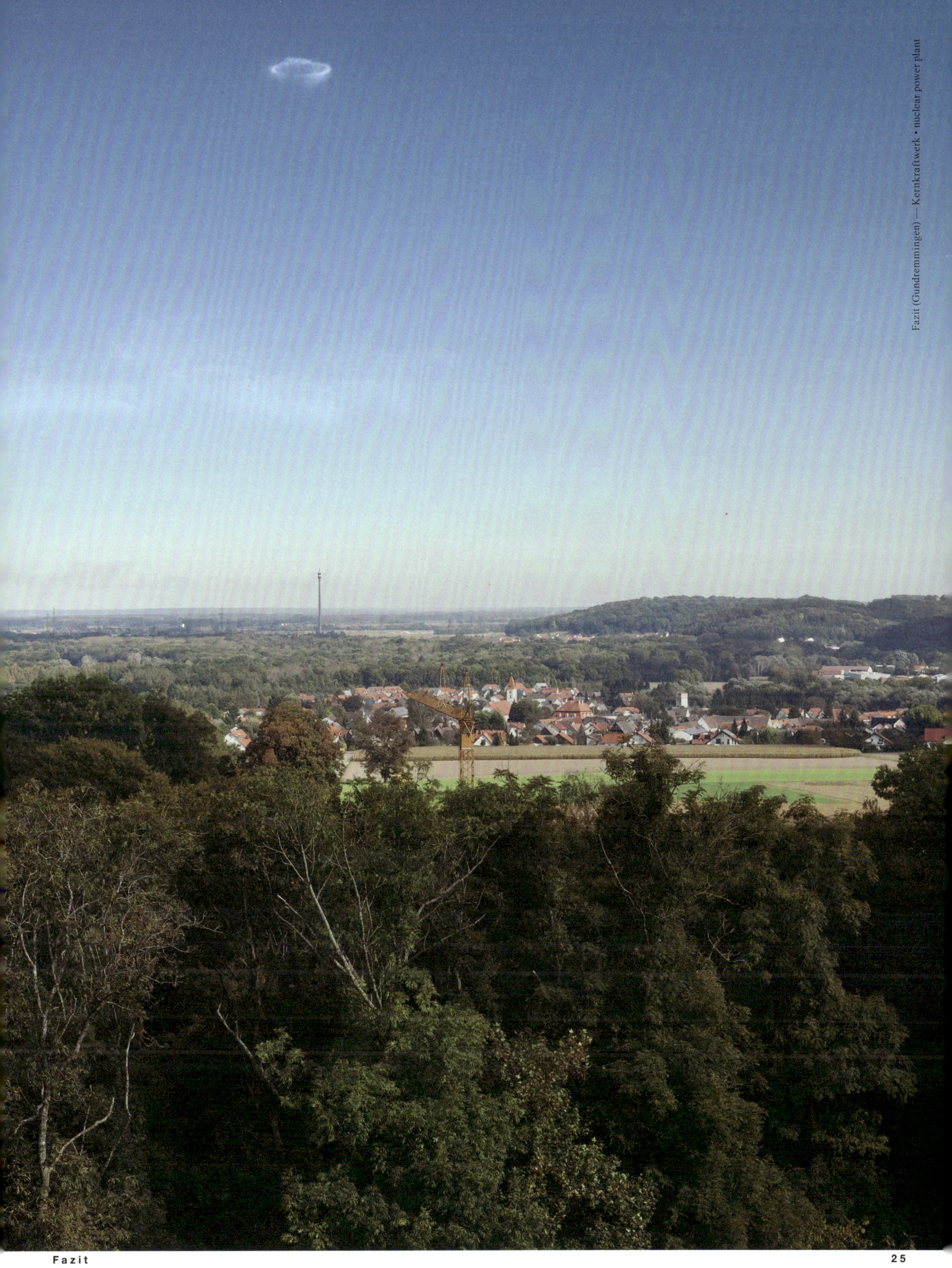

Fazit (Gundremmingen) — Kernkraftwerk • nuclear power plant

Kraftwerke in Deutschland
Power Plants in Germany

- Kernenergie • nuclear
- Braunkohle • lignite
- Steinkohle • hard coal
- Erdgas • gas
- Bereits abgeschaltet • already shut-down
- Kraftwerk mit Kühlturm • power plant with cooling tower
- Kraftwerk mit Durchlaufkühlung • power plant with once-through cooling system
- Abschaltung beschlossen • shut-down decided
- Abschaltung erwartet • shut-down expected
- ❶ Rheinisches Braunkohlerevier • Rhenish brown coal mining area
- ❷ Mitteldeutsches Braunkohlerevier • Middlegerman brown coal mining area
- ❸ Lausitzer Braunkohlerevier • Lusatian brown coal mining area

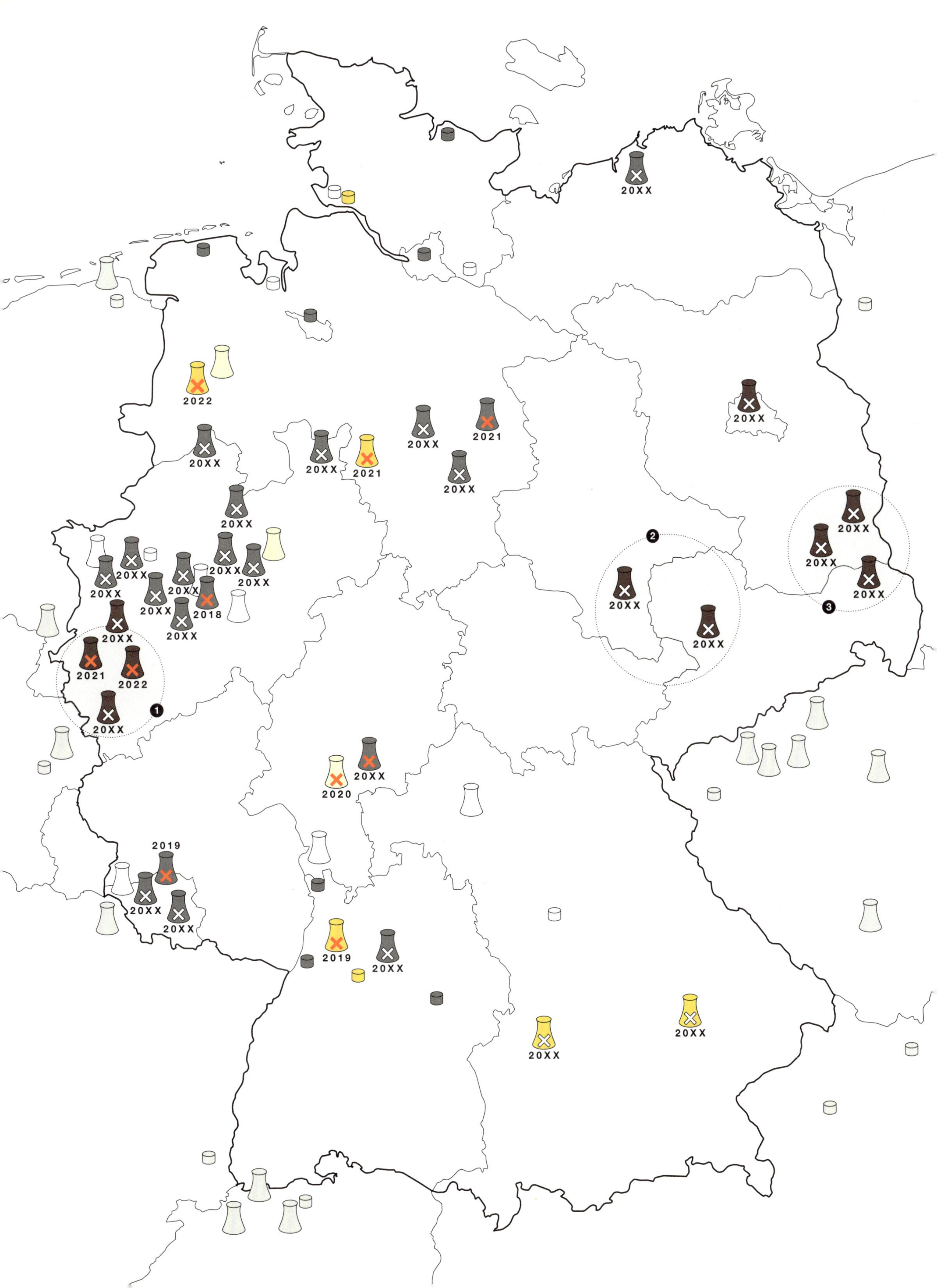
20XX
2022
20XX
20XX
2021
20XX
20XX
2021
20XX
20XX
2
20XX
20XX
20XX
20XX
20XX
20XX
20XX
20XX
20XX
20XX
20XX
2018
20XX
20XX
3
20XX
20XX
2021
2022
1
20XX
20XX
2020
2019
20XX
20XX
2019
20XX
20XX
20XX

Installierte Kraftwerksleistung
Installed Power Station Capacity

In Deutschland > 300 MW
In Germany > 300 MW
- Kernenergie • nuclear
- Braunkohle • lignite
- Steinkohle • hard coal
- Erdgas • gas
- Fazit Projektzeitraum • project period of Fazit

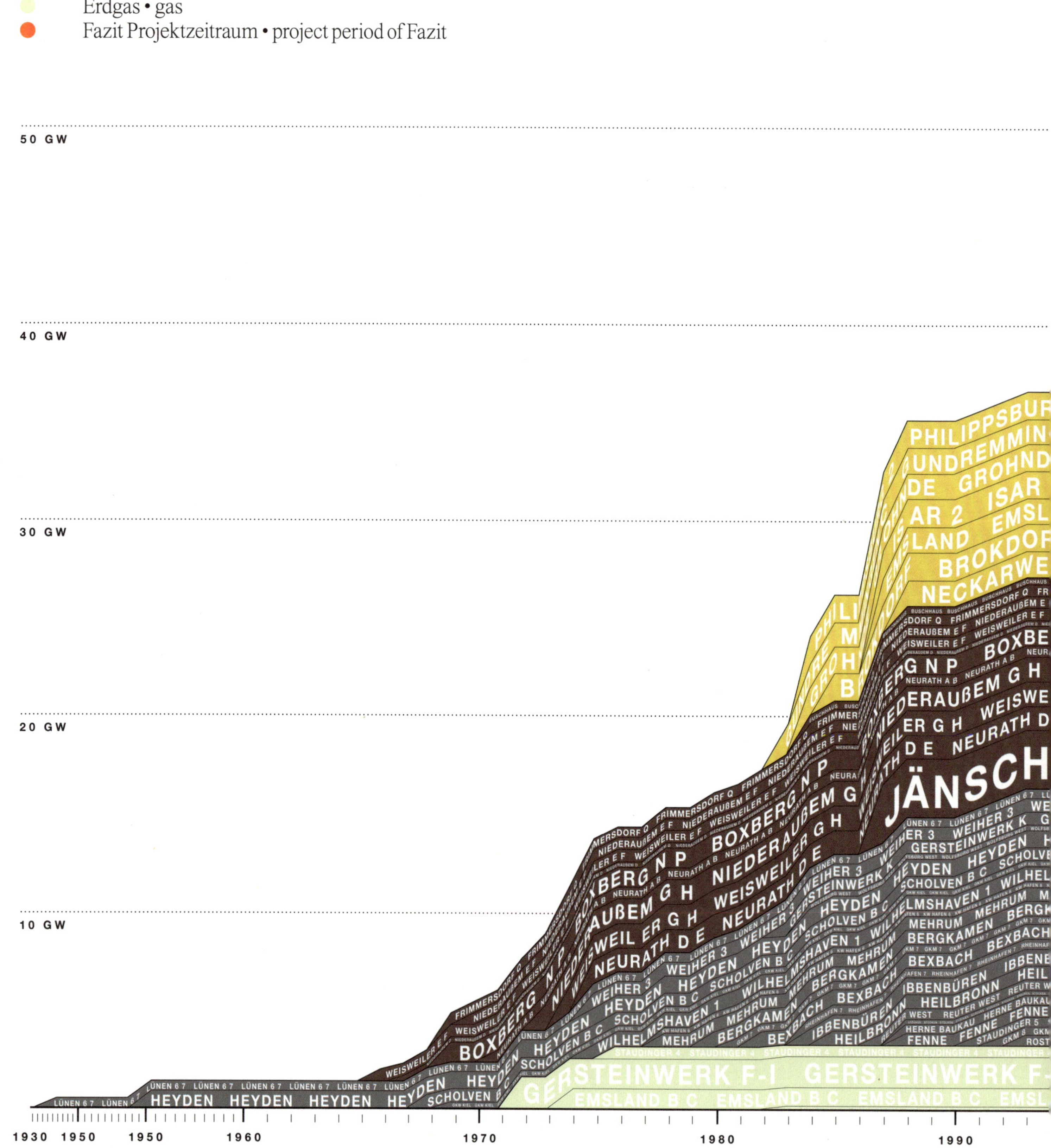

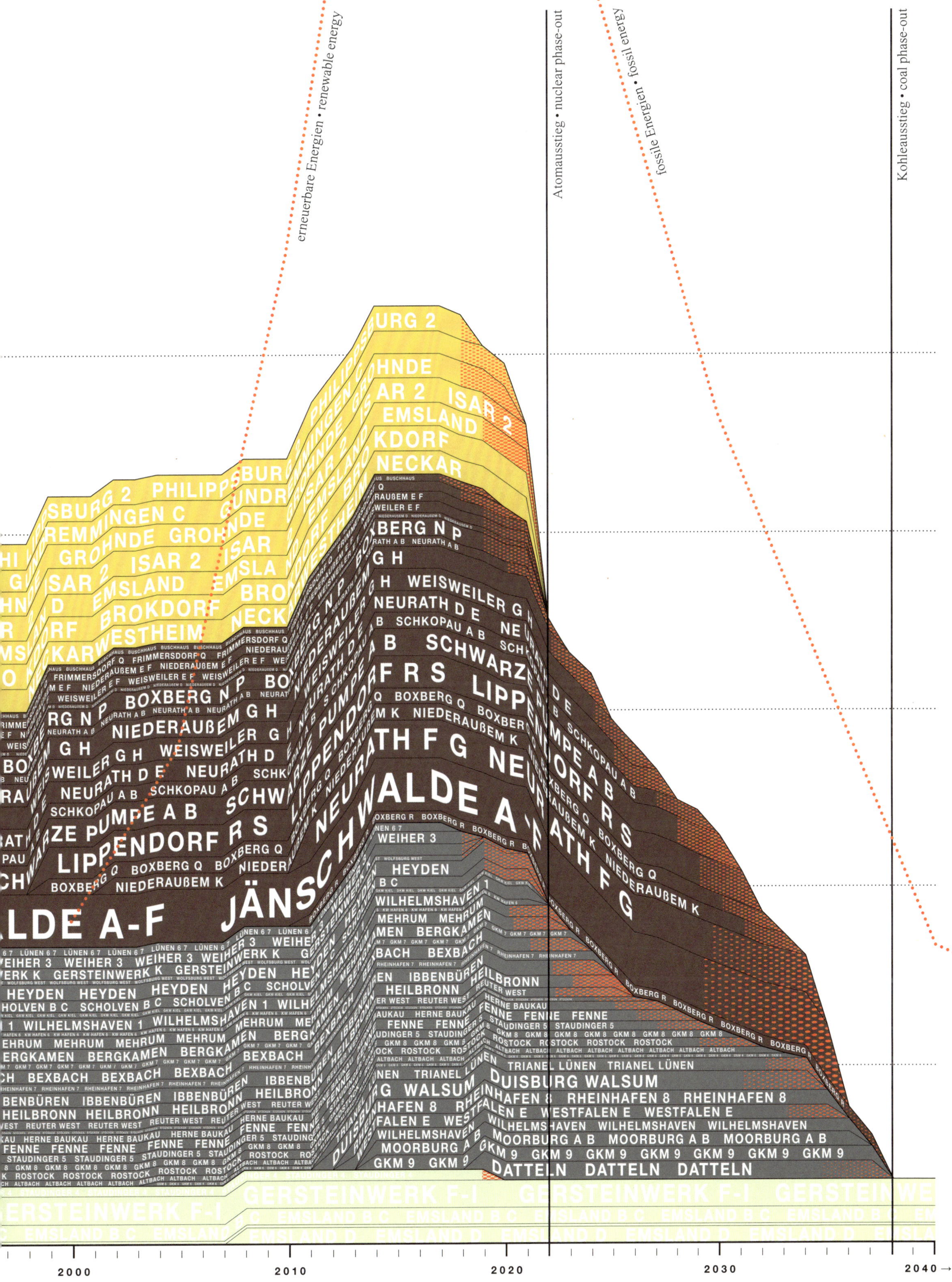

erneuerbare Energien • renewable energy
Atomausstieg • nuclear phase-out
fossile Energien • fossil energy
Kohleausstieg • coal phase-out
PHILIPPSBURG 2
GUNDREMMINGEN C
GROHNDE
ISAR 2
EMSLAND
BROKDORF
NECKARWESTHEIM
JÄNSCHWALDE A-F
BOXBERG N P
NIEDERAUßEM G H
WEISWEILER G H
NEURATH D E
SCHKOPAU A B
SCHWARZE PUMPE A B
LIPPENDORF R S
NEURATH F G
BOXBERG Q
NIEDERAUßEM K
BOXBERG R
WEIHER 3
HEYDEN
WILHELMSHAVEN 1
MEHRUM
BERGKAMEN
BEXBACH
IBBENBÜREN
HEILBRONN
REUTER WEST
HERNE BAUKAU
FENNE
STAUDINGER 5
GKM 8
ROSTOCK
ALTBACH
TRIANEL LÜNEN
DUISBURG WALSUM
RHEINHAFEN 8
WESTFALEN E
WILHELMSHAVEN
MOORBURG A B
GKM 9
DATTELN
GERSTEINWERK F-I
EMSLAND B C
EMSLAND D
2000
2010
2020
2030
2040 →

Bernoulli-Effekt
Bernoulli Effect

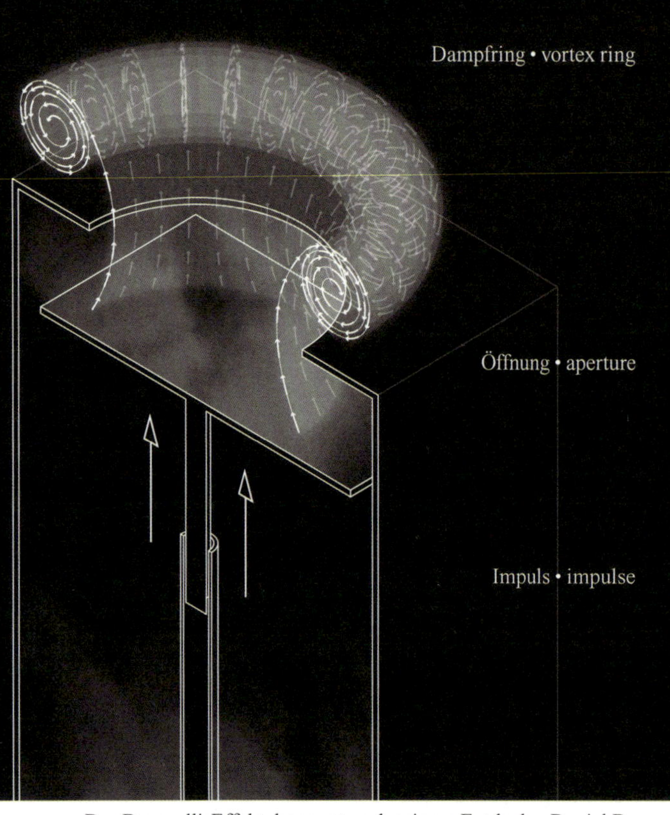

de Der Bernoulli-Effekt, benannt nach seinem Entdecker Daniel Bernoulli (1700–1782), beschreibt das sogenannte „hydrodynamische Paradoxon": Im angrenzenden Bereich an eine schnelle (Gas-)Strömung entsteht ein Unterdruck. Strömt zum Beispiel Dampf durch ein Rohr ins Freie, entsteht eine solche Unterdruckzone ringförmig nahe dem ausströmenden Dampf um die Austrittsöffnung herum. Der ausströmende Dampfstrom wird dabei von dieser Unterdruckzone angezogen und dadurch nach außen abgelenkt. Unter bestimmten Bedingungen wird der Dampf in diesen Wirbelring ganz hineingedreht, und es kommt zu einer Loslösung des Wirbelrings von der Austrittsöffnung. Es entsteht ein isolierter Dampfring, der sich durch die Luft fortbewegt. Solche frei fliegenden Wirbelringe sind nach ihrer Entstehung bemerkenswert stabil und langlebig. Dieses Phänomen ist auch in der Natur zu finden: Am Ätna auf Sizilien wurden Rauchringe von bis zu 200 Metern Durchmesser und einer Sichtbarkeit von bis zu zehn Minuten beobachtet.

en The Bernoulli effect is named after Daniel Bernoulli (1700–1782), who discovered it, and it describes what is known as the "hydrodynamic paradox": in the area alongside a rapid (gas) flow, pressure will fall. If, for example, steam is released into the open from a pipe, a low-pressure zone will form a ring around the steam escaping from the aperture. As it leaves the pipe, the flow of steam is sucked into this low-pressure zone and deflected outwards. Under certain conditions, all the steam is rechannelled into this vortex ring and the ring will detach from the aperture. The result is an isolated ring of steam moving through the air. Once these vortex rings form and break free, they are remarkably stable and long-lasting. This phenomenon is also encountered in nature. Smoke rings up to 200 meters in diameter have been observed around Mount Etna on Sicily, remaining visible to the eye for up to ten minutes.

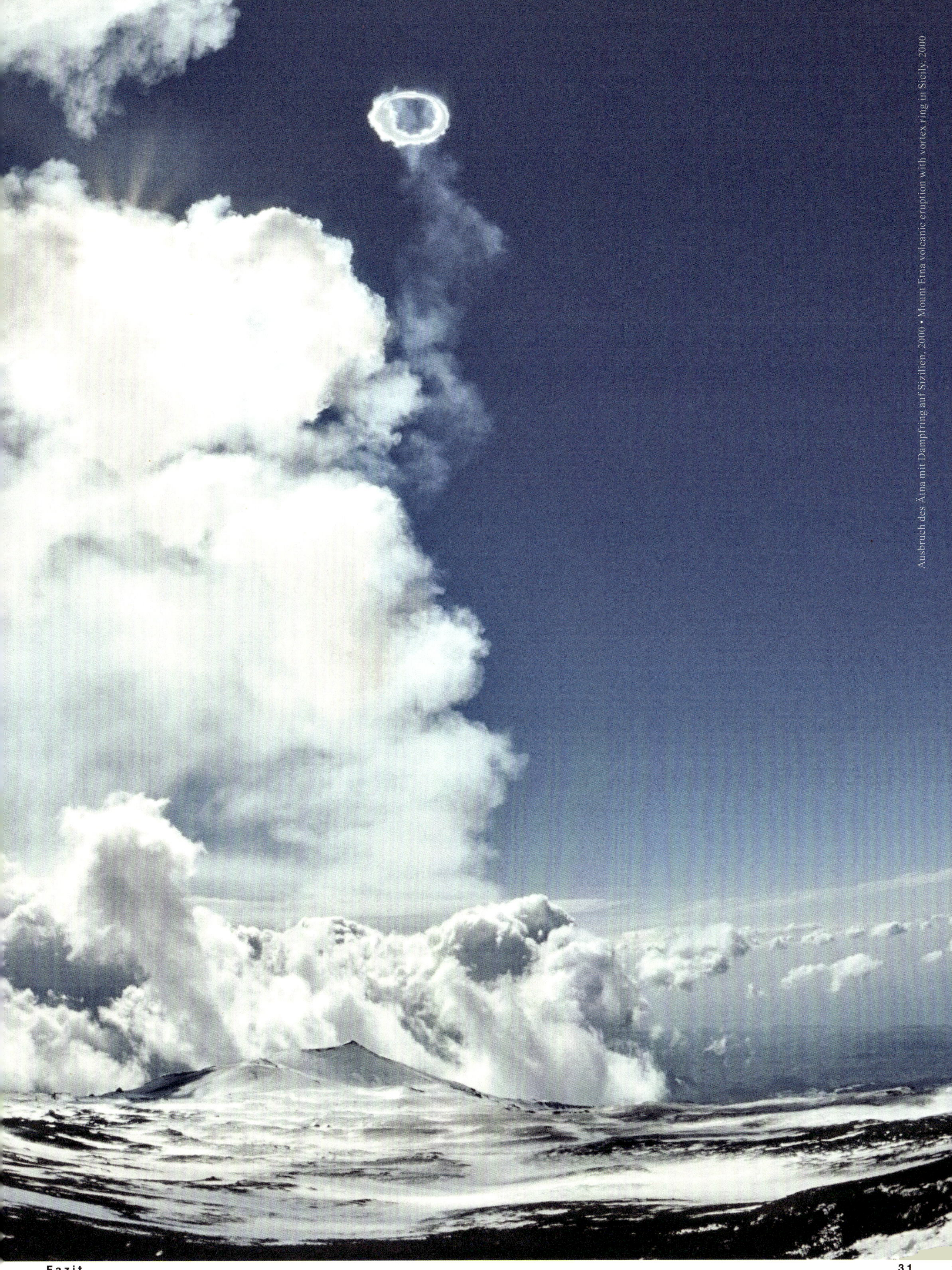

Ausbruch des Ätna mit Dampfring auf Sizilien, 2000 • Mount Etna volcanic eruption with vortex ring in Sicily, 2000

Das Dampfkatapult
The Steam Catapult

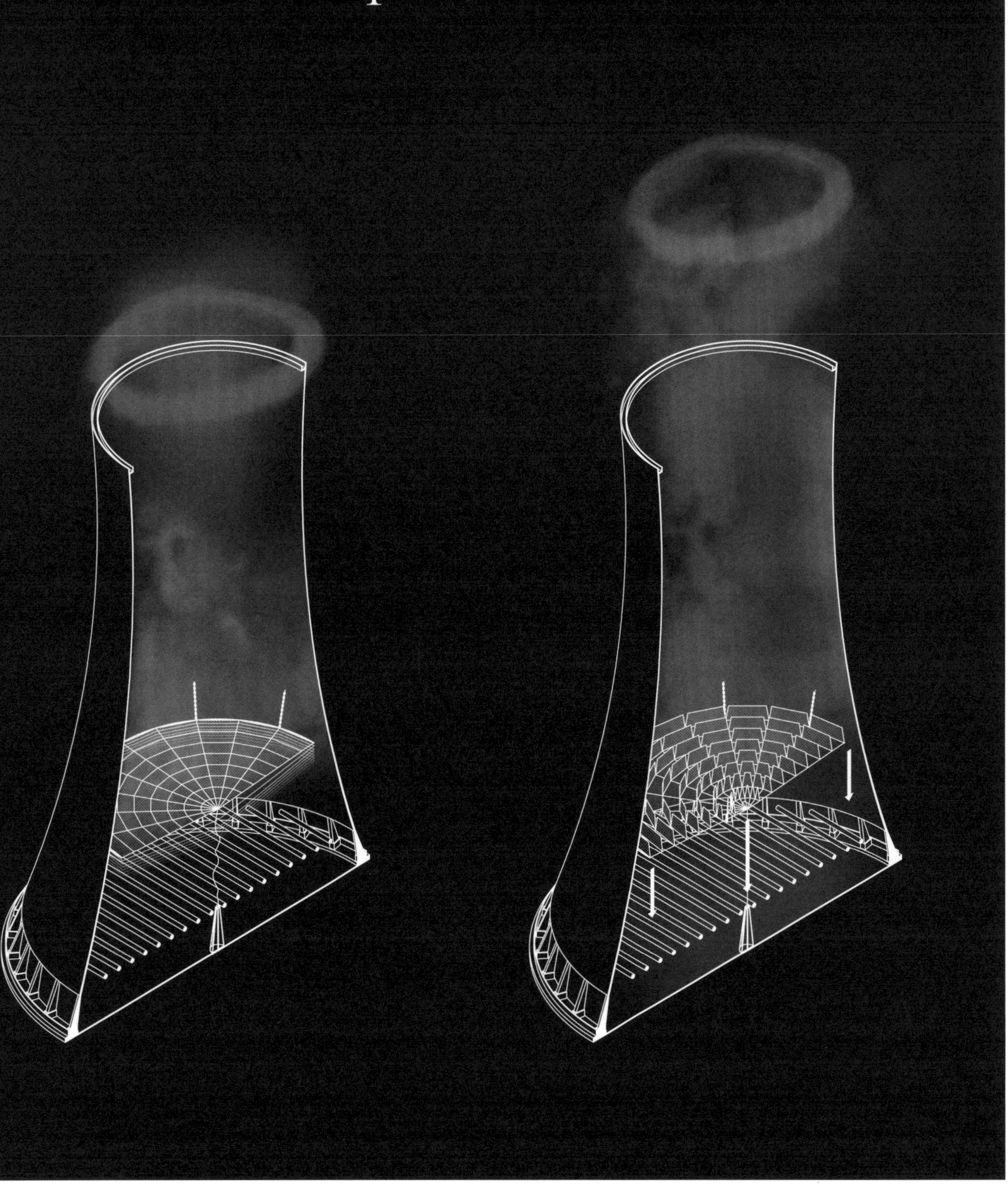

Ruhephase · resting phase

de Im neutralen Zustand befindet sich der Membranrahmen am Tiefpunkt. Die Klappen sind geöffnet. Der Wasserdampf kann ungehindert durch den Kühlturm strömen und aufsteigen.

en In neutral state the membrane frame touches its lowest point. The flaps are open. Steam can flow up the cooling tower unimpeded and escape upwards.

Membranbeschleunigung · membrane acceleration

de Der von Zugseilen vorgespannte Membranrahmen wird losgelassen und schnellt nach oben. Durch die Beschleunigung legen sich die leichten Klappen um und bilden eine geschlossene Membran. Die kurze, schnelle Bewegung beschleunigt den Dampf im Kühlturm.

en The membrane frame, prestressed by tensioning cables, is released and springs upwards. Acceleration causes the lightweight flaps to close, creating a sealed membrane. This short, sharp movement makes the steam in the cooling tower rise faster.

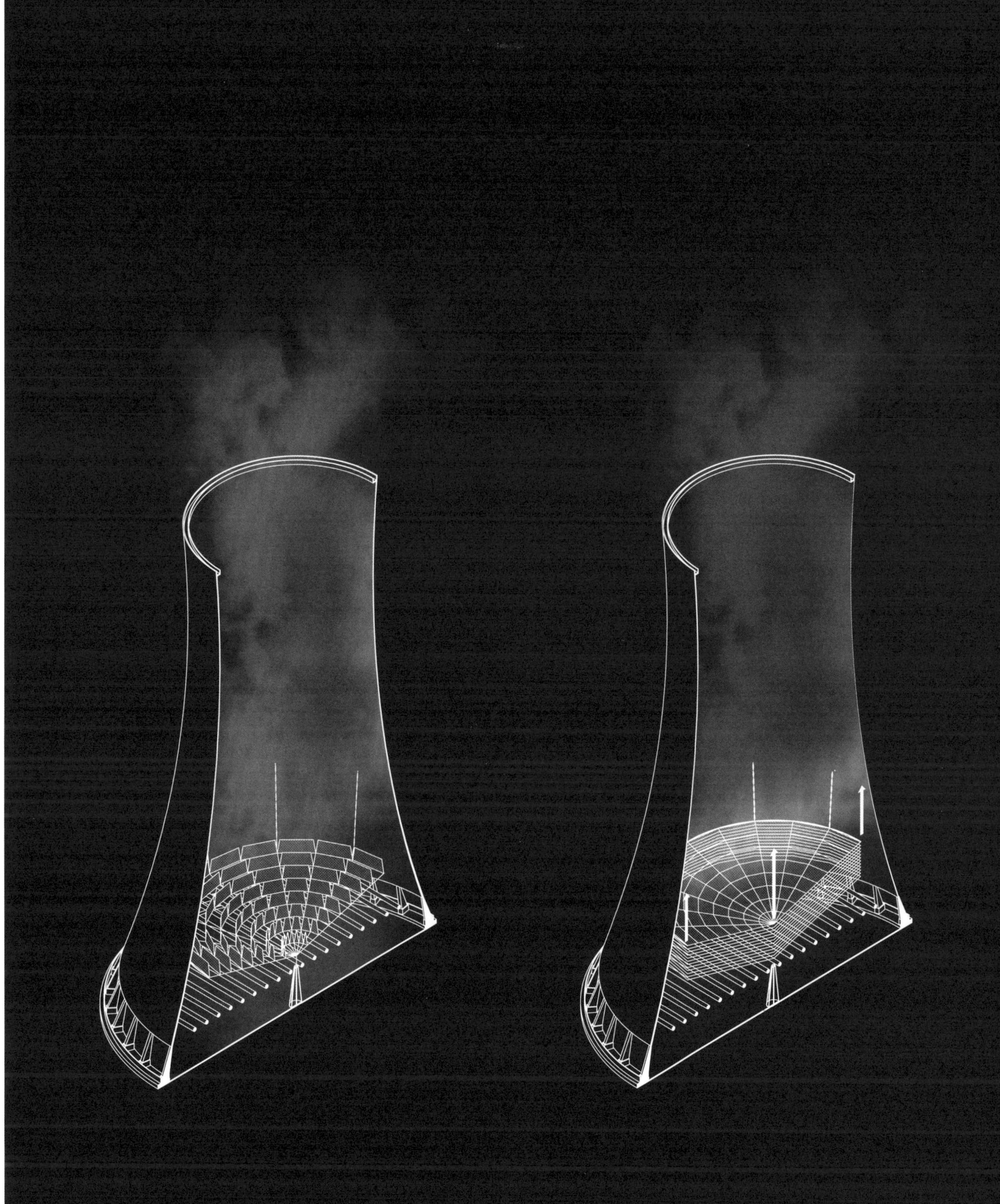

Ringbildung · ring formation

de Die Membran hat den Endpunkt ihrer Bewegung erreicht. Oberhalb der Mündung des Kühlturms wird die rasch emporstoßende Dampfwolke durch den Bernoulli-Effekt eingedreht. Es entsteht ein Vortex-Ring. Die Membranklappen sind wieder geöffnet, sodass der nachströmende Dampf ungehindert passieren kann.

en The membrane has reached the endpoint on its trajectory. Over the opening in the cooling tower, the Bernoulli effect causes the rapidly ascending cloud of steam to twist around. The result is a vortex ring. The membrane flaps re-open, allowing the steam behind to pass unhindered.

Spannvorgang · tensioning

de Der Membranrahmen wird langsam wieder nach unten gezogen. Die elastischen Zugseile werden dabei gespannt. Die Klappen bleiben geöffnet.

en The membrane frame is slowly pulled back down. The elasticated cables are tightened. The flaps stay open.

Dampfflugbahnen im Vergleich
Steam Trajectories in Comparison

→ Windgeschwindigkeit 4 m/s
wind speed 4 m/s

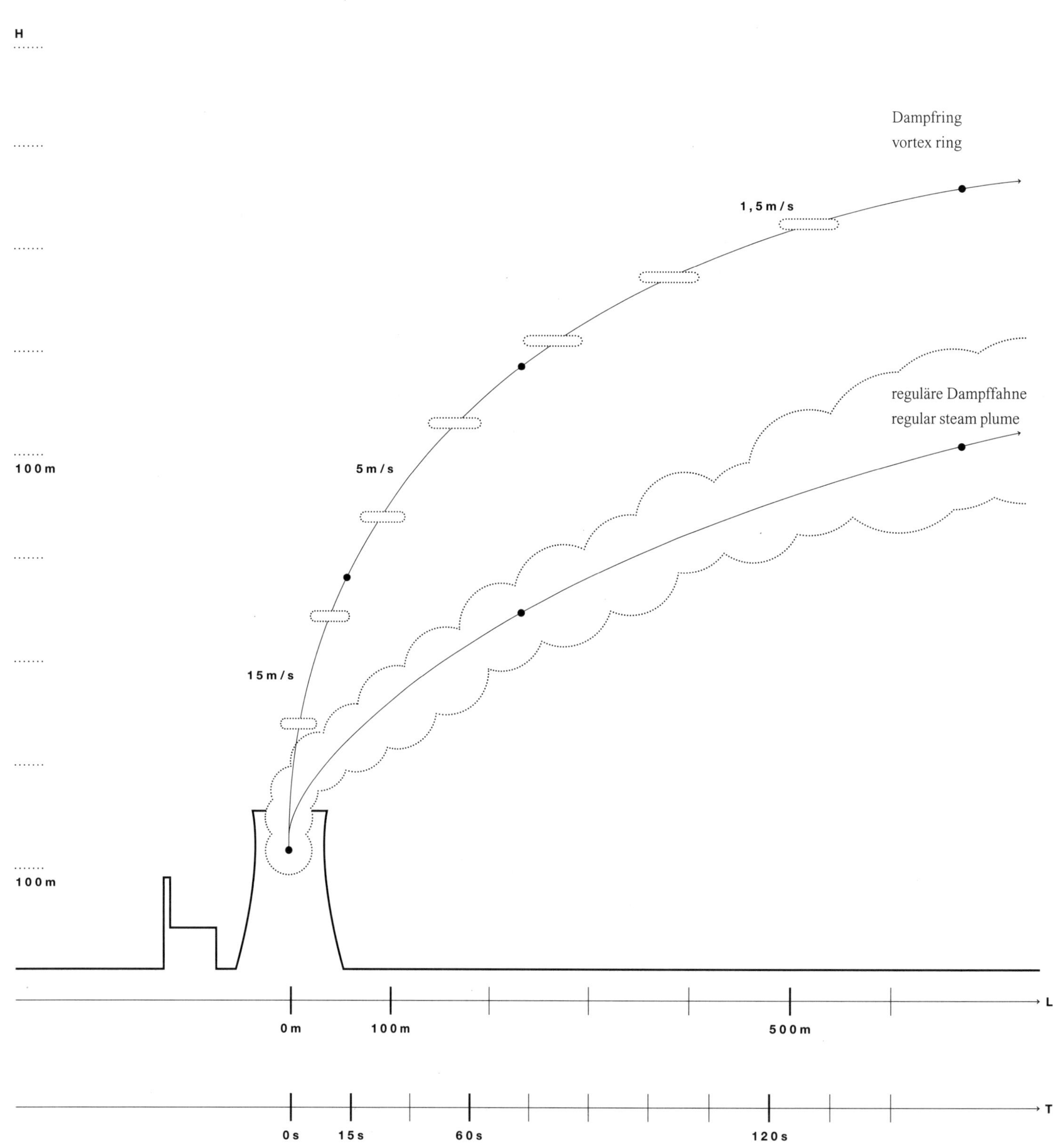

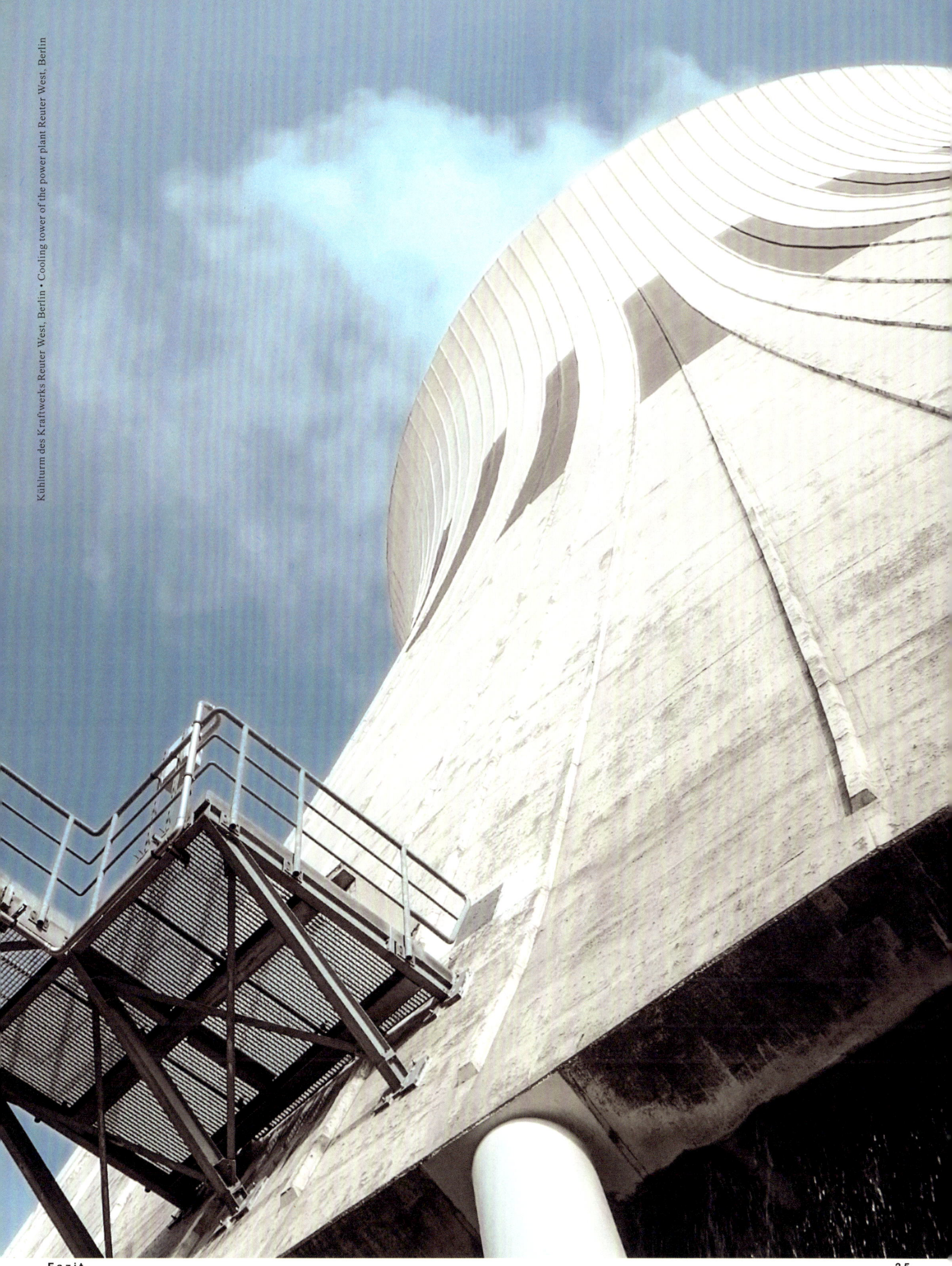
Kühlturm des Kraftwerks Reuter West, Berlin • Cooling tower of the power plant Reuter West, Berlin

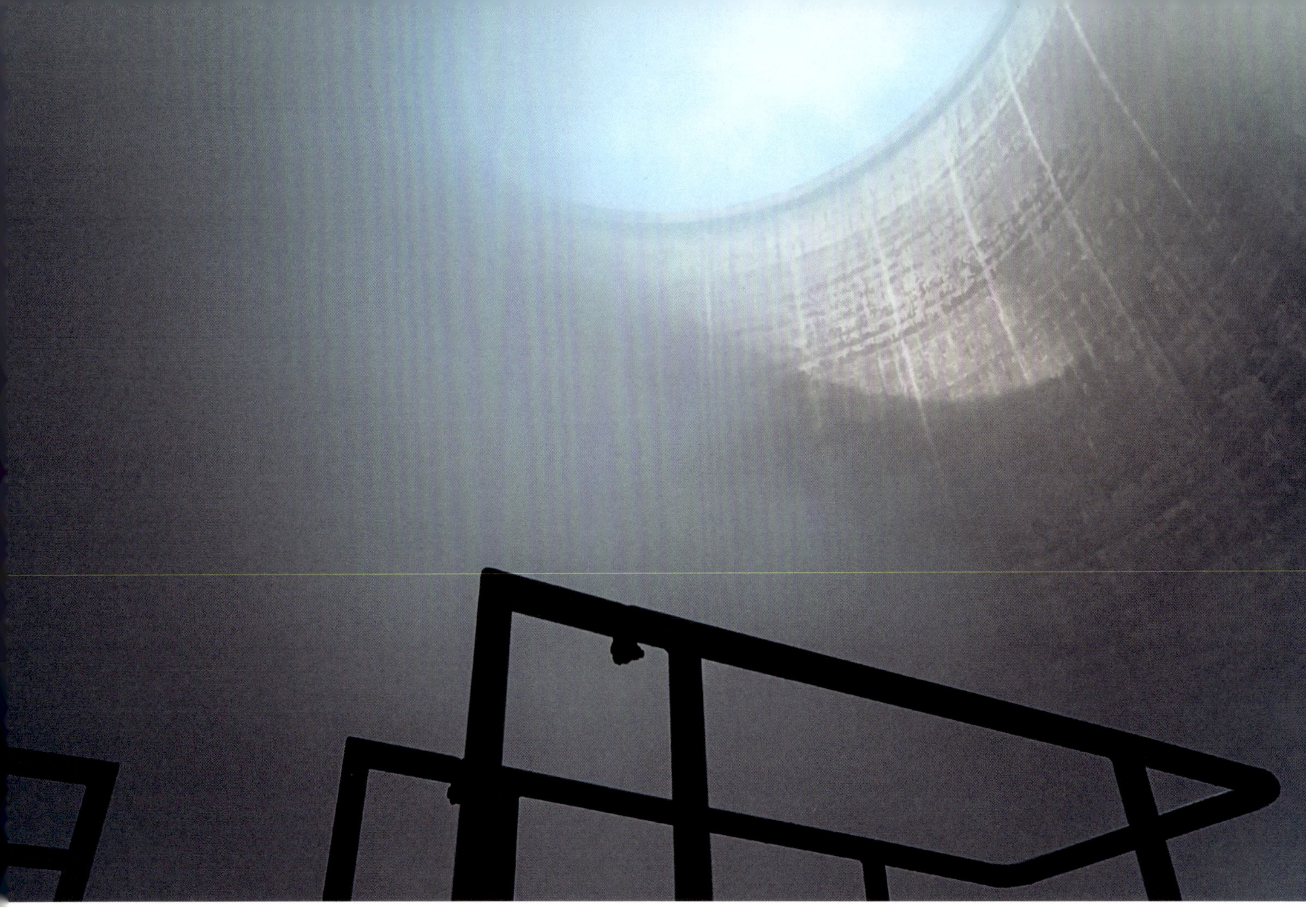

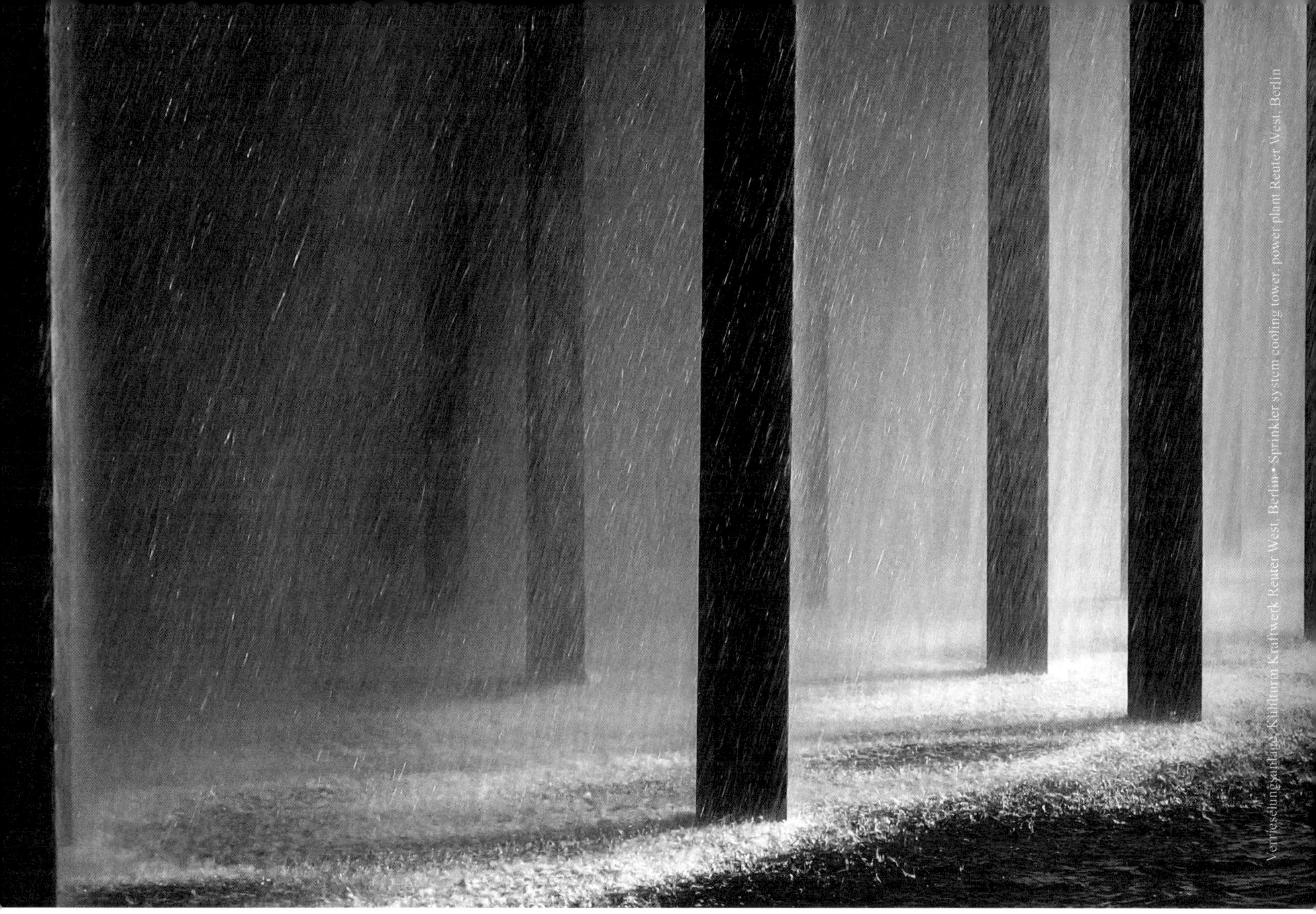

Verrieselungsanlage, Kühlturm Kraftwerk Reuter West, Berlin • Sprinkler system cooling tower, power plant Reuter West, Berlin

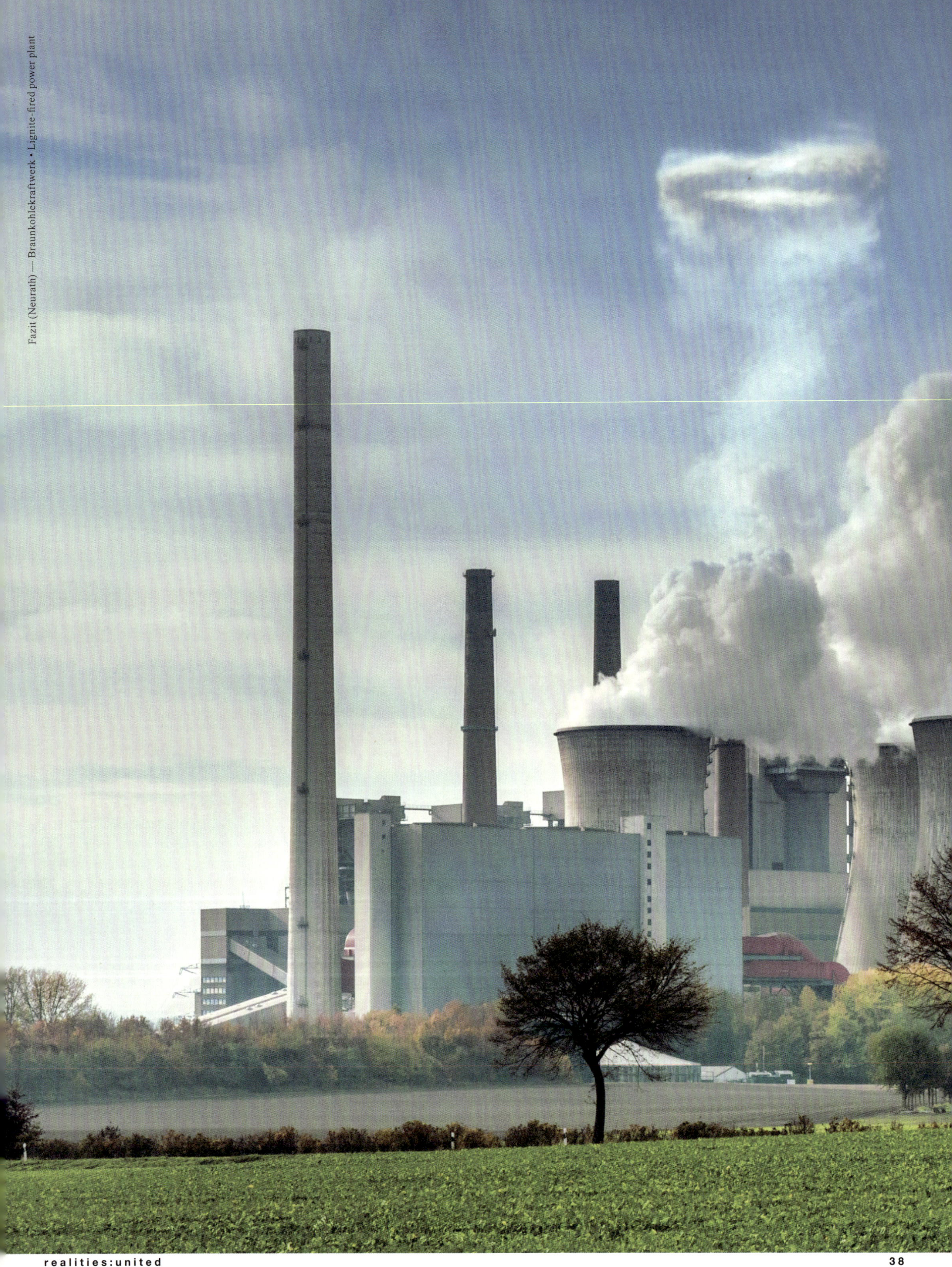

Fazit (Neurath) — Braunkohlekraftwerk • Lignite-fired power plant

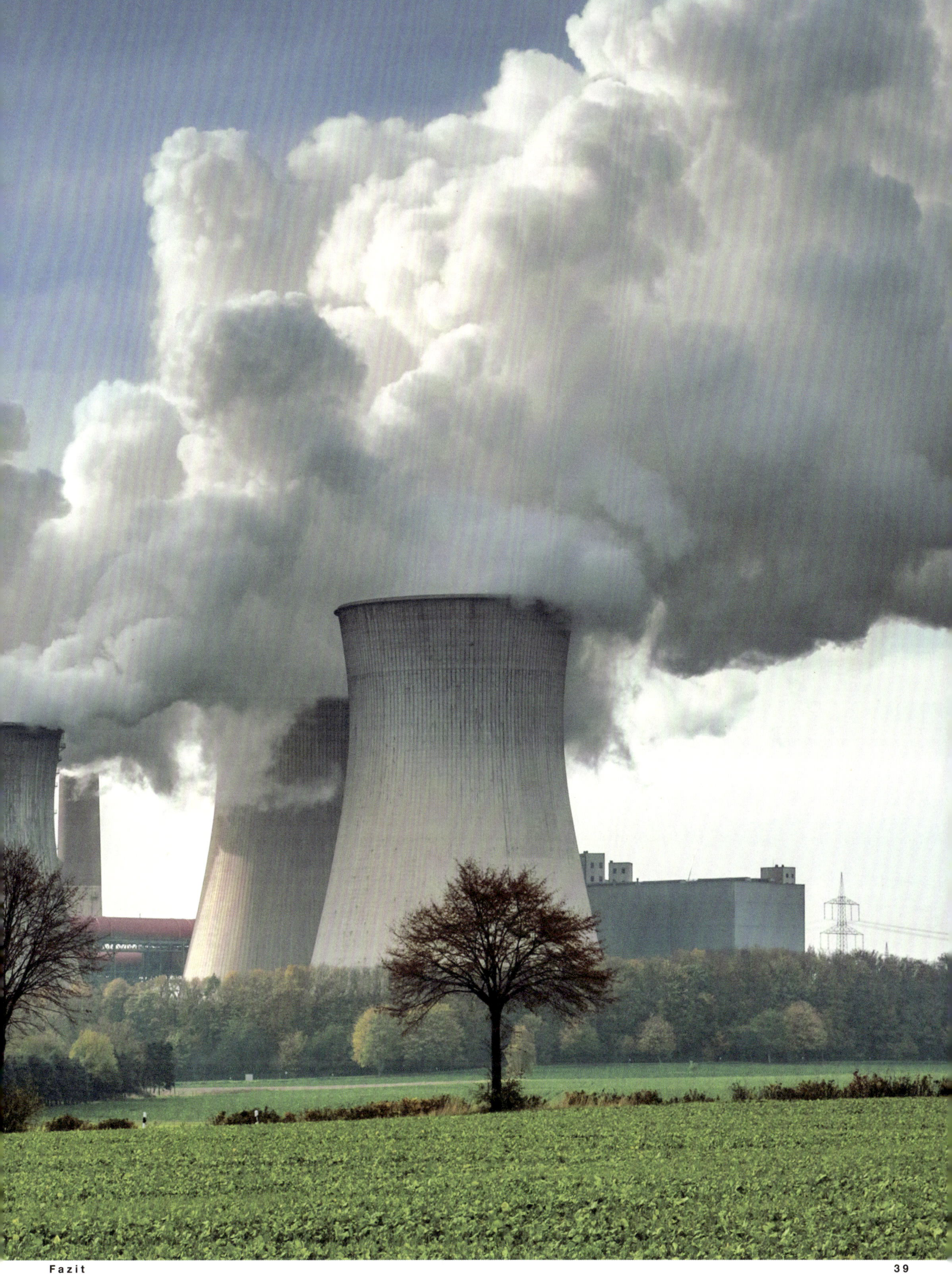

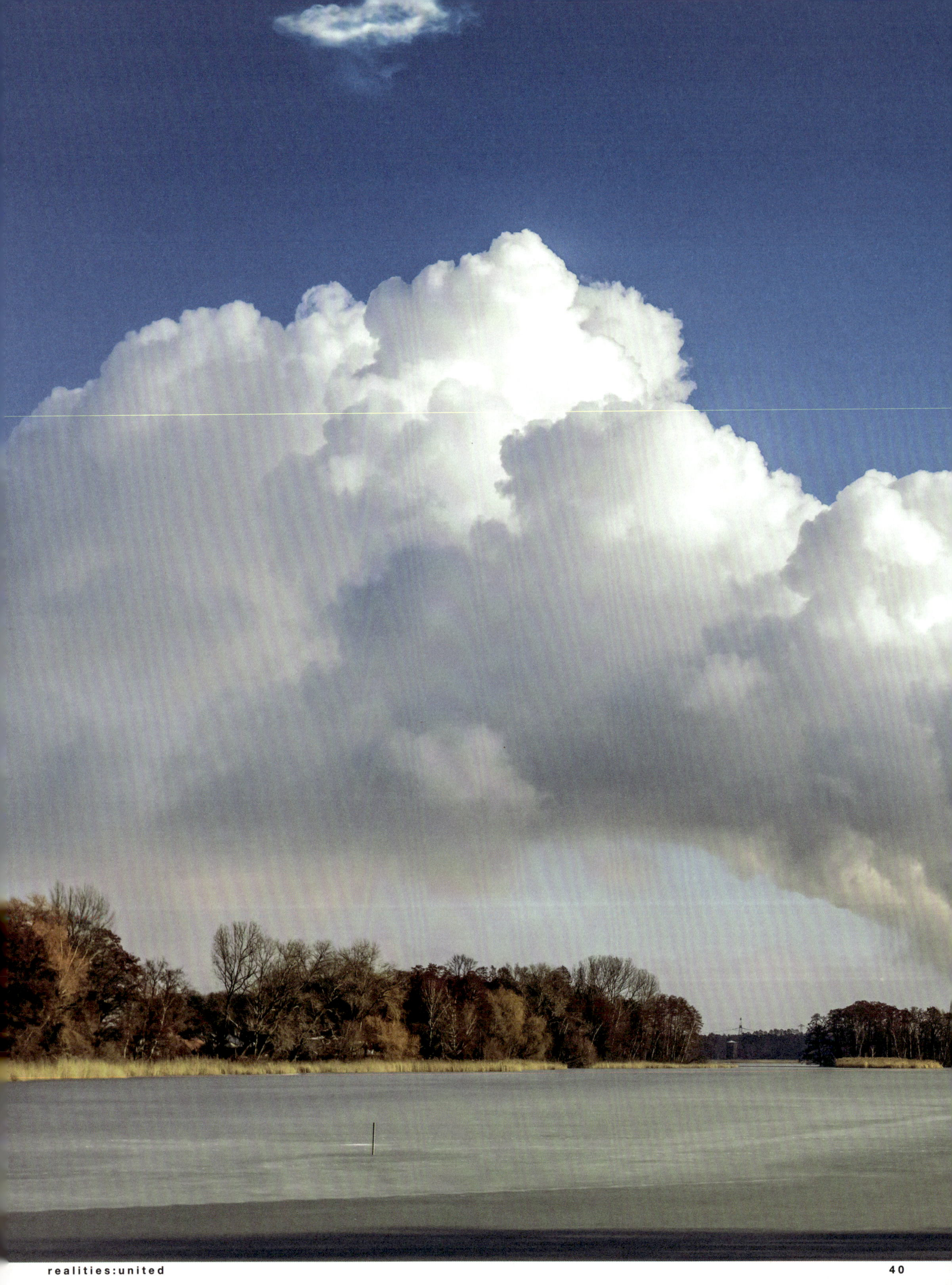

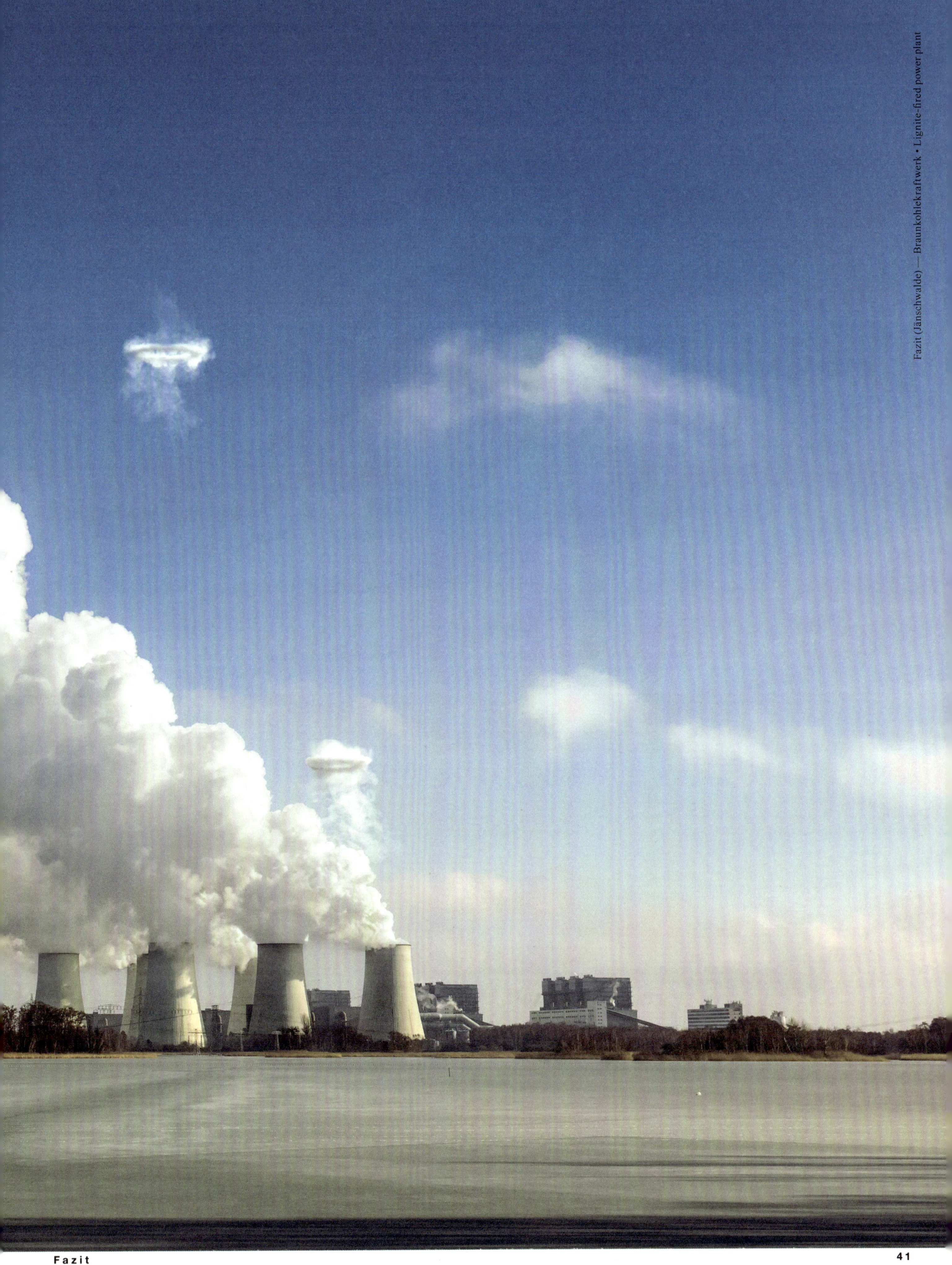

Fazit (Jänschwalde) — Braunkohlekraftwerk • Lignite-fired power plant

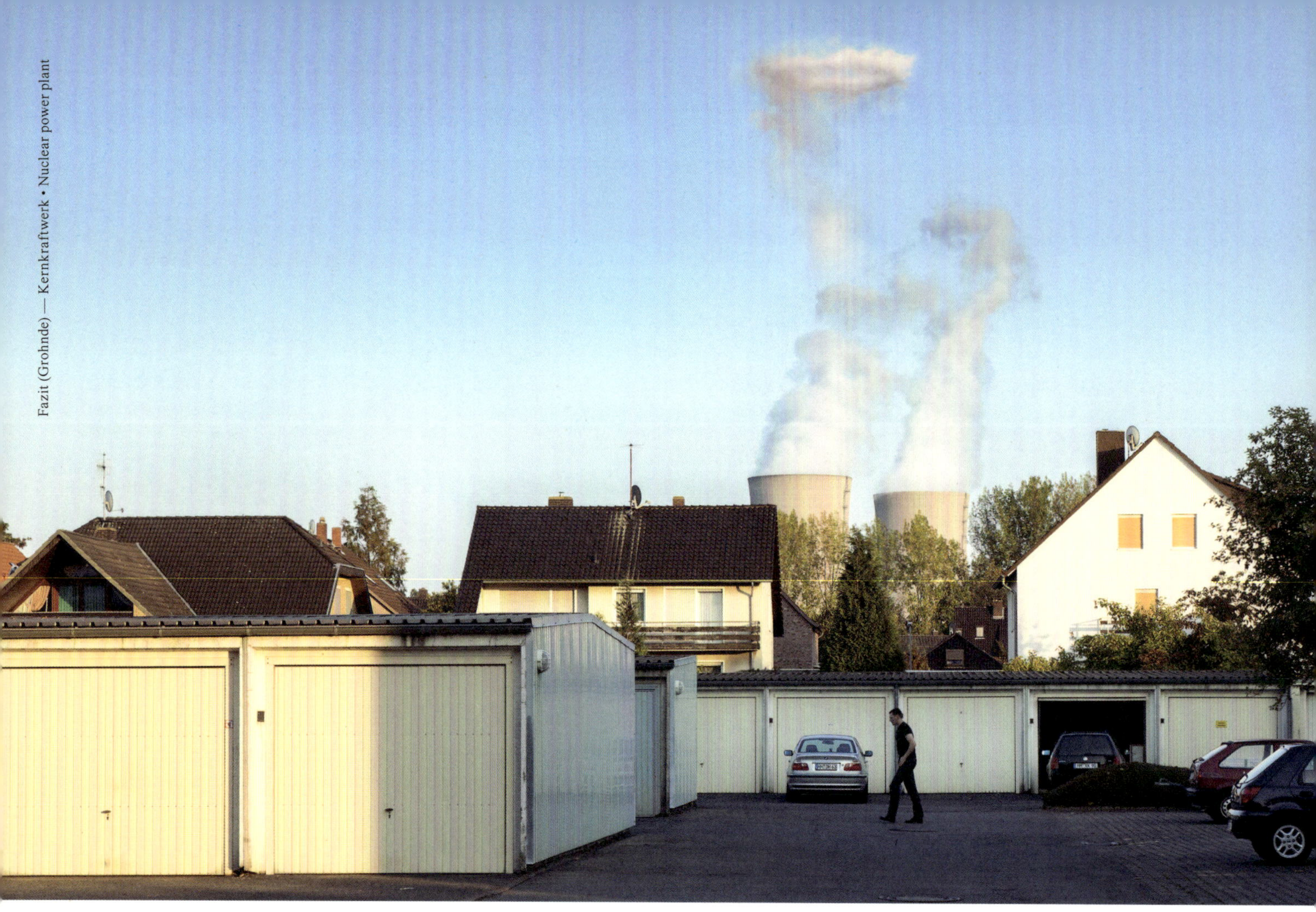

Fazit (Grohnde) — Kernkraftwerk • Nuclear power plant

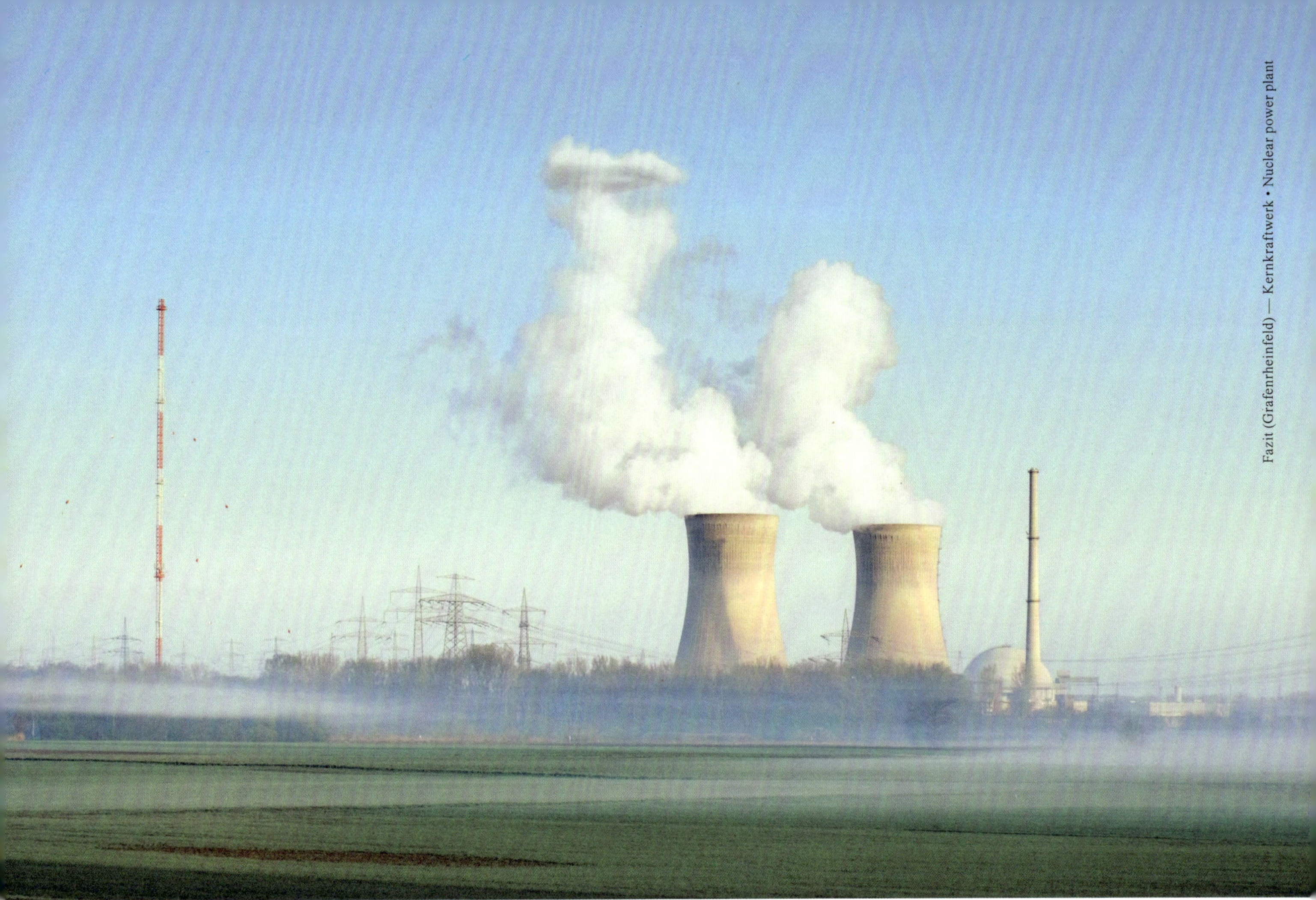

Fazit (Grafenrheinfeld) — Kernkraftwerk • Nuclear power plant

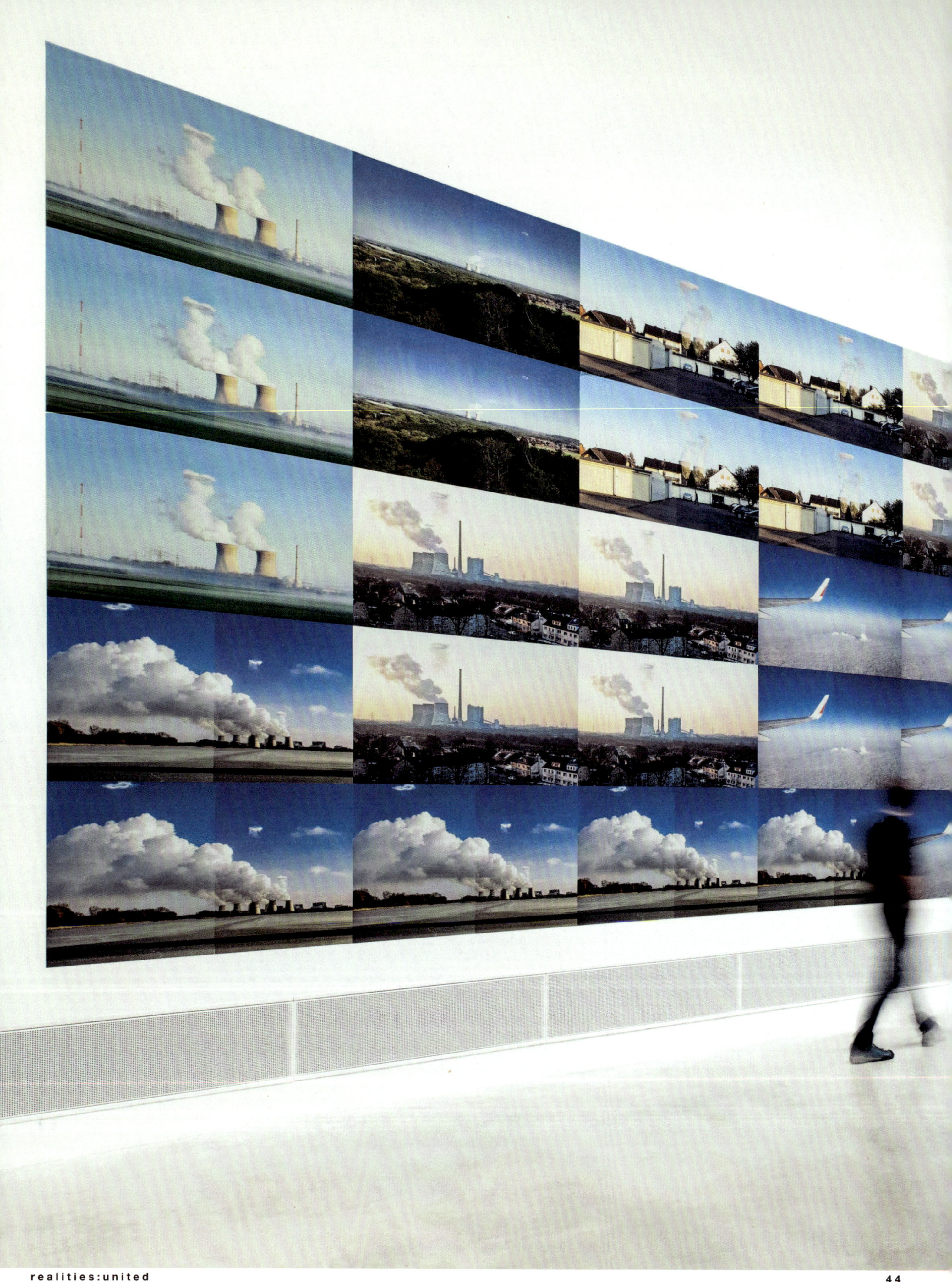

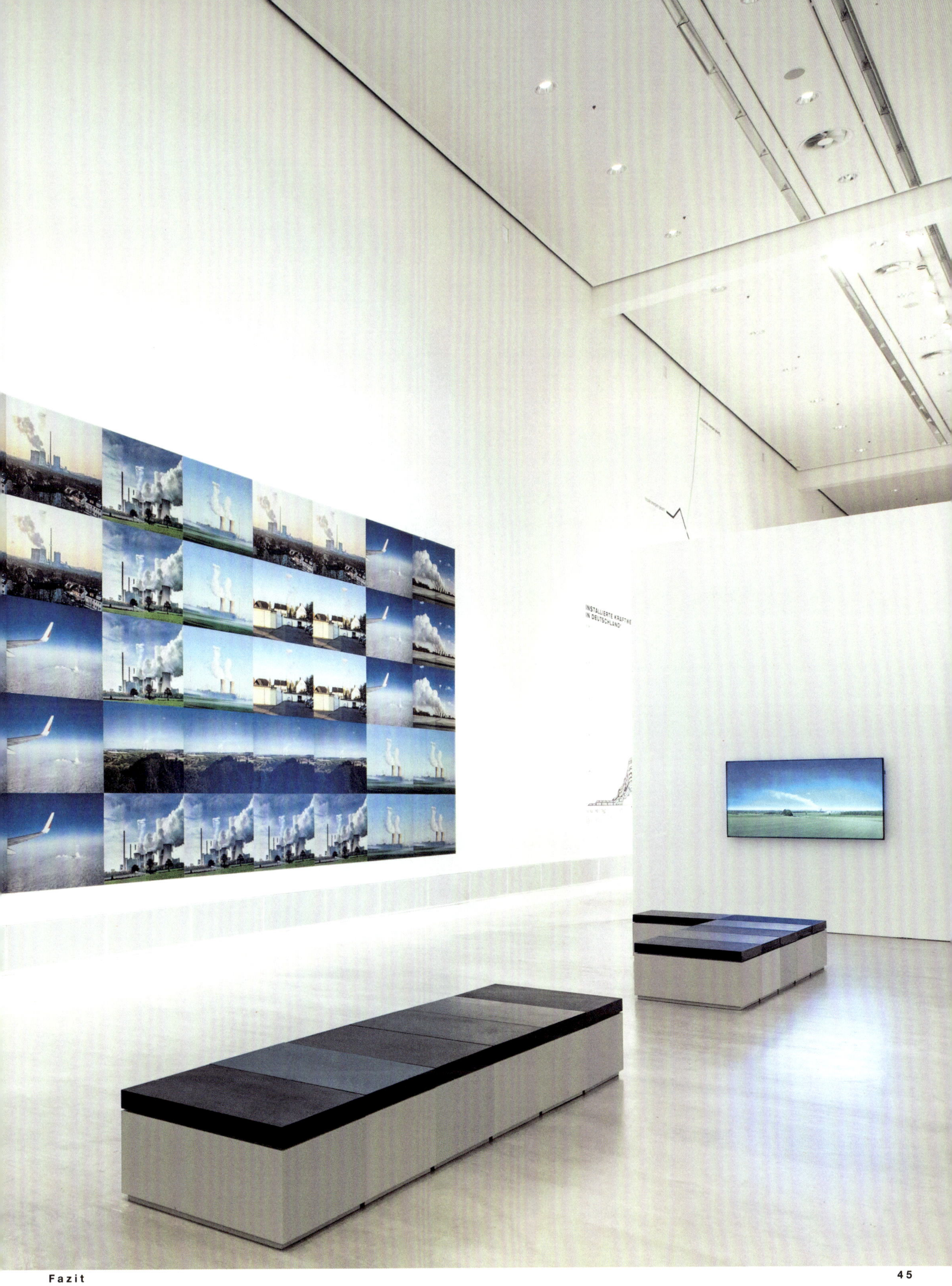

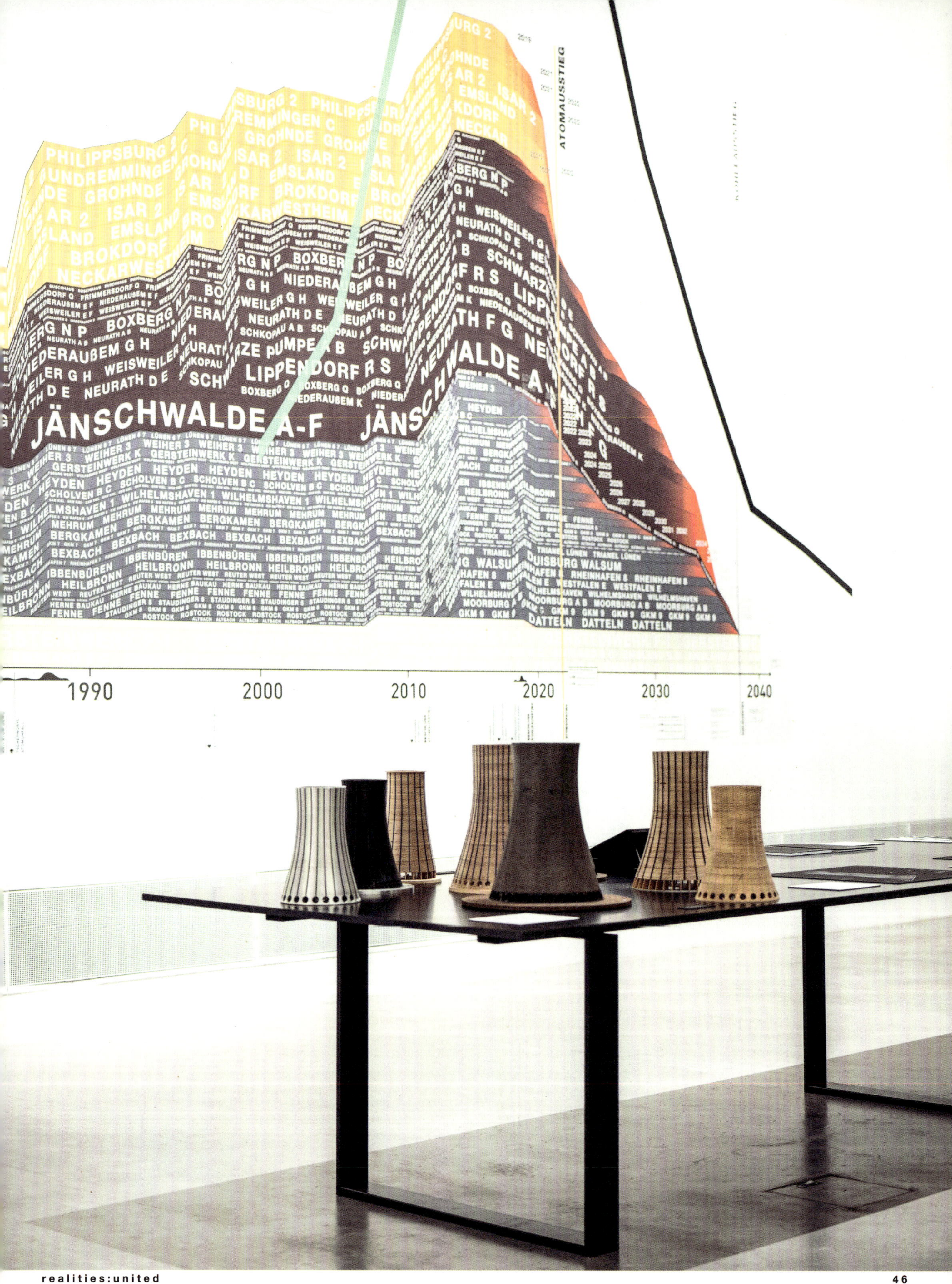
ATOMAUSSTIEG
PHILIPPSBURG 2
GUNDREMMINGEN C
GROHNDE
ISAR 2
EMSLAND
BROKDORF
NECKARWESTHEIM
BOXBERG N P
NIEDERAUßEM G H
WEISWEILER G H
NEURATH D E
LIPPENDORF R S
SCHWARZE PUMPE A B
JÄNSCHWALDE A-F
WEIHER 3
GERSTEINWERK K
HEYDEN
SCHOLVEN B C
WILHELMSHAVEN 1
MEHRUM
BERGKAMEN
BEXBACH
IBBENBÜREN
HEILBRONN
FENNE
DUISBURG WALSUM
RHEINHAFEN 8
WESTFALEN E
MOORBURG A B
GKM 9
DATTELN
1990
2000
2010
2020
2030
2040

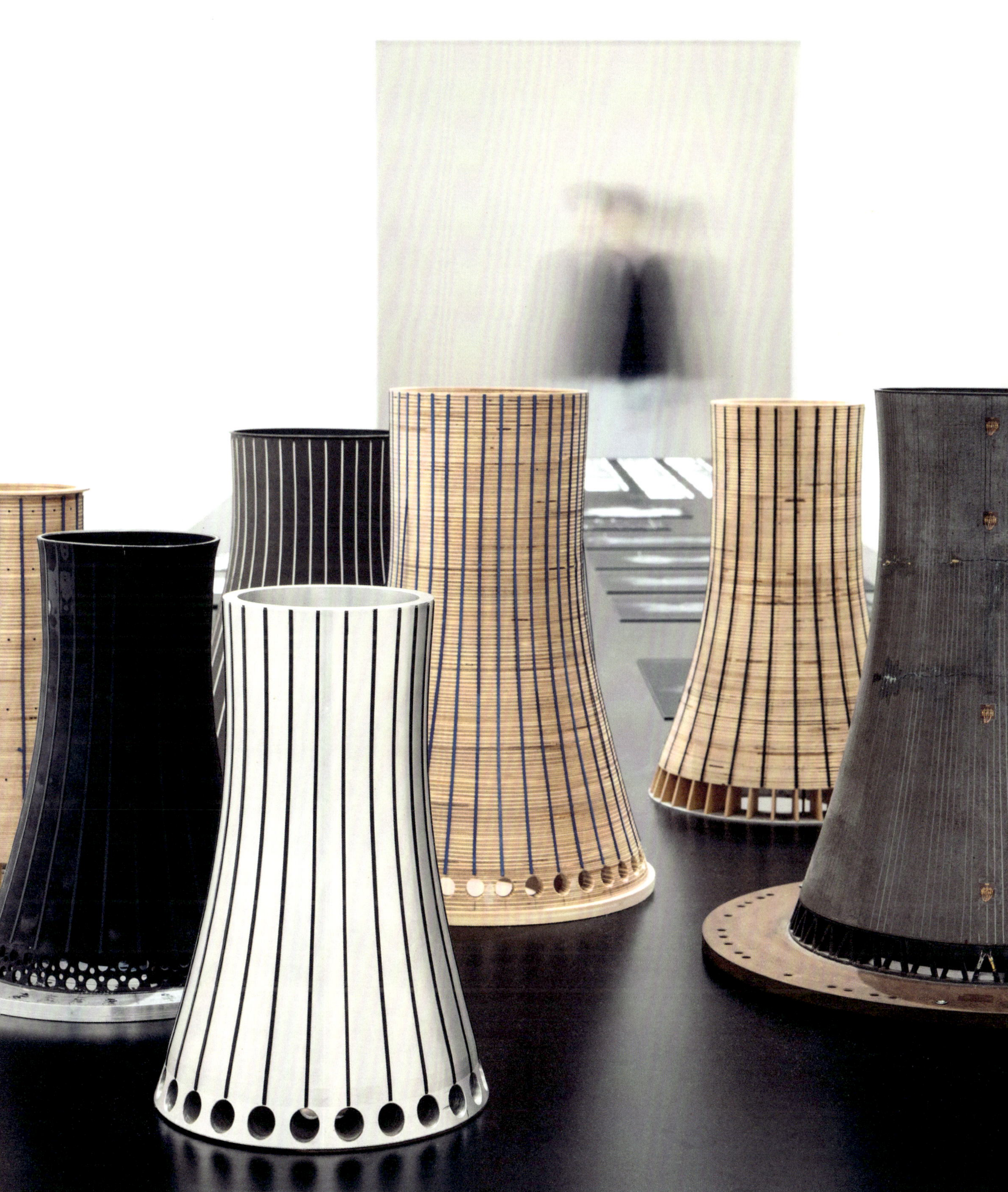

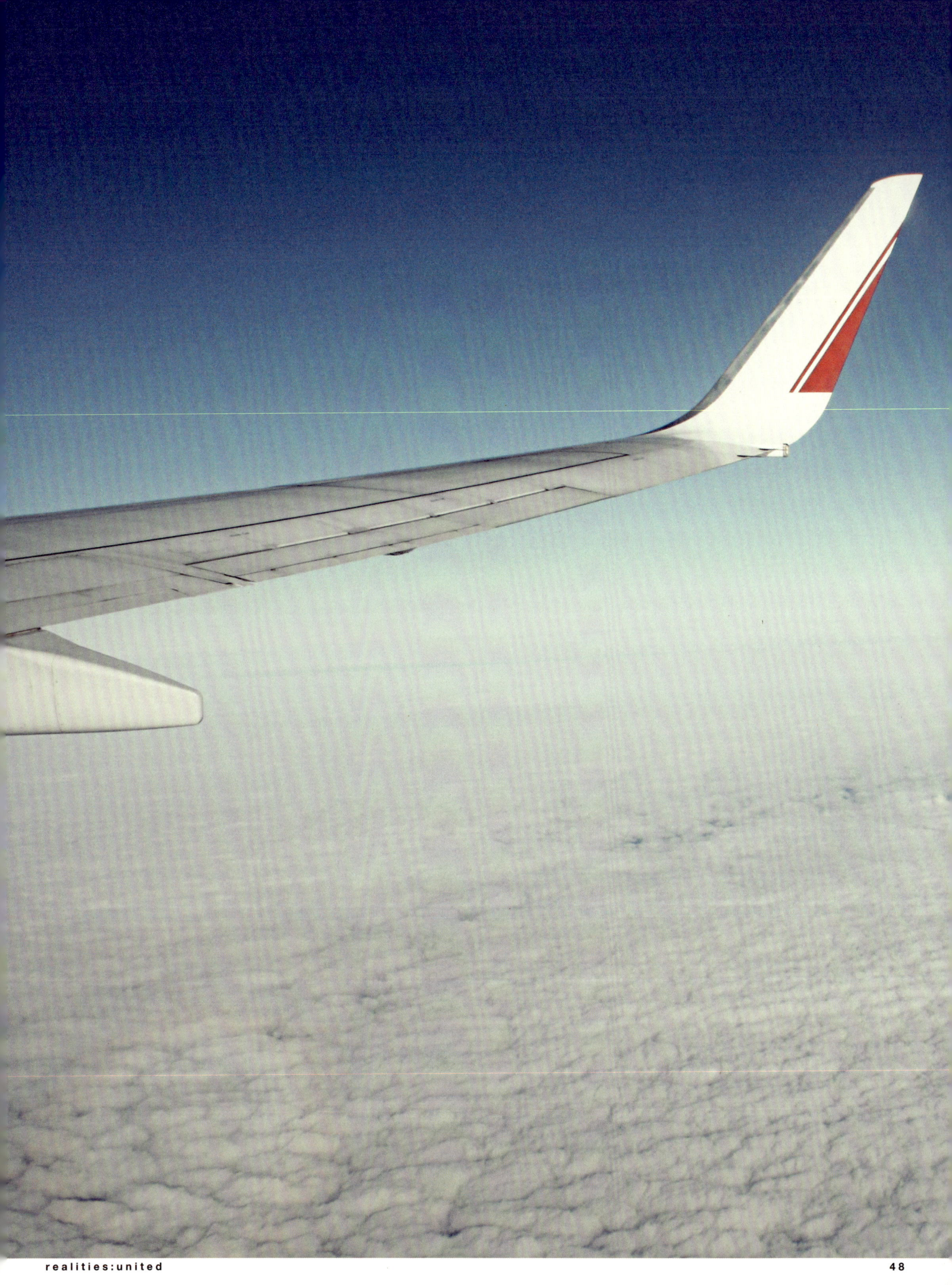

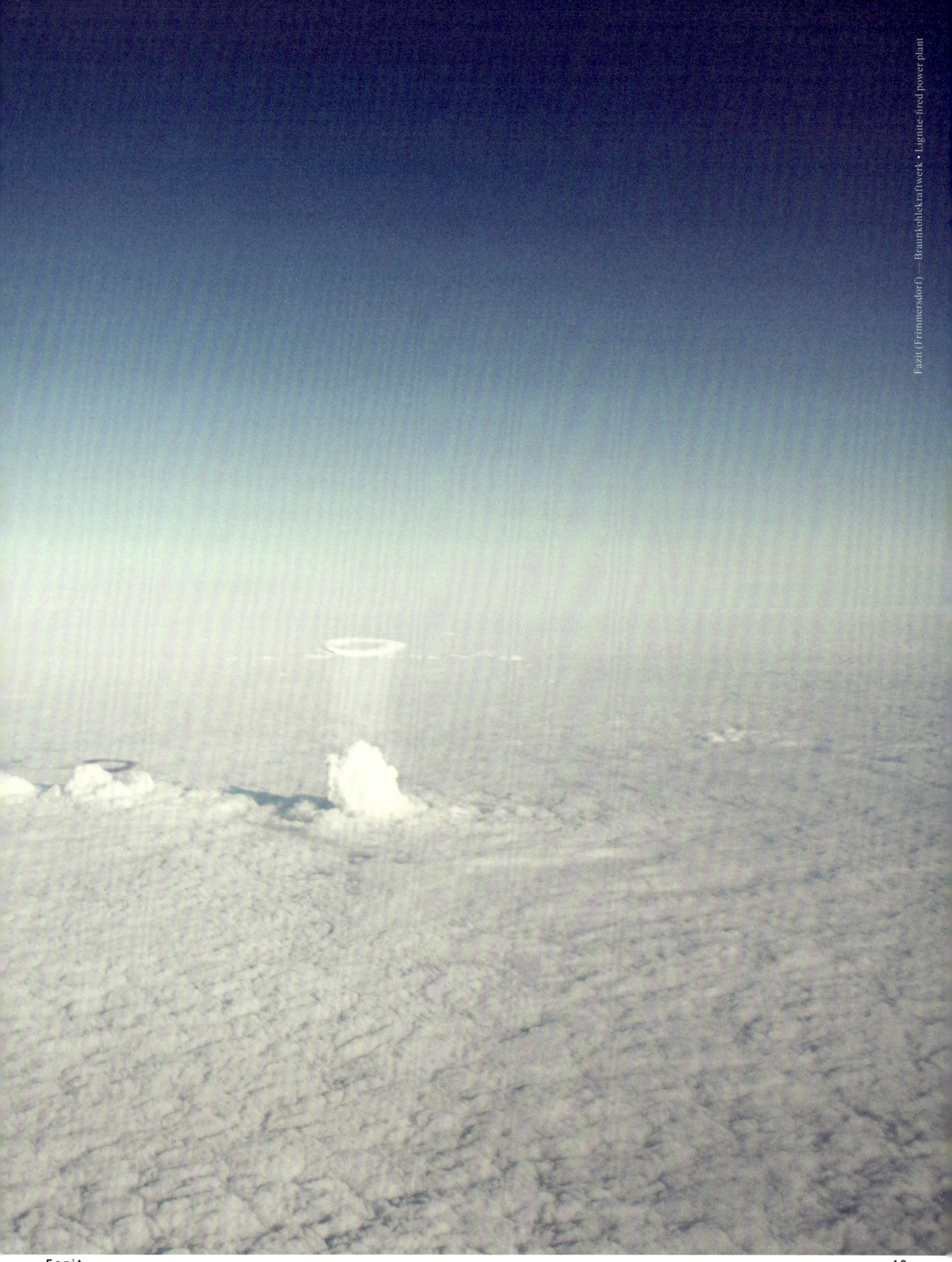

Fazit (Frimmersdorf) — Braunkohlekraftwerk • Lignite-fired power plant

Projekte

Auswahl

Projects

Selection

Flussbad Berlin

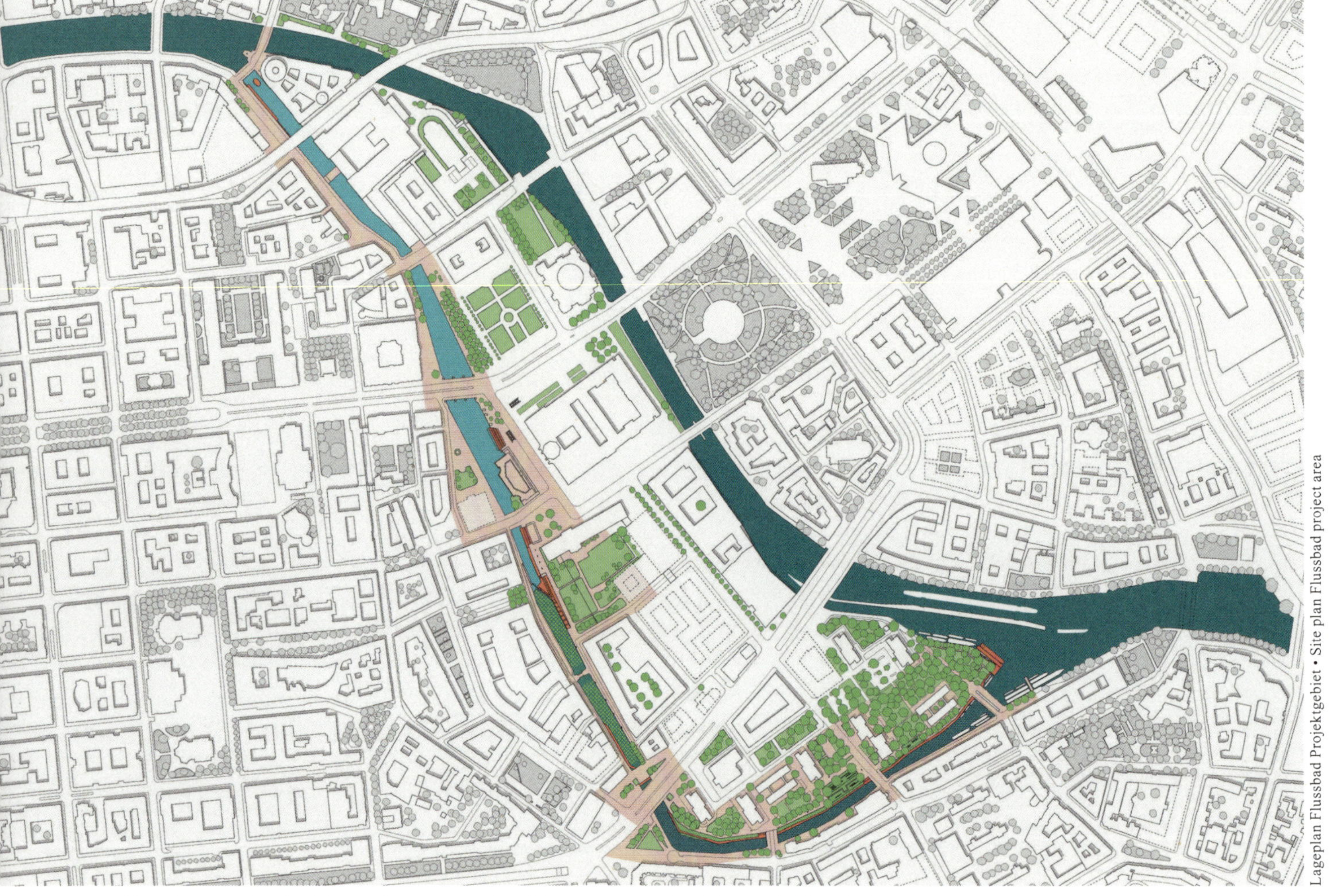

Lageplan Flussbad Projektgebiet • Site plan Flussbad project area

de Ein seit mehr als hundert Jahren nahezu ungenutzter 1,8 Kilometer langer Seitenarm der Spree mitten im historischen Zentrum Berlins soll in Zukunft zum Schwimmen einladen. Dieses auf seine Machbarkeit geprüfte, international mehrfach ausgezeichnete städtebauliche Projekt, welches heute durch den gemeinnützigen Verein Flussbad Berlin getragen wird, wurde von seinen Projektautoren Tim Edler und Jan Edler erstmals 1998 öffentlich vorgestellt und im Rahmen des von ihnen gegründeten Studios realities:united sukzessive weiterentwickelt. Der rechtlich als Schifffahrtsstraße deklarierte Spreekanal zwischen Fischerinsel und Bode-Museum soll mittels einer im bestehenden Kanalprofil eingelassenen Pflanzenkläranlage auf einer Länge von 840 Metern vom Auswärtigen Amt bis zum Bode-Museum entlang der Museumsinsel zu einem natürlichen „Schwimmbecken" transformiert werden.

Dieses Projekt, das einen genuinen, demokratischen Anspruch der Bürger*innen auf die Nutzung des öffentlichen Stadtraums postuliert und das Naherholungspotenzial eines innerstädtischen Flusses für seine Anrainer*innen aufzeigt, hinterfragt ebenfalls kritisch die derzeitige Situation von Berlins historischer Mitte – einem Ort, der fast ausschließlich von touristischem Publikum, nicht aber von den Berliner*innen selbst genutzt und geprägt wird.

Das Flussbad Berlin wird seit 2014 von Bund und Land gefördert und ist seit 2017 offizielles stadtentwicklungspolitisches Ziel des Berliner Senats. Es soll in einer ersten Stufe bis 2025 realisiert werden.

en In the future, a 1.8-kilometer long section of the Spree, almost unused for more than one hundred years, in the middle of the historic center of Berlin, will invite visitors to swim. This urban development project, which has been tested for feasibility and has received several international awards, was first presented to the public in 1998 by its authors Tim Edler and Jan Edler. The project was successively further developed within the framework of the realities:united studio, also founded by them. The Spree Canal between Fischerinsel and the Bode-Museum, which is legally declared a shipping lane, will be transformed into a natural "swimming pool" along Museum Island through an 840-meter-long fabricated wetland embedded in the existing canal profile spanning from the Federal Foreign Office to the Bode-Museum.

This project postulates a genuine, democratic claim on the part of citizens for the use of public urban space and shows the local recreational potential of an inner-city river for its residents. It also critically questions the current situation of Berlin's historic center – a place that is almost exclusively used and shaped by the tourist public, but not by Berliners themselves.

Flussbad Berlin has been supported by the federal and state governments since 2014 and has been an official urban development policy goal of the Berlin Senate since 2017. The first stage is to be implemented by 2025.

2. Berliner Flussbad Pokal 2016 • 2nd Berlin Flussbad Cup 2016

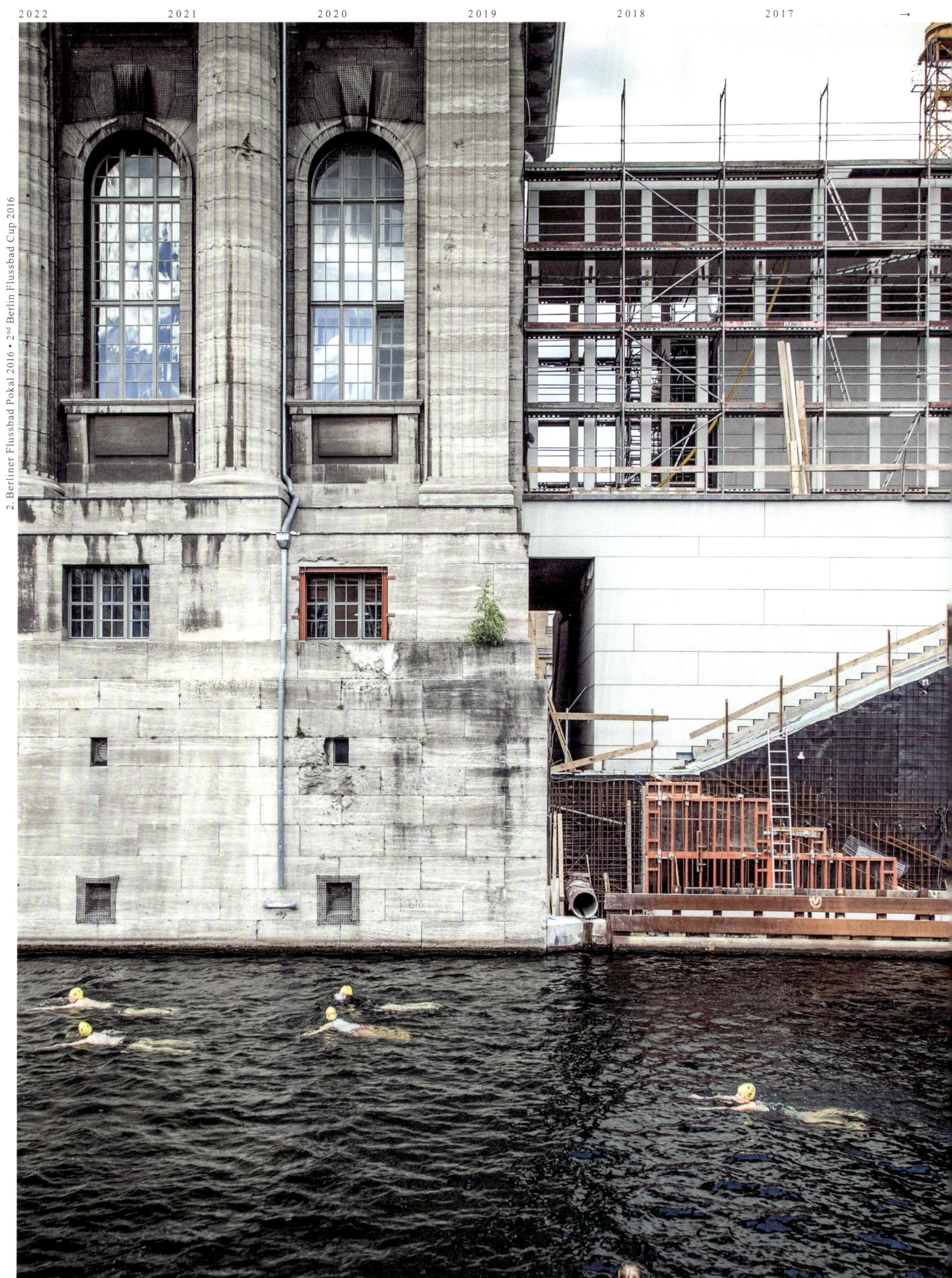

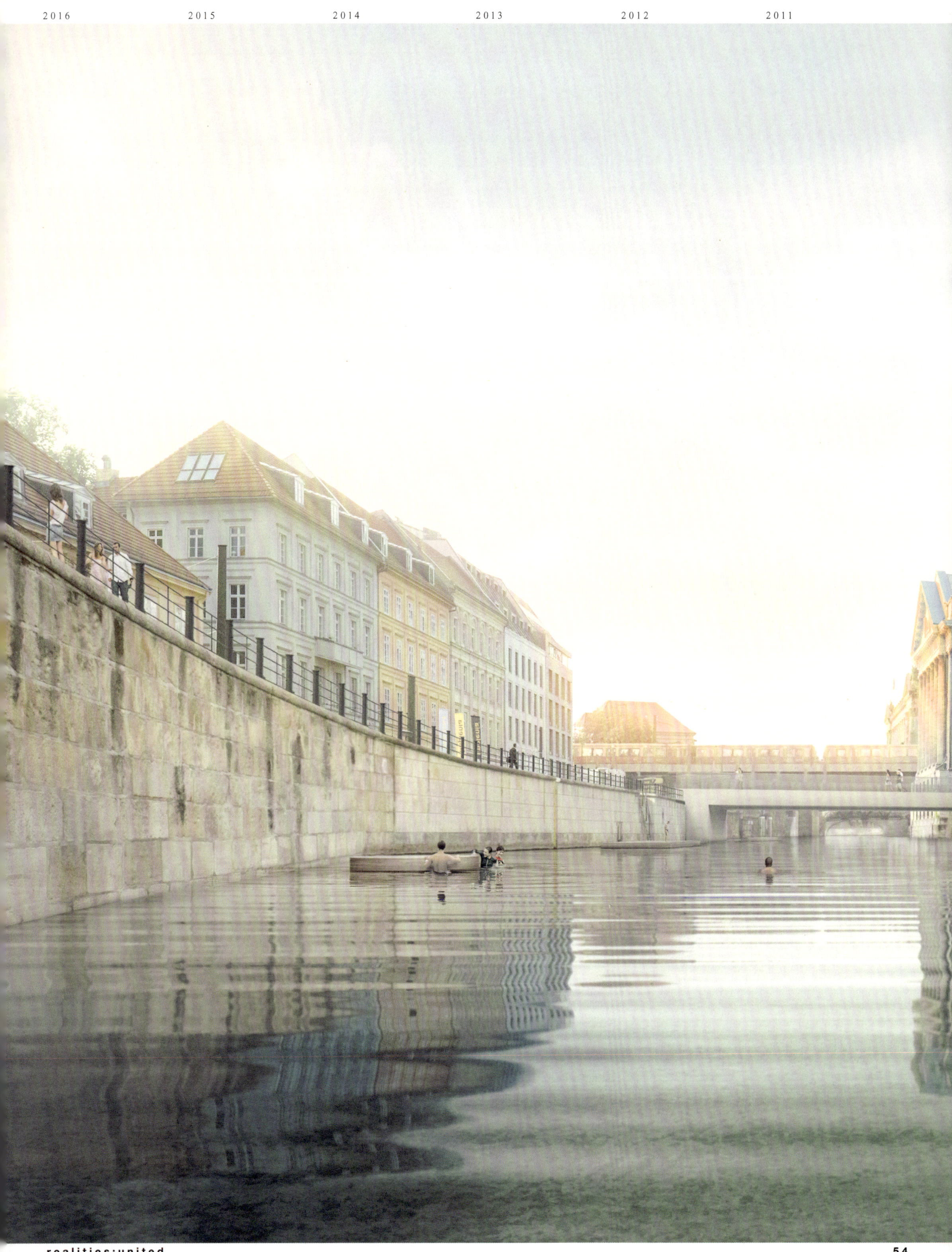

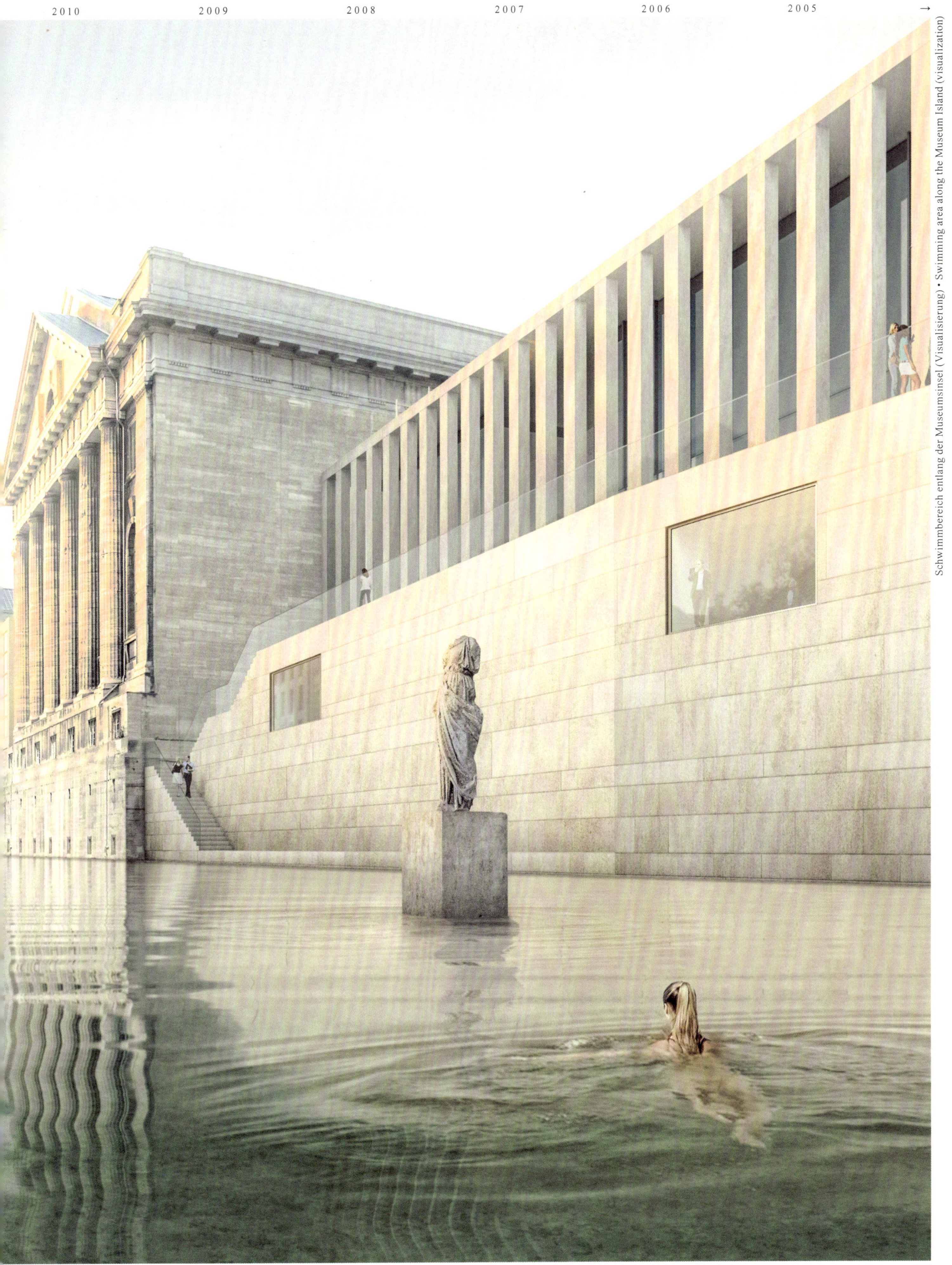

Schwimmbereich entlang der Museumsinsel (Visualisierung) • Swimming area along the Museum Island (visualization)

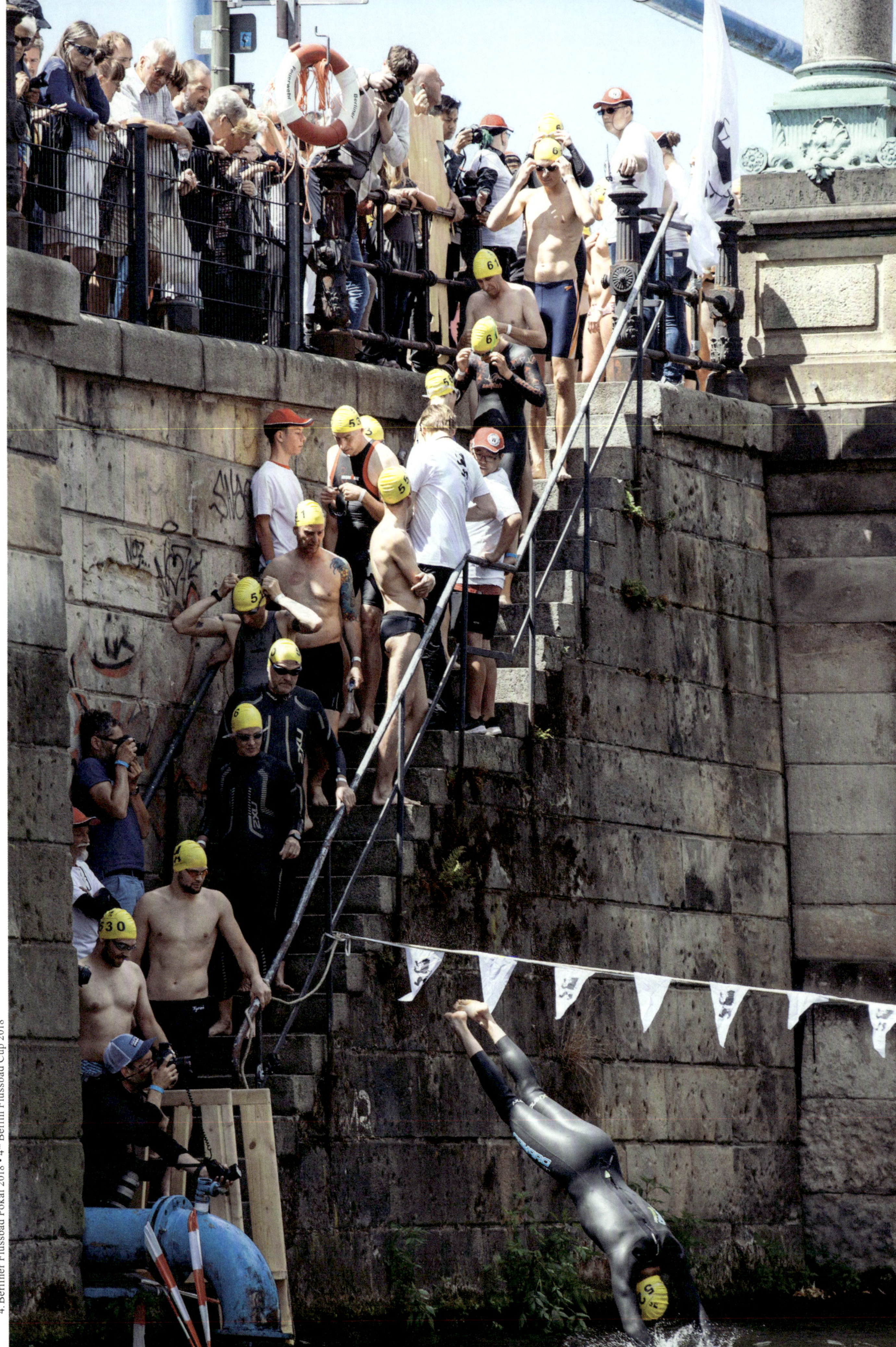

4. Berliner Flussbad Pokal 2018 • 4th Berlin Flussbad Cup 2018

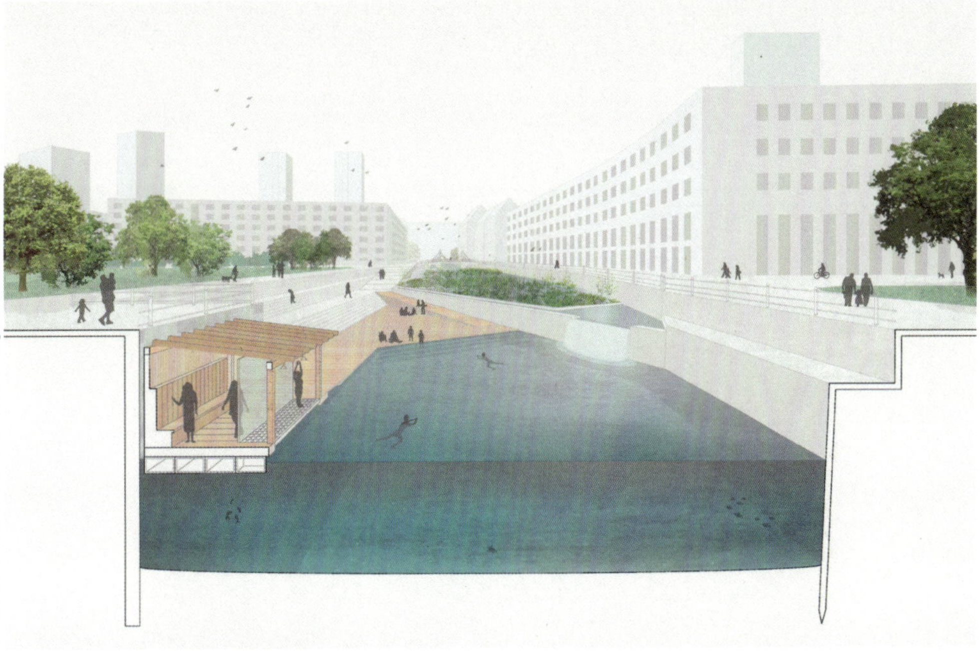

Südlicher Wasserzugang im Schwimmbereich an der ESMT •
Southern water entrance to the swimming area at the ESMT

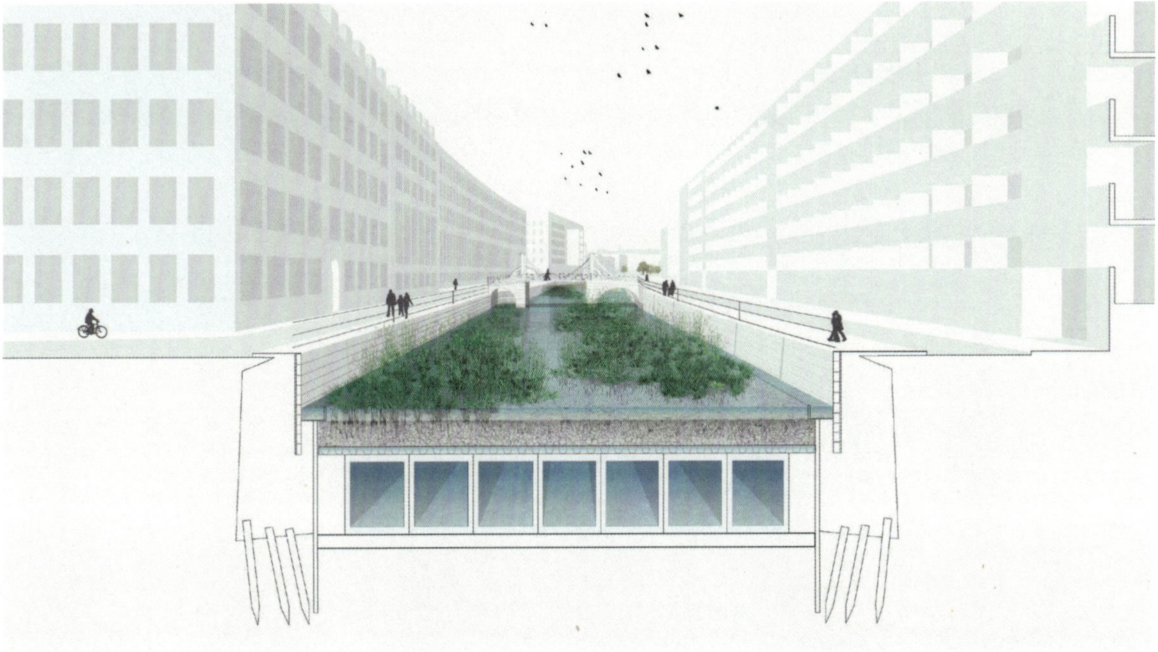

Natürlicher Pflanzenfilter, Friedrichsgracht •
Natural plant filter, Friedrichsgracht

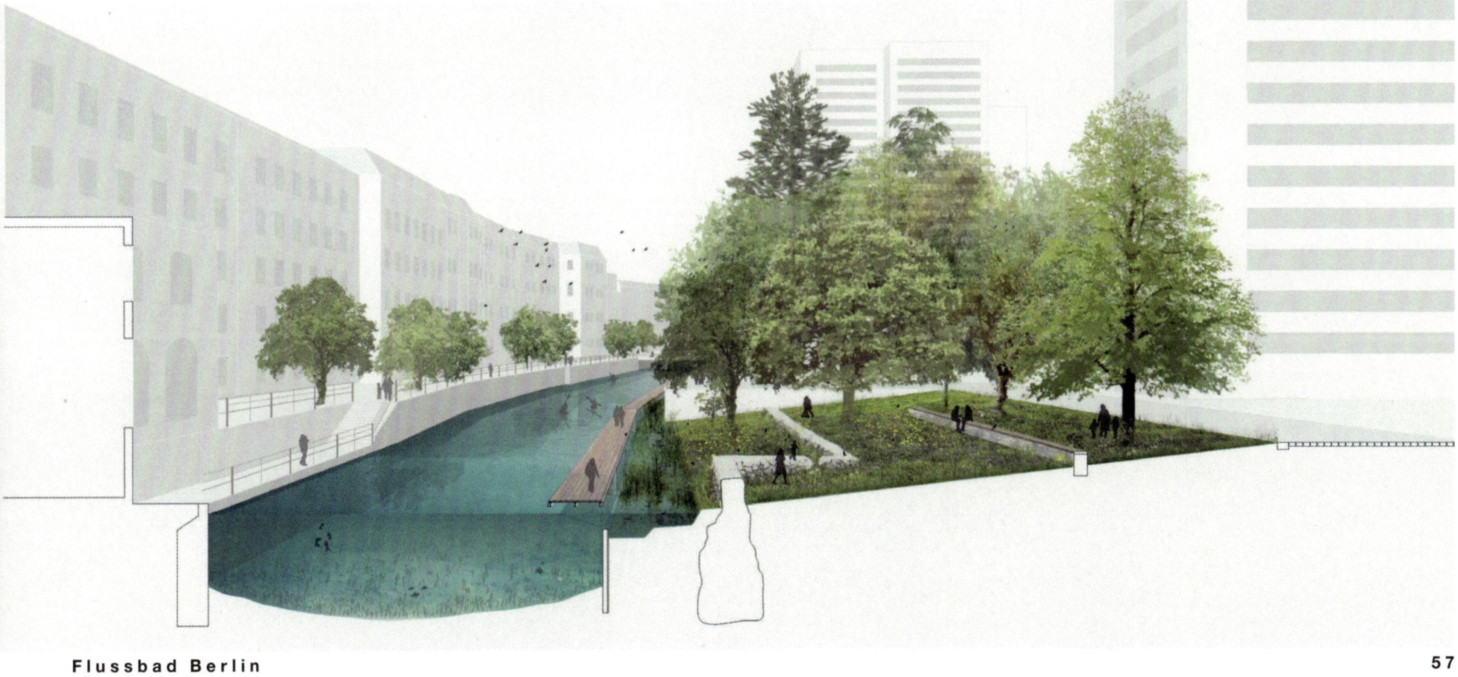

Maßnahmen zur ökologischen Zustandsverbesserung der Spree, Fischerinsel •
Measurements for the betterment of ecological conditions of the Spree, Fischerinsel

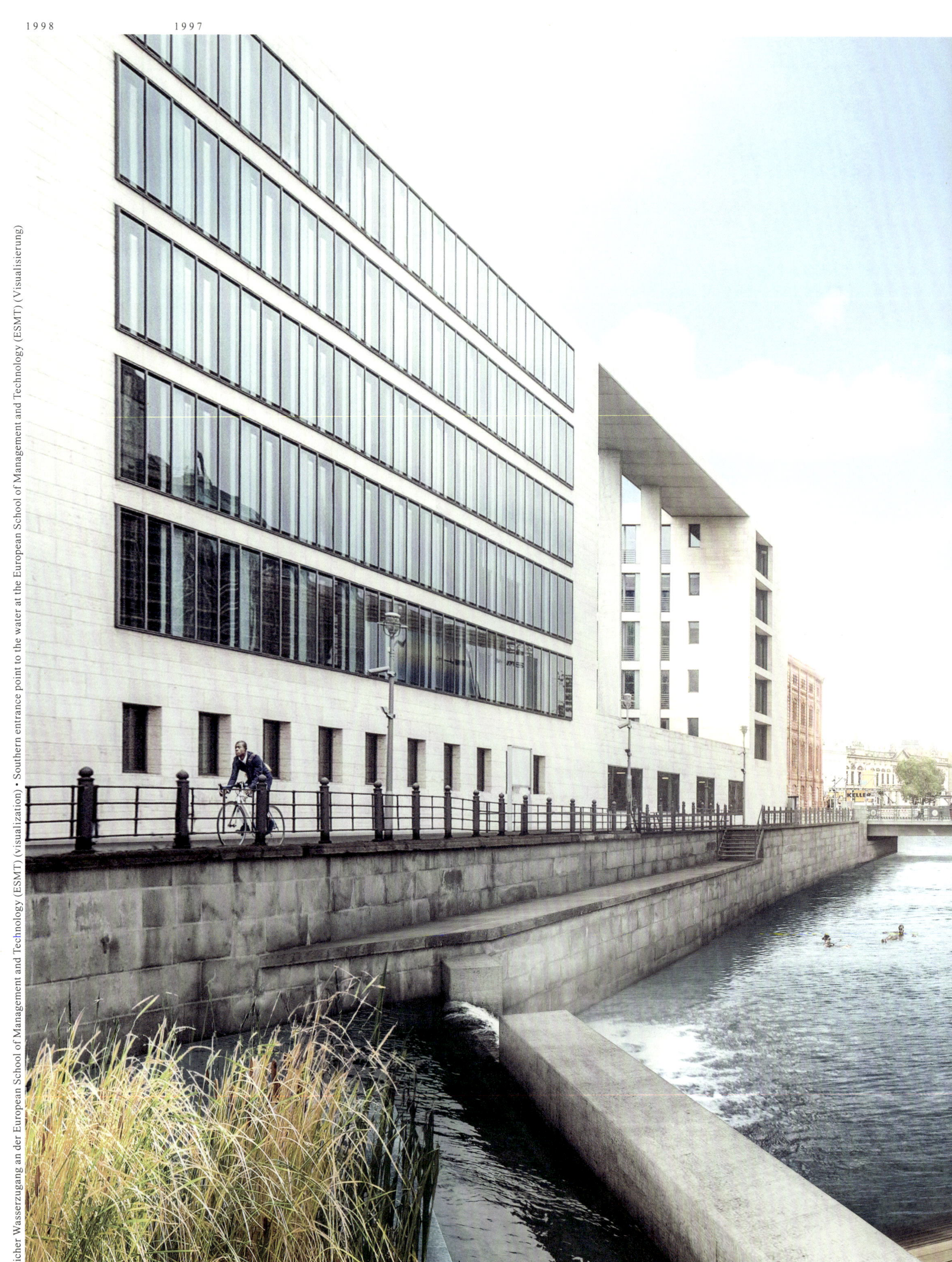

Südlicher Wasserzugang an der European School of Management and Technology (ESMT) (Visualisierung) • Southern entrance point to the water at the European School of Management and Technology (ESMT) (visualization)

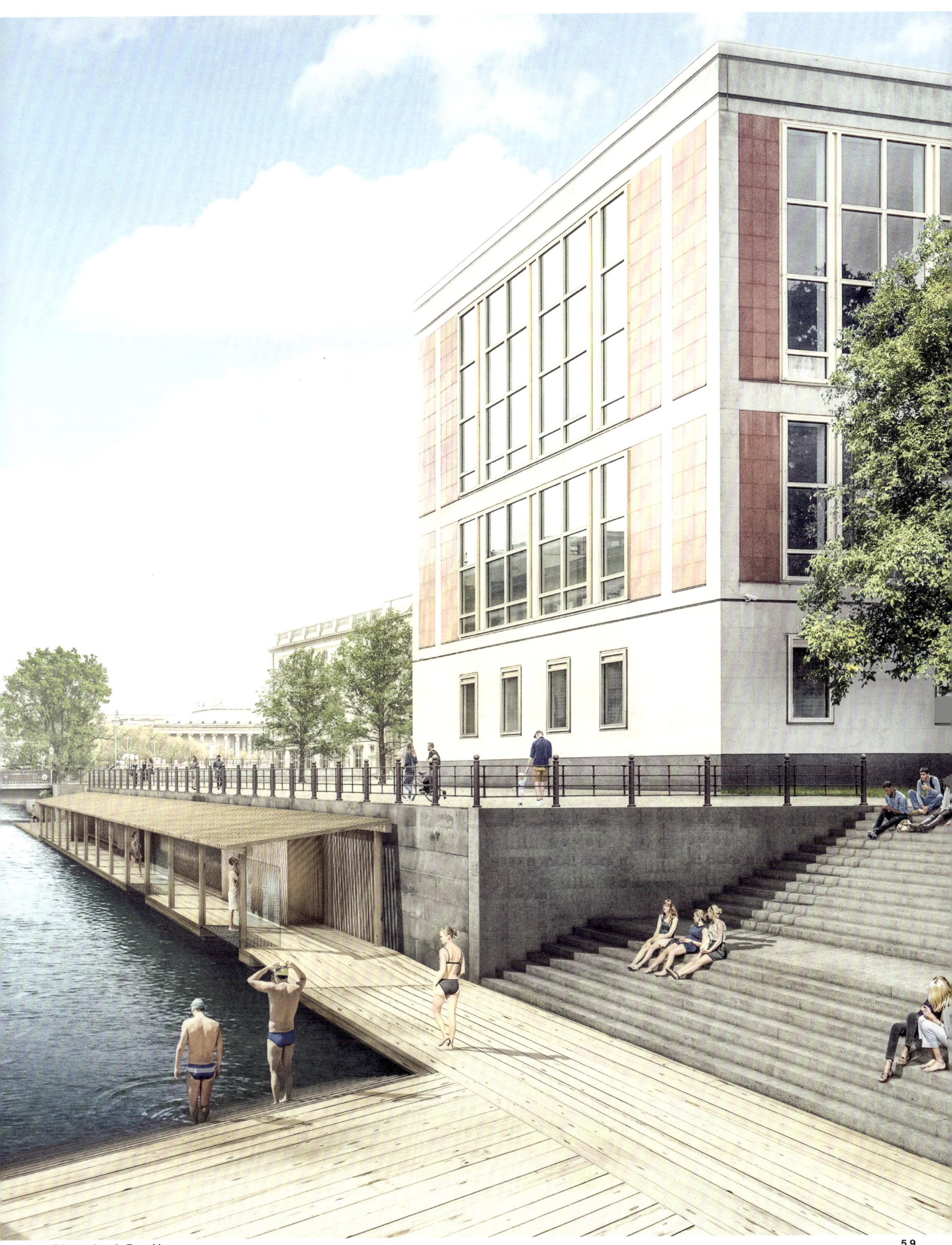

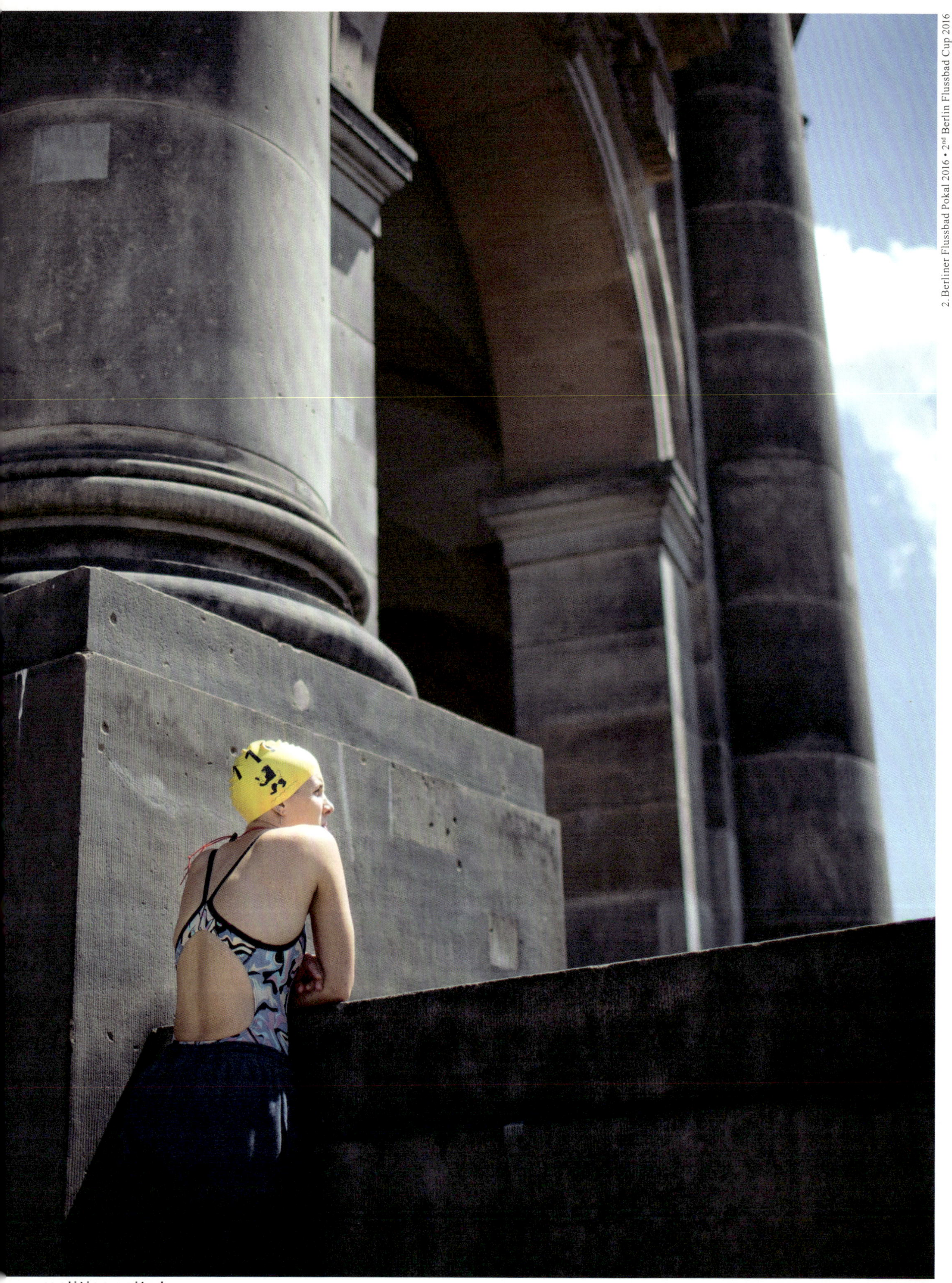

2. Berliner Flussbad Pokal 2016 • 2nd Berlin Flussbad Cup 2016

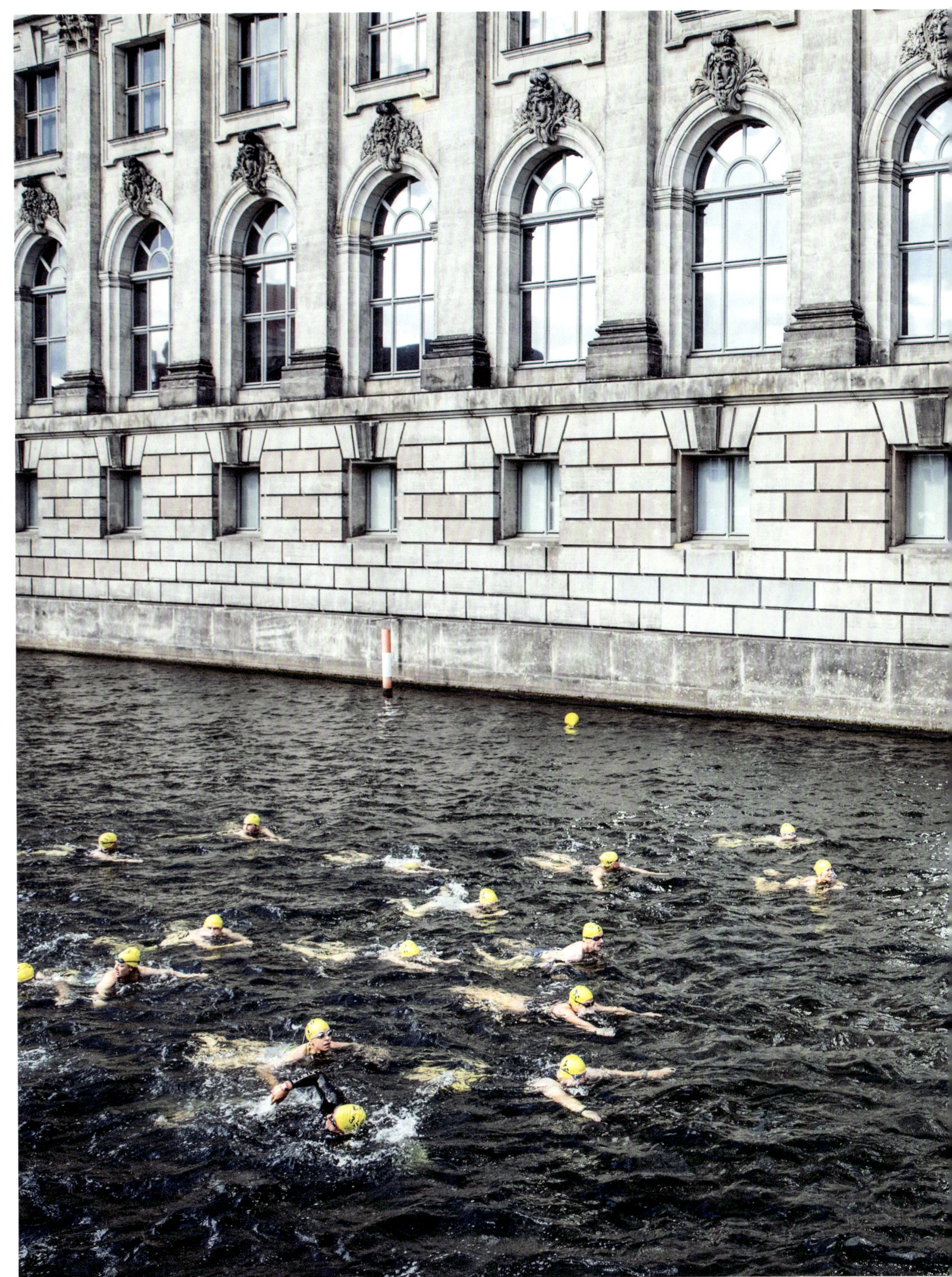

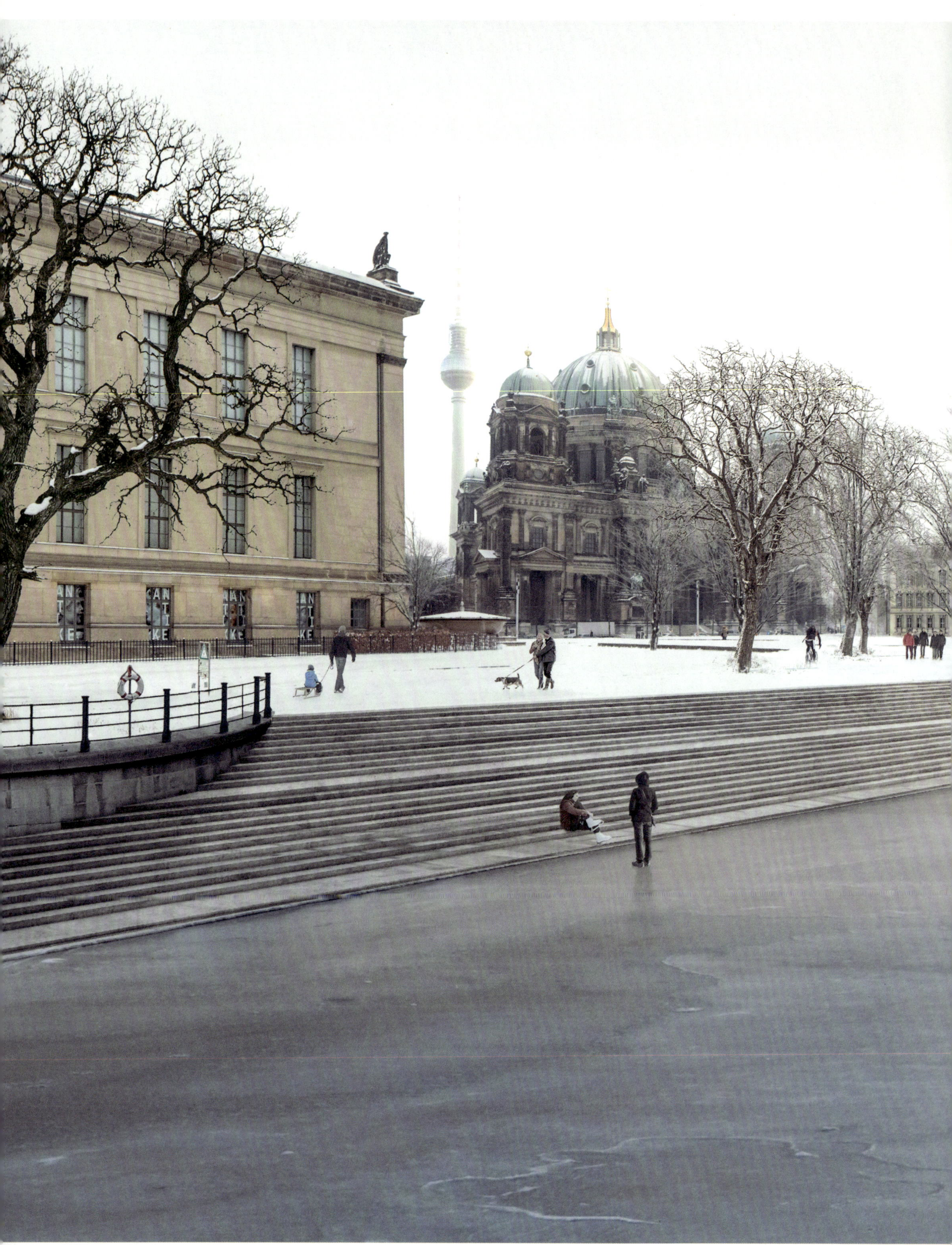

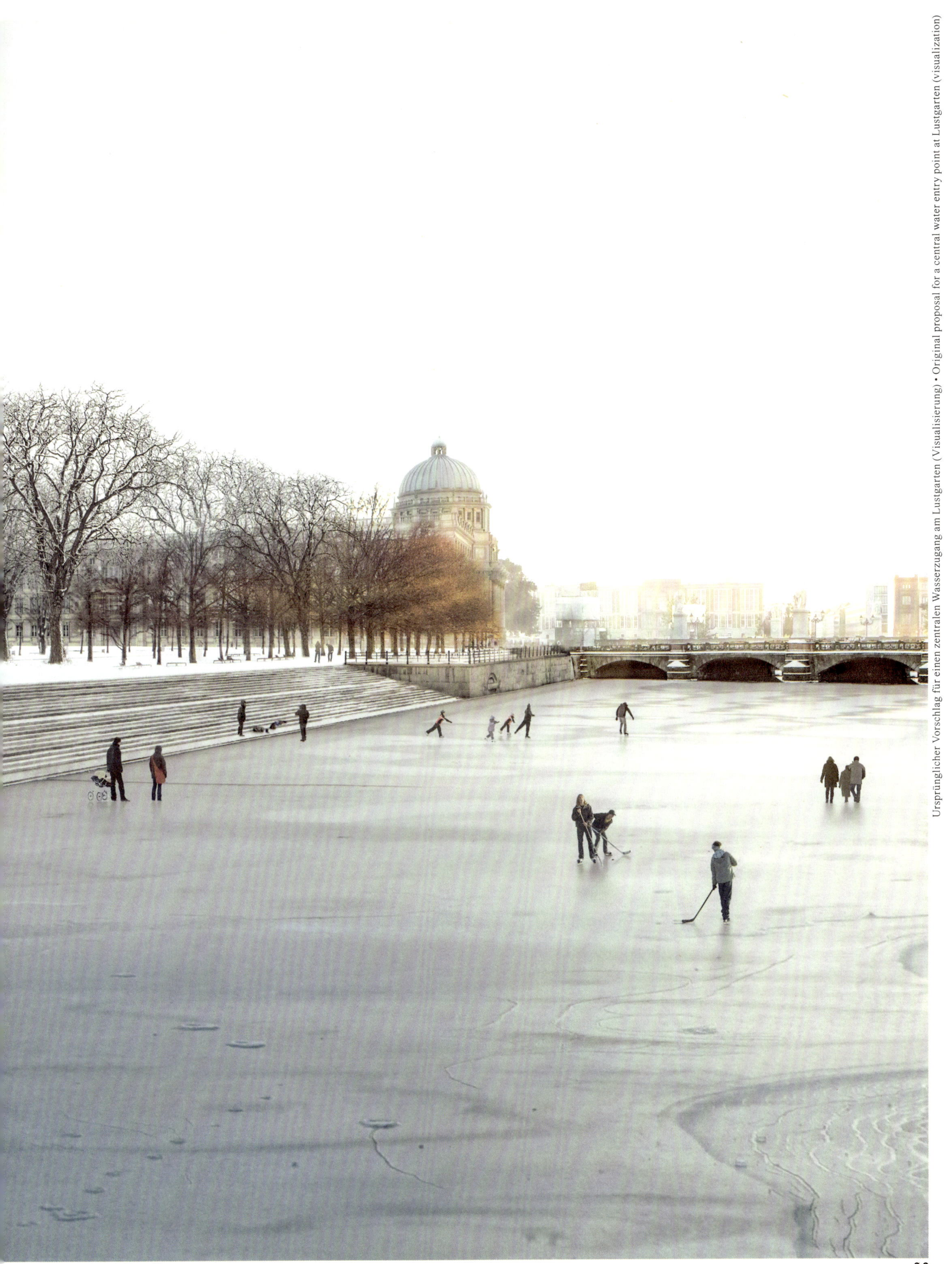

Ursprünglicher Vorschlag für einen zentralen Wasserzugang am Lustgarten (Visualisierung) • Original proposal for a central water entry point at Lustgarten (visualization)

2019
LightSpell

de LightSpell ist eine für den vom britischen Architekten Will Alsop entworfenen neuen U-Bahnhof „Pioneer Village Station" in Toronto, Kanada, geplante interaktive Lichtinstallation. realities:united nutzen die vorhandene technische Infrastruktur, um einen Hybrid aus Kunstinstallation und notwendiger Innenraumbeleuchtung zu schaffen. 40 Kronleuchter, die jeweils ein übergroßes 16-Segment-Display bilden, werden als skulpturale Setzung entlang der Decke der Station angeordnet. Mit ihnen lassen sich alle Buchstaben des Alphabets, Sonderzeichen und die Zahlen 0 bis 9 darstellen. Mittels mehrerer öffentlicher Touchscreens auf dem Bahnsteig können die wartenden Fahrgäste Text eingeben, der sofort auf den Displays abgebildet wird. LightSpell ist als andauerndes Experiment zur offenen Kommunikation im öffentlichen Raum konzipiert, in dem die wartenden Fahrgäste Sender und Empfänger zugleich sind. Einige Botschaften können über Tage erhalten bleiben, andere werden sofort überschrieben. Eines haben aber alle Botschaften gemeinsam, egal ob intelligent, kreativ, beleidigend, dumm oder kontrovers: Jede Formulierung ist ab dem Moment ihrer Darstellung die Lichtquelle der Wartenden. Licht und Information, Ästhetik und Meinung werden eins.

Die Installation LightSpell konnte im Dezember 2017 nicht wie geplant mit dem U-Bahnhof in Betrieb genommen werden. Die Toronto Transit Commission (TTC) als Auftraggeber der Arbeit hatte aus Angst vor einem potenziellen Missbrauch in Form von Hatespeech nach fast zehnjähriger Planungs- und Realisierungszeit die Inbetriebnahme der Installation nur zwei Tage vor Eröffnung des Bahnhofs überraschend untersagt. realities:united befindet sich in Verhandlungen mit der TTC über die Inbetriebnahme der Installation; diese waren bei Drucklegung des Katalogs noch nicht abgeschlossen.

en LightSpell is an interactive light installation planned for the new "Pioneer Village Station" subway station in Toronto, Canada designed by British architect Will Alsop. realities:united use the existing technical infrastructure to create a hybrid of art installation and necessary interior lighting. Forty chandeliers, each forming an oversized sixteen-segment display, are arranged as a sculptural setting along the ceiling of the station. They can be used to display all the letters of the alphabet, special characters, and the numbers 0 through 9. Through the use of several public touch screens on the platform, waiting passengers can enter text that will be immediately shown on the displays.

LightSpell is designed as an ongoing open communication experiment in public space, where waiting passengers are both transmitters and receivers. Some messages can be kept for days; others will be written over immediately. However, all of the messages have one thing in common, whether intelligent, creative, offensive, stupid, or controversial: from the moment they are presented, every formulation becomes the light source of the person waiting. Light and information, aesthetics and opinion become one.

The LightSpell installation could not be put into operation as planned with the underground station in December 2017. The Toronto Transit Commission (TTC), which commissioned the work, was afraid of potential abuse in the form of hate speech and, after almost ten years of planning and implementation, surprisingly prohibited the commissioning of the installation only two days before the station was opened. realities:united is currently in negotiations with the TTC on the commissioning of the installation; these had not been completed by the time the catalog went to press.

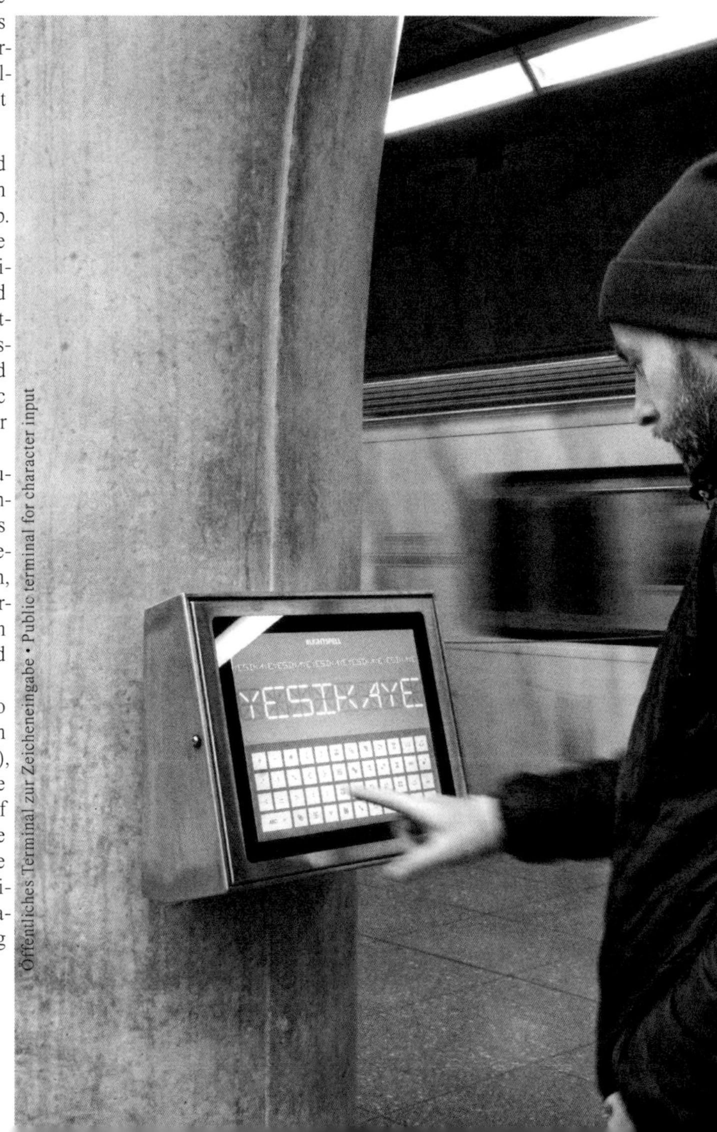

Öffentliches Terminal zur Zeicheneingabe • Public terminal for character input

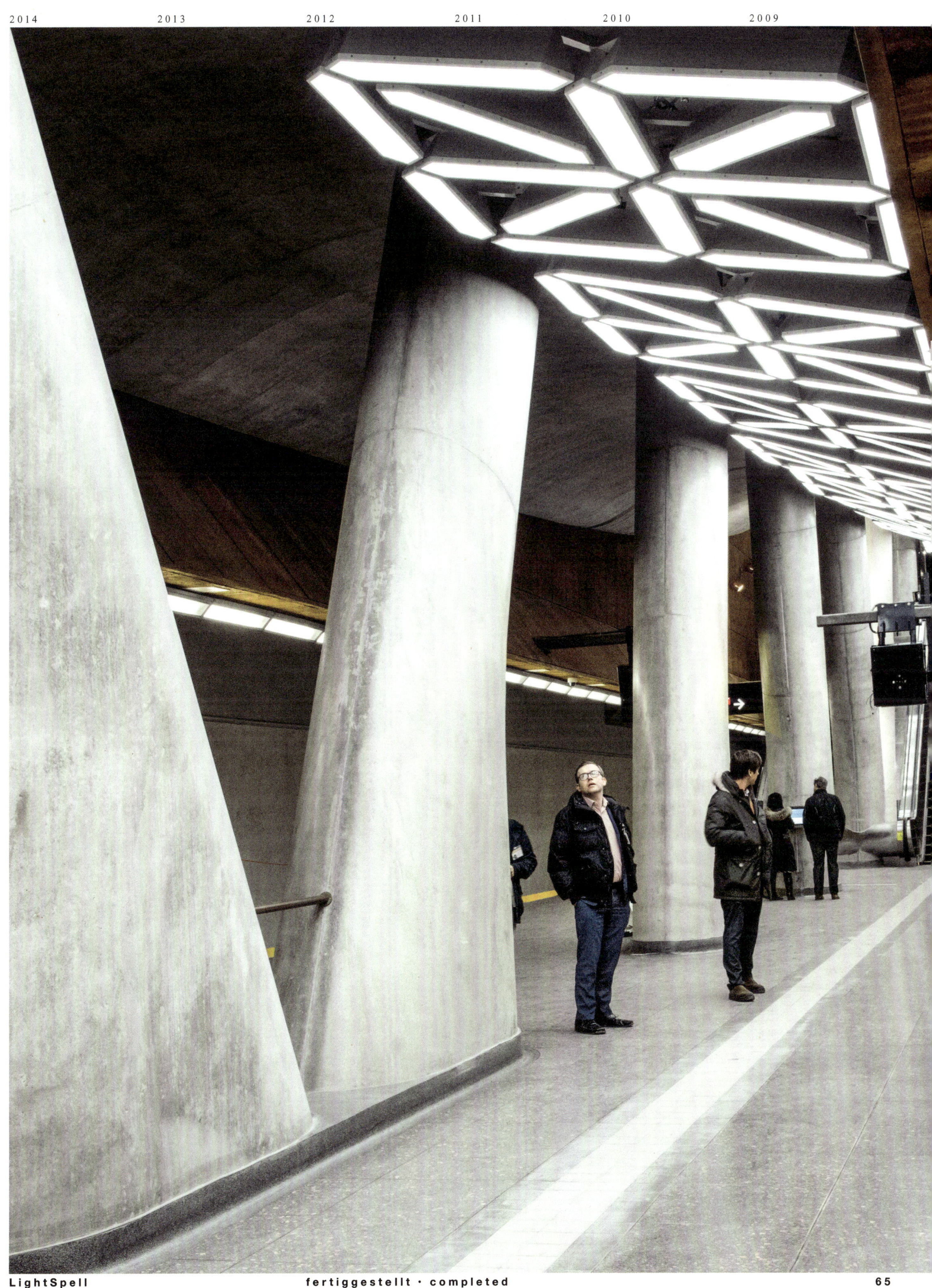

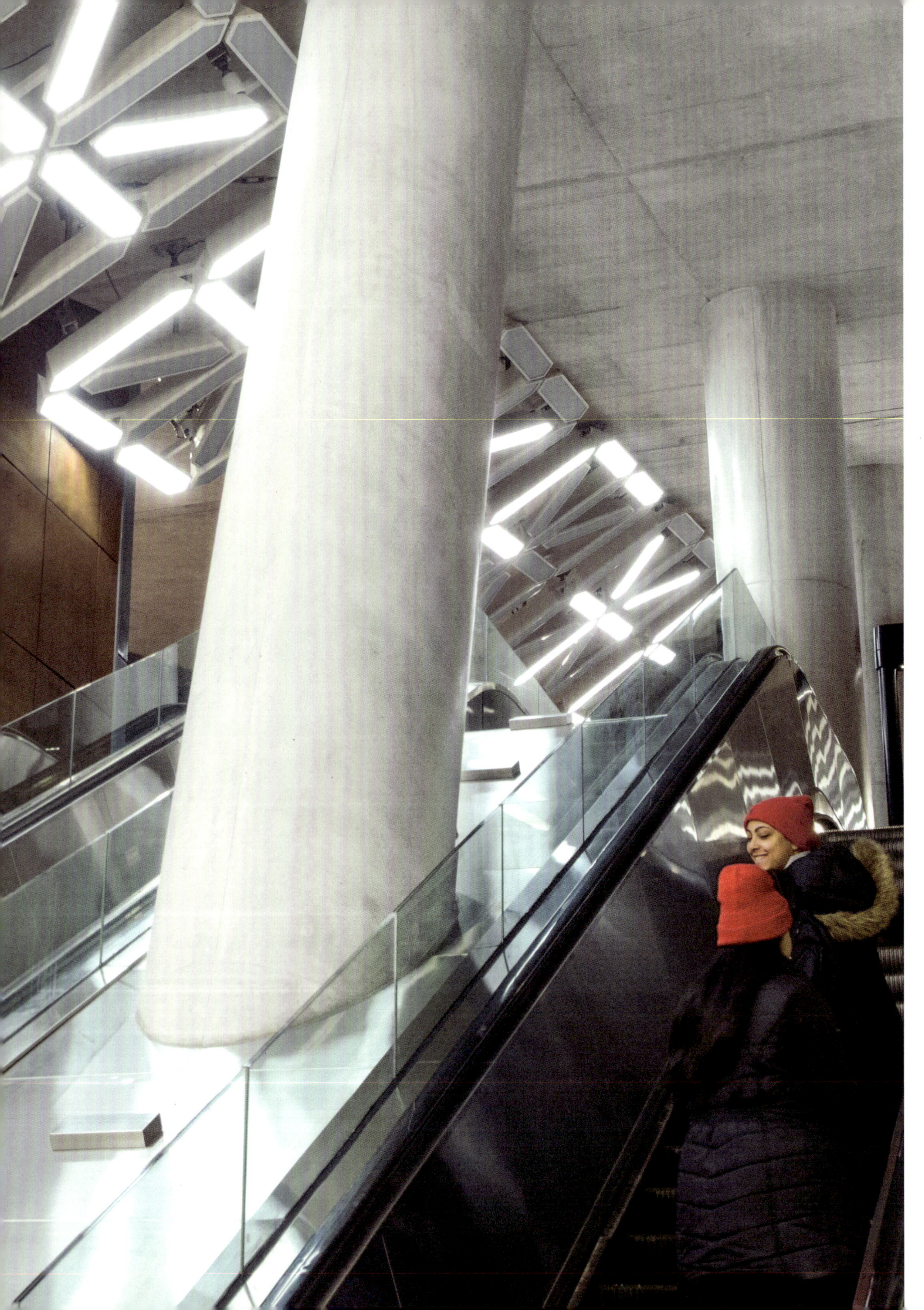

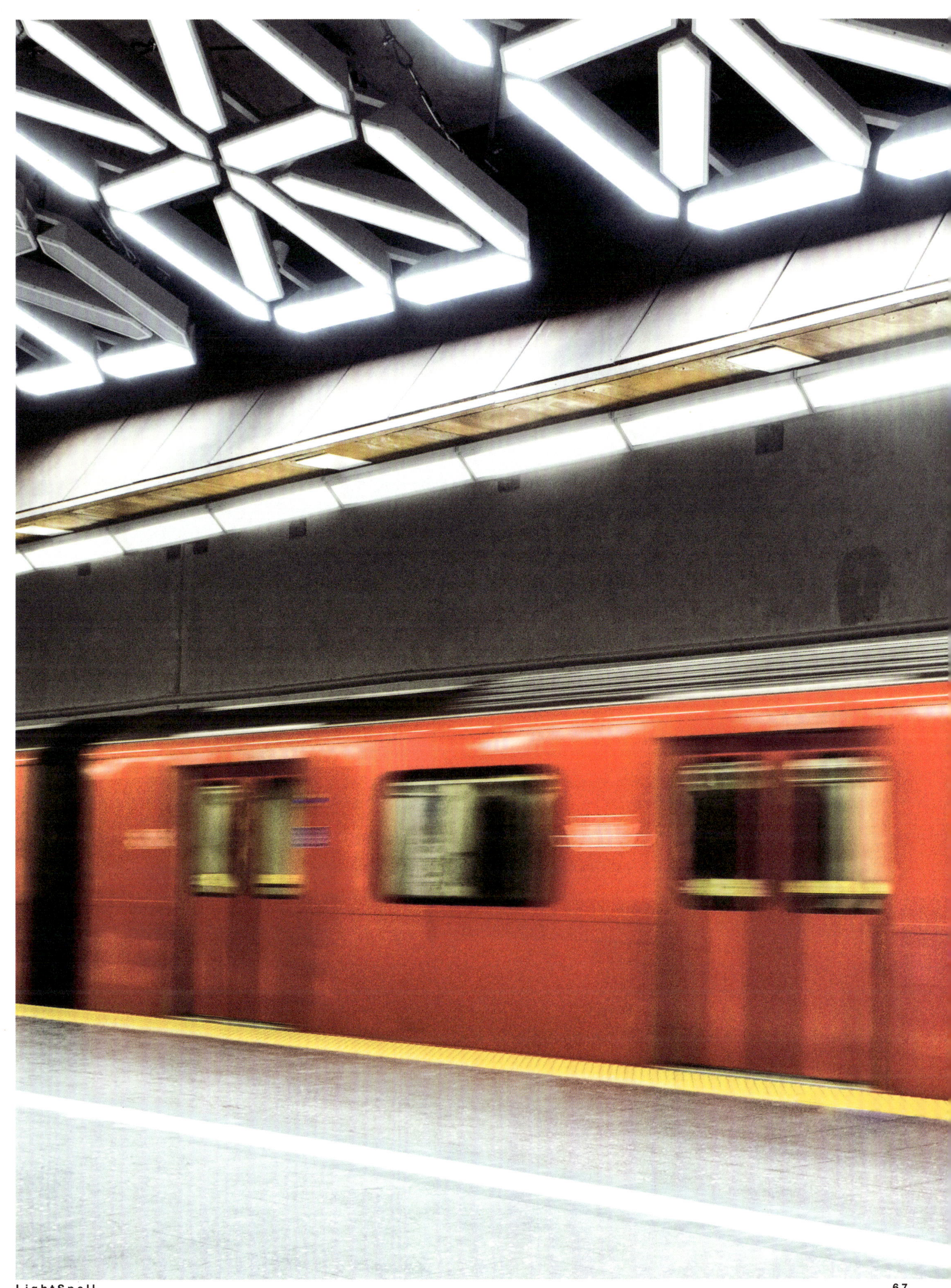

Architecture of Autonomy

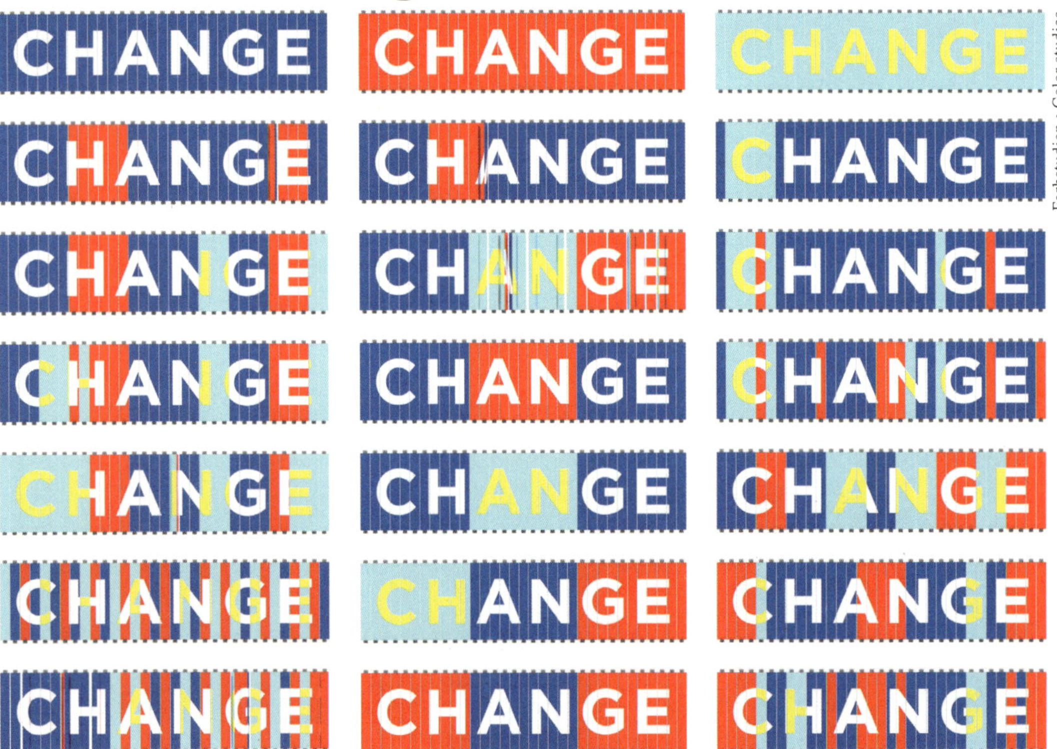

Farbstudien • Color studies

de Permanente Installation für die Gwangju Biennale, welche die Wortbotschaft CHANGE von Weitem sichtbar in den Stadtraum sendet. Dem Aufforderungscharakter dieser Botschaft kann entsprochen werden: Installiert auf dem Dach eines öffentlichen Hochhauses in unmittelbarer Nähe des May 18 Democracy Square, einem der Hauptschauplätze der Massendemonstrationen gegen Südkoreas Militärdiktatur und deren blutiger Niederschlagung am 18. Mai 1980, können Besucher*innen die permanente Installation verändern.

Das Wort ist in drei unterschiedlichen Farbkombinationen allseitig auf 33 aneinandergereihte, dreieckige Körper aus Metall lackiert, die allesamt manuell und einzeln drehbar sind. Die individuellen Bemühungen um einen „Change" sind demnach limitiert, denn es lässt sich nur die Farbzusammensetzung, nicht aber die Botschaft an sich ändern. Die Arbeit thematisiert allgemeine Fragen der Einflussmöglichkeiten des Individuums innerhalb komplexer Systeme und nimmt damit Bezug auf eine Reihe aktueller Diskurse wie z. B. zum Zustand der Demokratie oder den Interaktions- und Partizipationsmöglichkeiten des Individuums in digitalen Systemen und „sozialen Medien". Gleichzeitig dient die Installation als Köder zum Entdecken des dahinter verborgenen „View Folly" vom südkoreanischen Architekten Moon Hoon, dessen Terrasse einen einzigartigen Blick auf die Gwangju umgebende Berglandschaft ermöglicht.

en Permanent installation for the Gwangju Biennale, in which the word CHANGE is transmitted from afar and visible in the urban space. The message's provocative character is met with a sense of urgency: installed on the roof of a public skyscraper in the immediate vicinity of May 18 Democracy Square, one of the main sites of the mass demonstrations against South Korea's military dictatorship and its bloody suppression on May 18, 1980, visitors can change the permanent installation.

The word consists of thirty-three individually and manually rotatable triangular metal columns. The three surfaces of each column are painted in three different colors. The individual efforts for a "change" are therefore limited because only the color composition can be changed, not the message itself. The work deals with general questions of the individual's potential for influence within complex systems and thus refers to a series of current discourses such as the state of democracy or the individual's probability of interaction and participation in digital systems and "social media." At the same time, the installation serves as bait for discovering the "View Folly" by South Korean architect Moon Hoon, whose terrace offers a unique perspective of the surrounding mountain landscape.

View Folly von Moon Hoon mit Installation Architecture of Autonomy (AoA) • View Folly by Moon Hoon with installation AoA

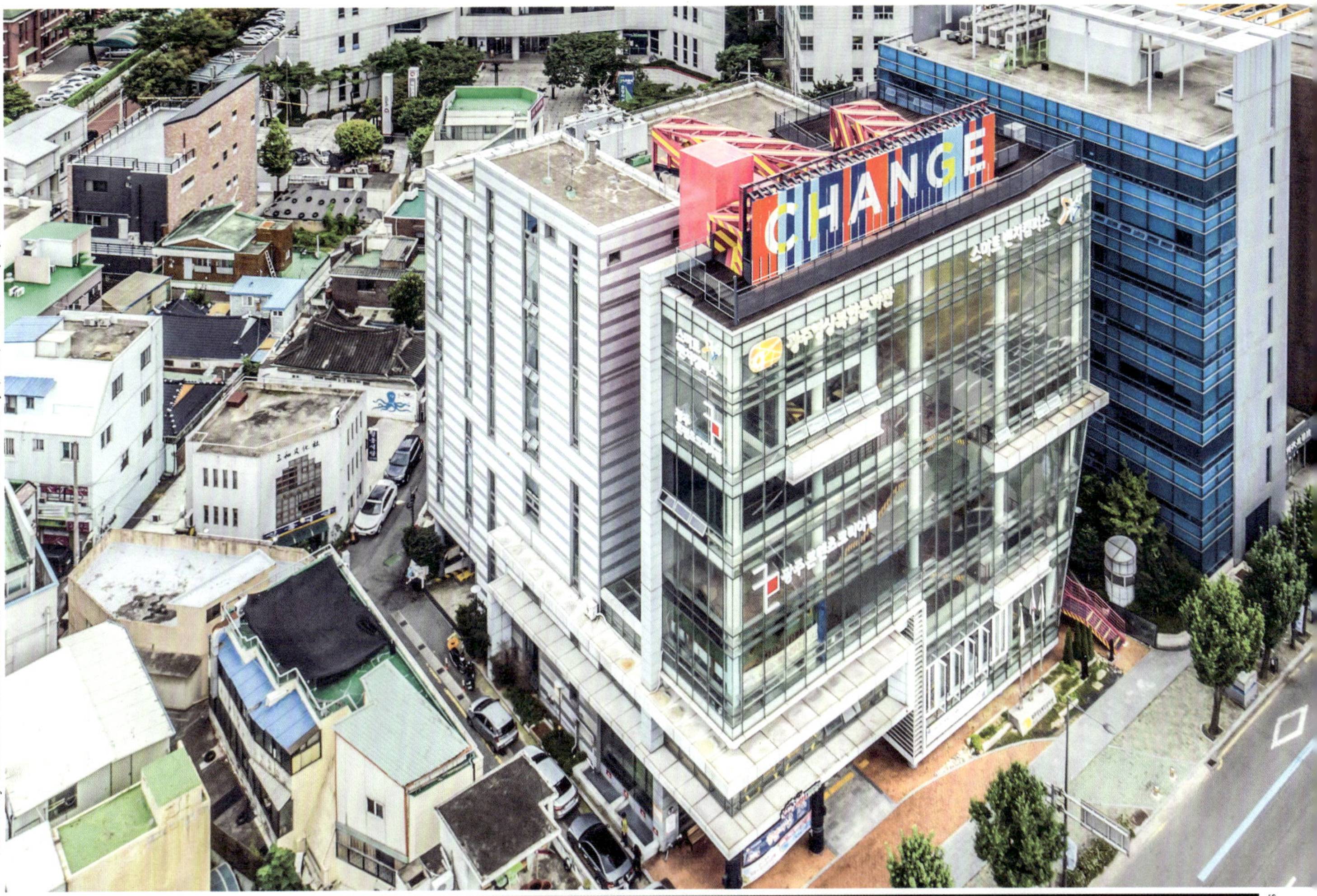

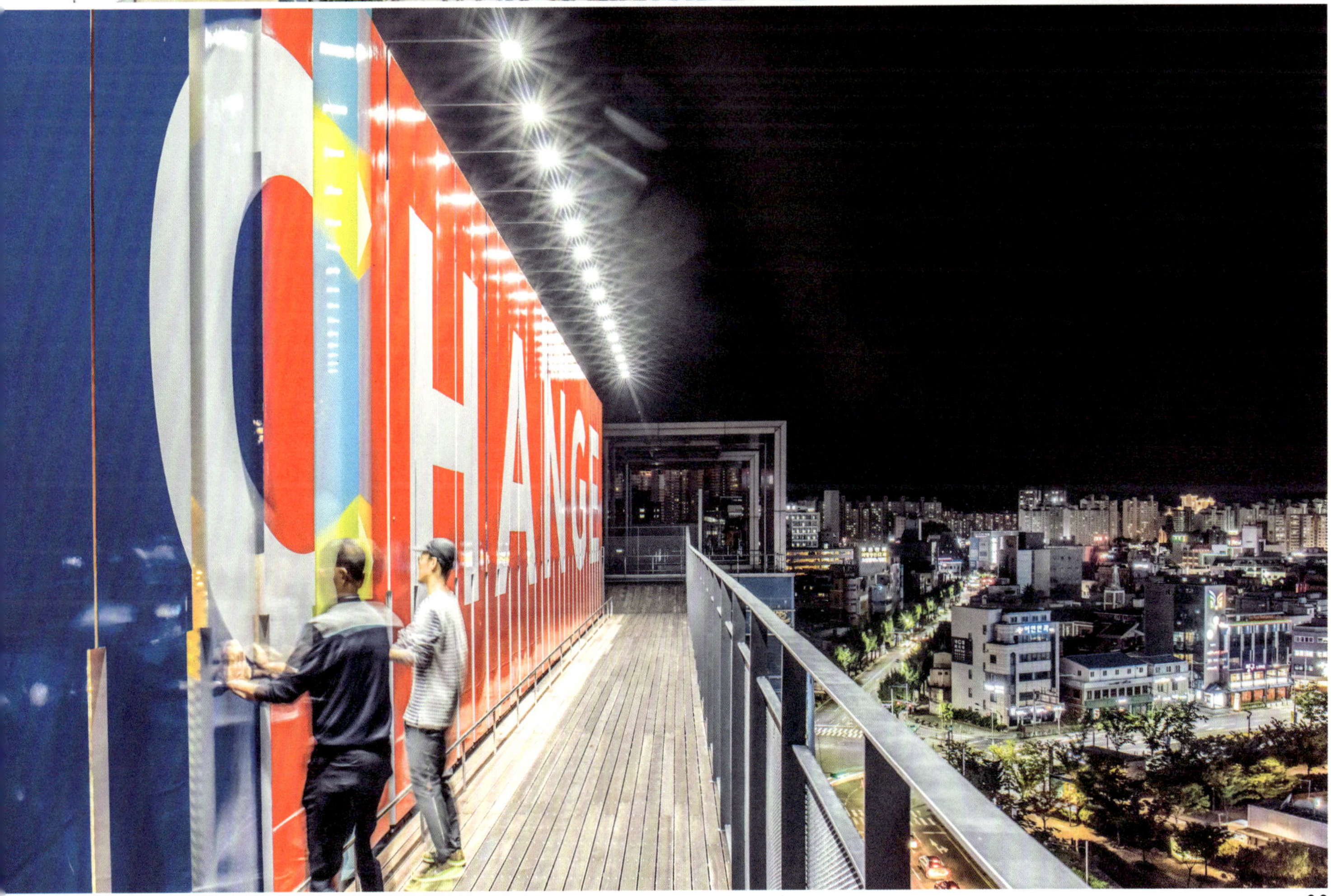

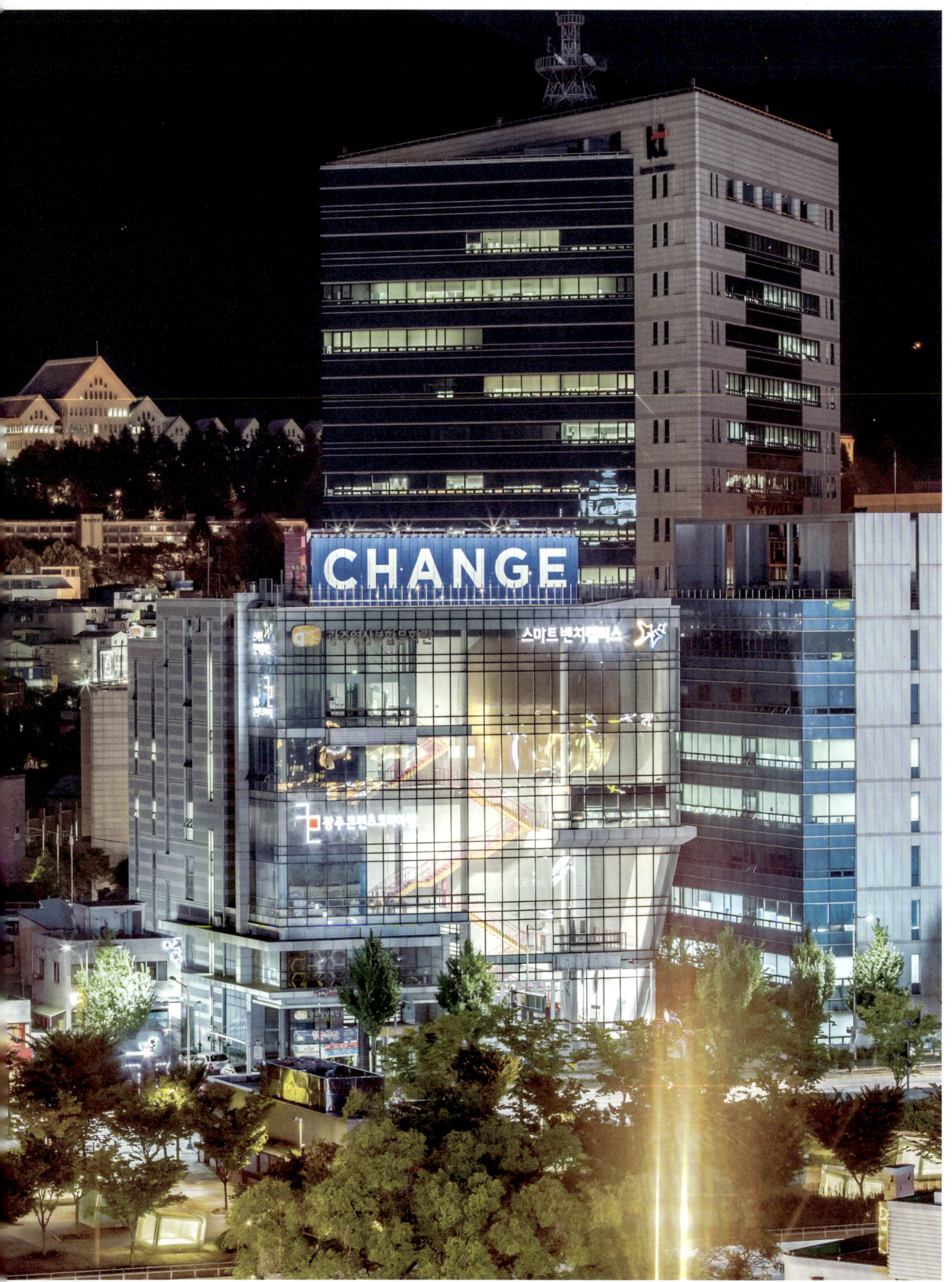
CHANGE

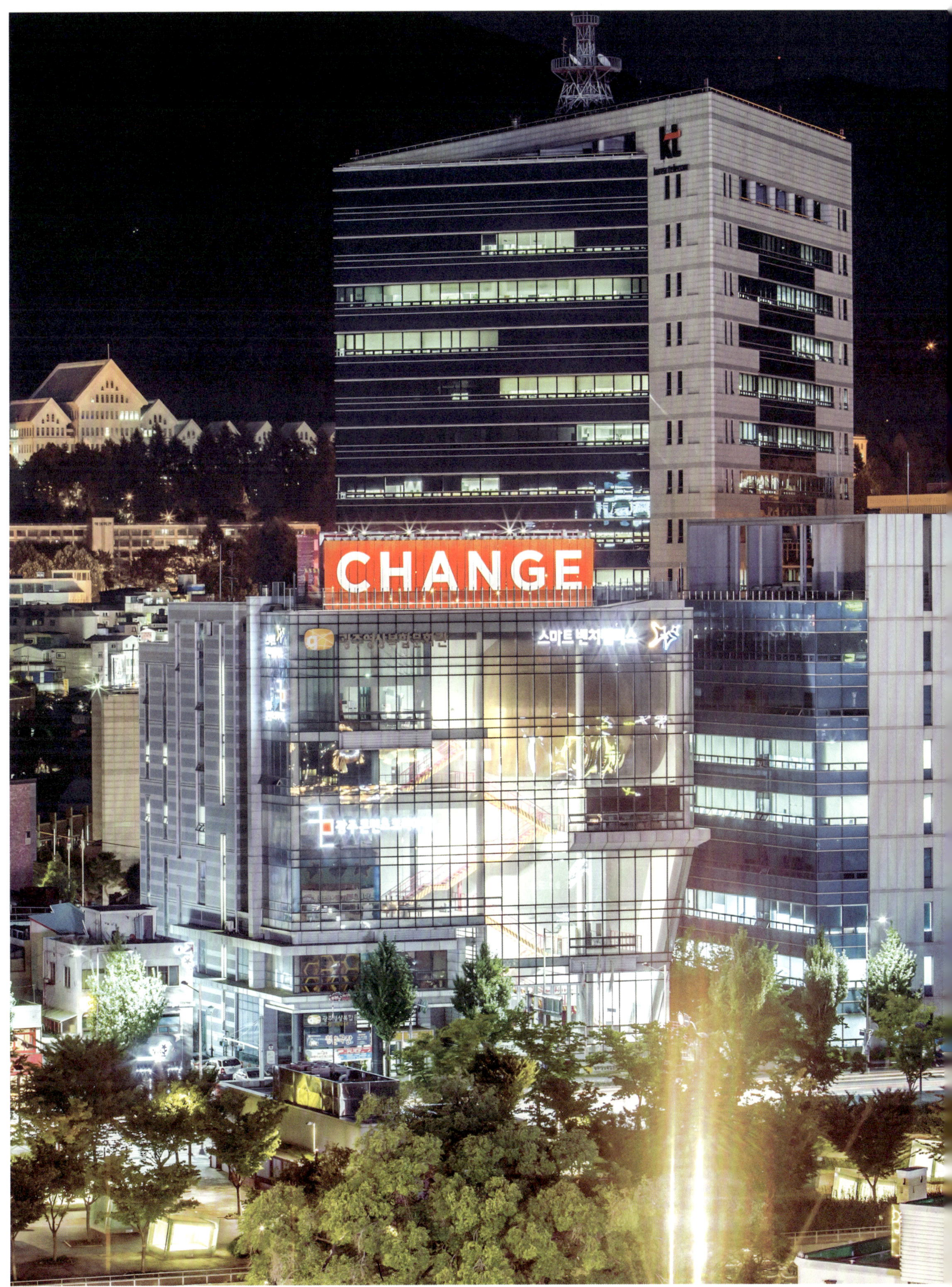
CHANGE

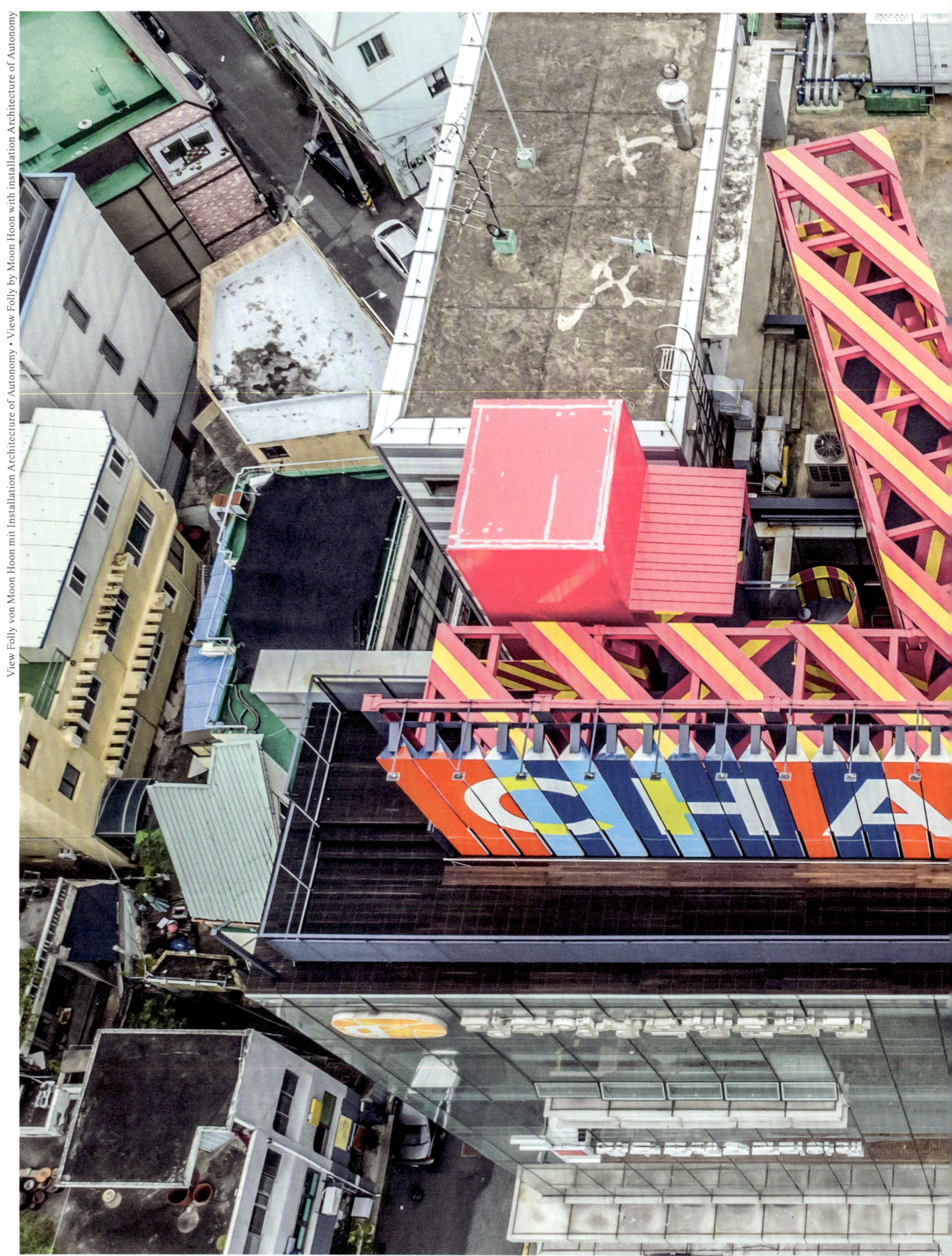

View Folly von Moon Hoon mit Installation Architecture of Autonomy • View Folly by Moon Hoon with installation Architecture of Autonomy

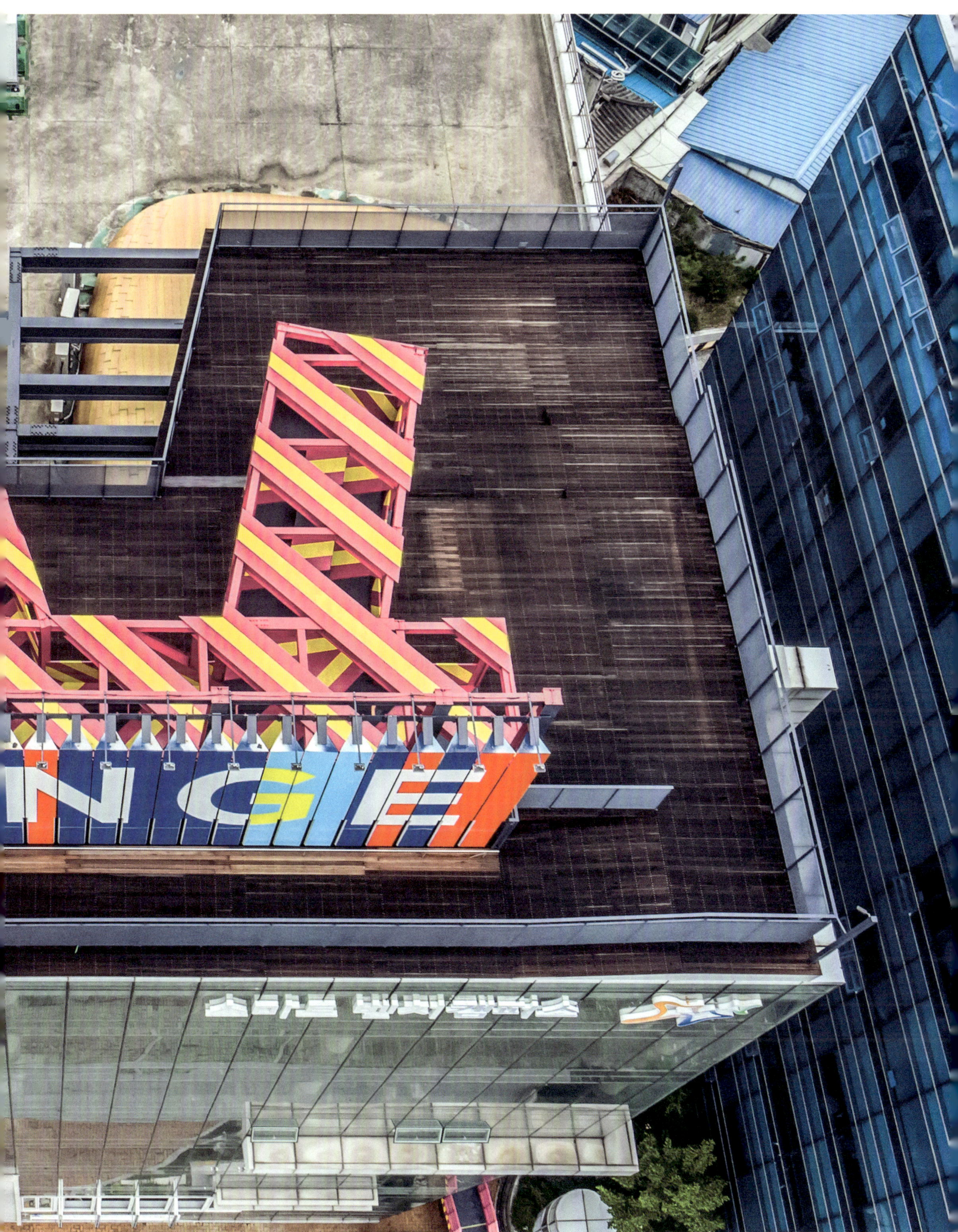
NGE

2017
C3A

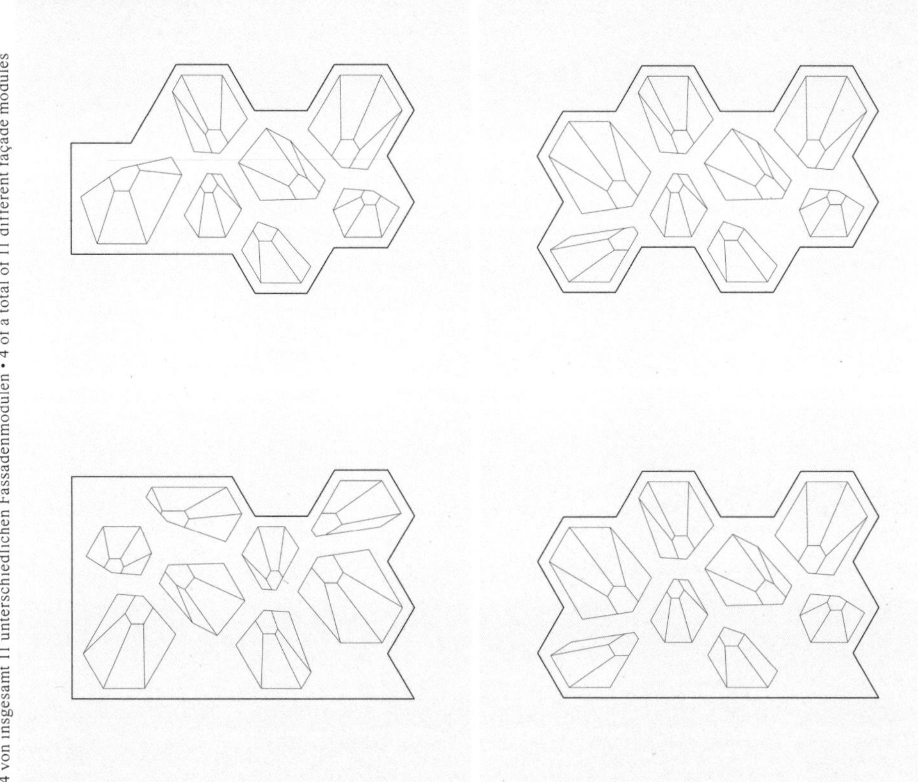

4 von insgesamt 11 unterschiedlichen Fassadenmodulen • 4 of a total of 11 different façade modules

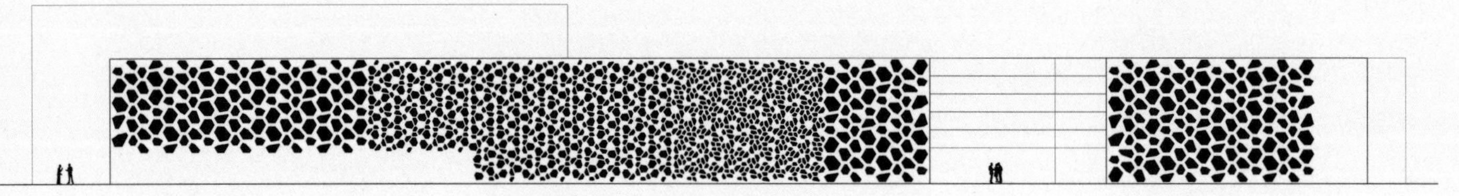

Ansicht Ostfassade • View of east façade

de C3A ist eine Fassadengestaltung mit integrierter Licht- und Medieninstallation für das Medienkunstzentrum Centro de Creación Contemporánea de Andalucía (C3A) vom Architekturbüro Nieto Sobejano im spanischen Córdoba. Die charakteristische Topografie der Außenfassade wurde in Anlehnung an die signifikante innere polygonale Struktur des Gebäudes entwickelt. Ein System unregelmäßig geformter, schüsselartiger Vertiefungen verschiedener Größe und Dichte überzieht die Betonfassade. Bei Tag prägt das sonnenstandbedingte Schattenspiel das veränderliche Erscheinungsbild der massiven Fassade. Erst in der Nacht wird sie zu einer medial bespielbaren, künstlerischen Kommunikationsoberfläche. Die „Schüsseln" werden zu Reflektoren von seitlich integrierten und individuell steuerbaren weißen LED-Leuchten und somit zu „Pixeln"; die Fassade wird zu einem überdimensionalen Graustufendisplay. Trotz der extrem niedrigen Auflösung bei einem ungünstigen Seitenverhältnis – die Fassade ist bei einer Länge von 110 Metern nur 11 Meter hoch –, können erkennbare Motive erzeugt werden, da die Fassade analog zur Retina des menschlichen Auges unterschiedliche Auflösungen und somit Informationsdichten erzeugt, die vom Sehapparat des Menschen zu einem Gesamtbild zusammengefügt werden können.

en C3A is a façade design with integrated light and media installation for the Centro de Creación Contemporánea de Andalucía (C3A) media art center of the Nieto Sobejano architectural office in Córdoba, Spain. The characteristic topography of the exterior façade was developed in the style of the significant inner polygonal structure of the building. A system of irregularly shaped, bowl-like depressions of various sizes and densities covers the concrete façade. By day, the shadow play caused by the sun's position characterizes the changing appearance of the massive façade. Only at night does it become a media-playable, artistic surface for communication. The "bowls" become reflectors of laterally integrated and individually controllable white LED lights and thus "pixels"; the façade becomes an oversized gray-scale display. Despite the extremely low resolution with an unfavorable aspect ratio – the façade is only 11 meters high with a length of 110 meters – recognizable motifs can be generated, as the façade, analogous to the retina of the human eye, produces different resolutions and thus information densities, which can be combined by the human eye to form an overall image.

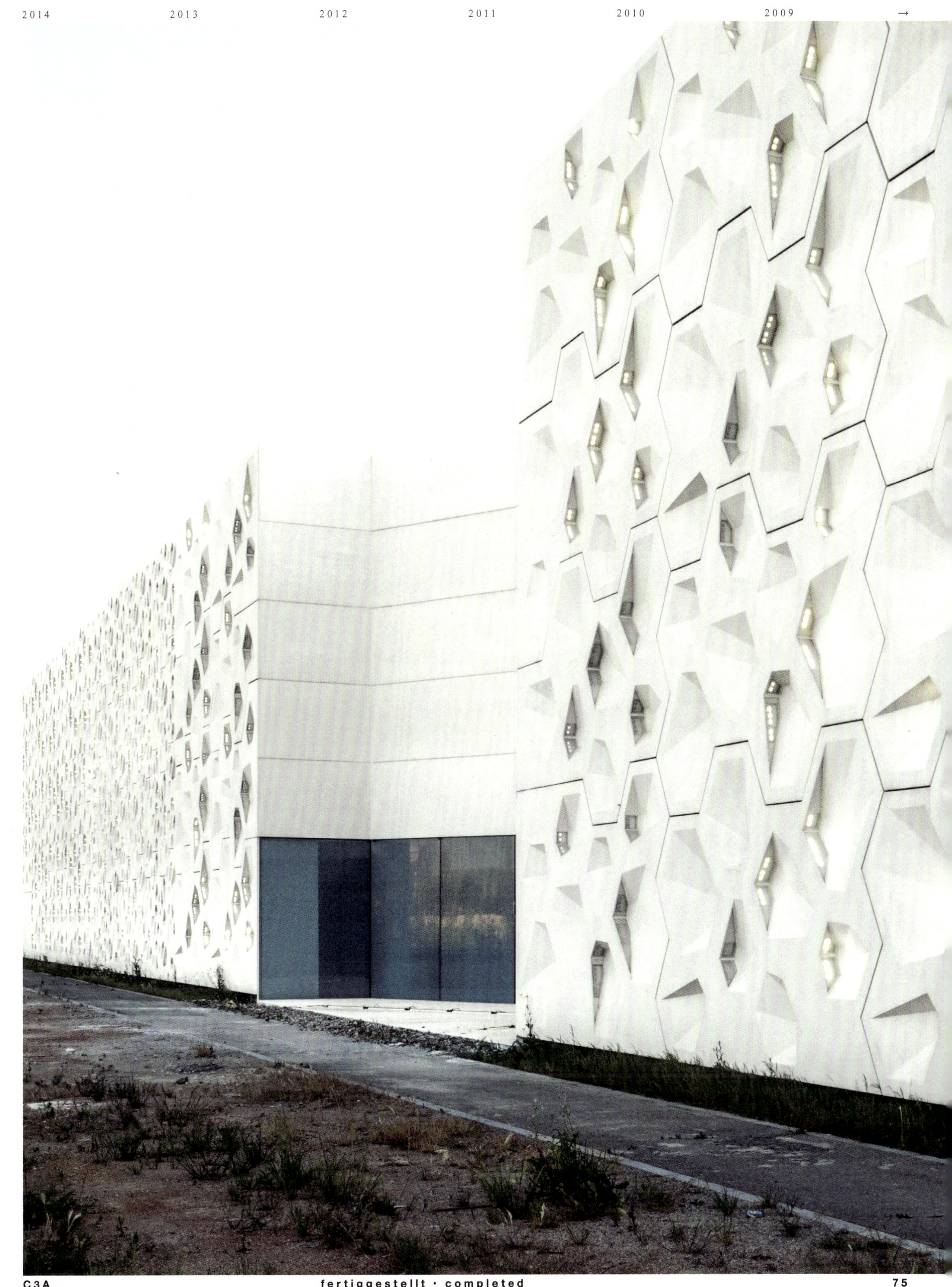

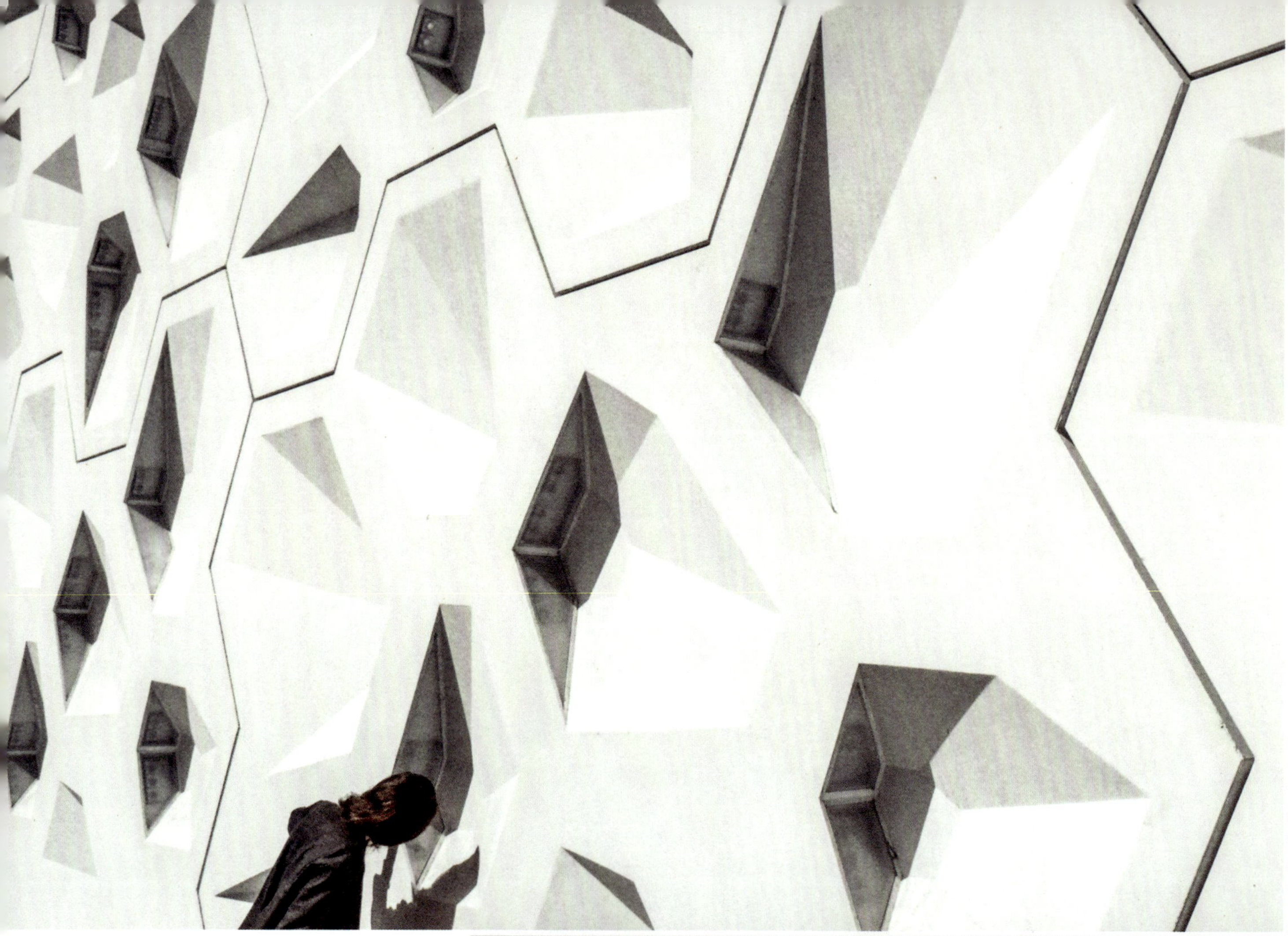

Fassadendetail • Façade detail

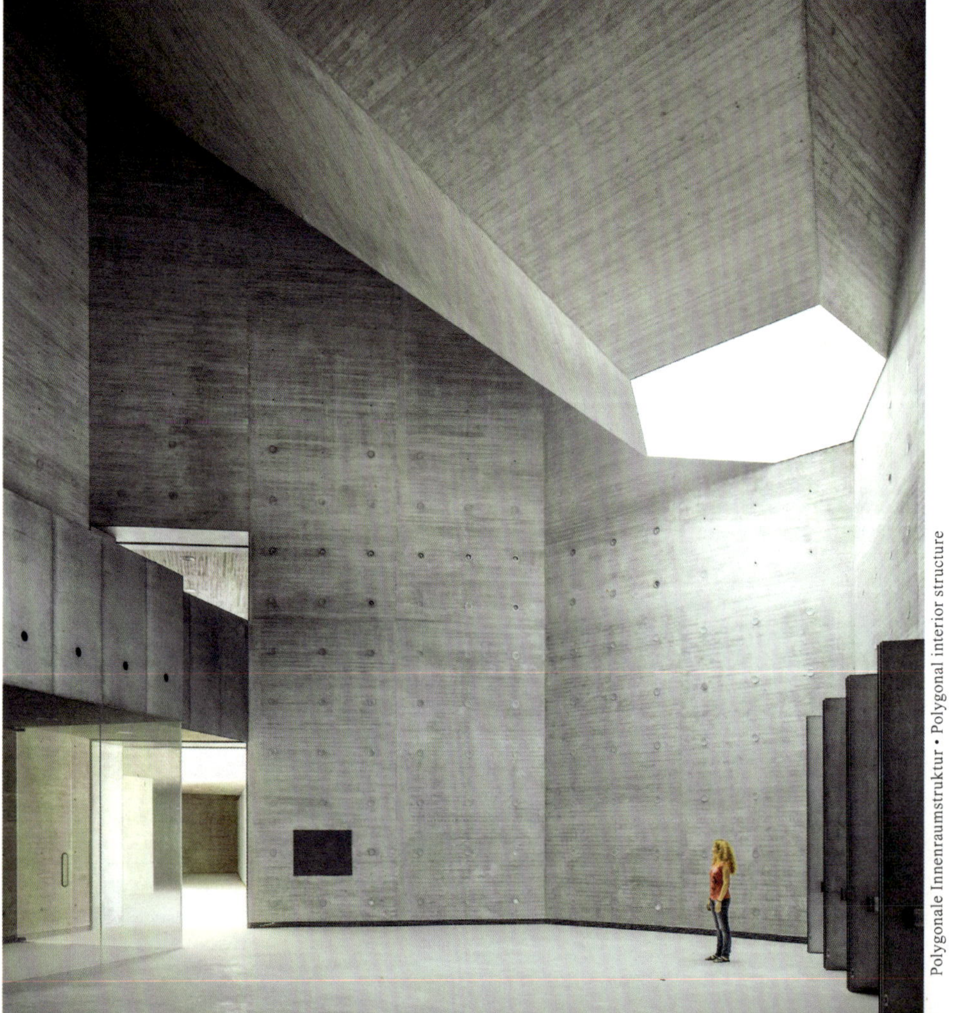

Polygonale Innenraumstruktur • Polygonal interior structure

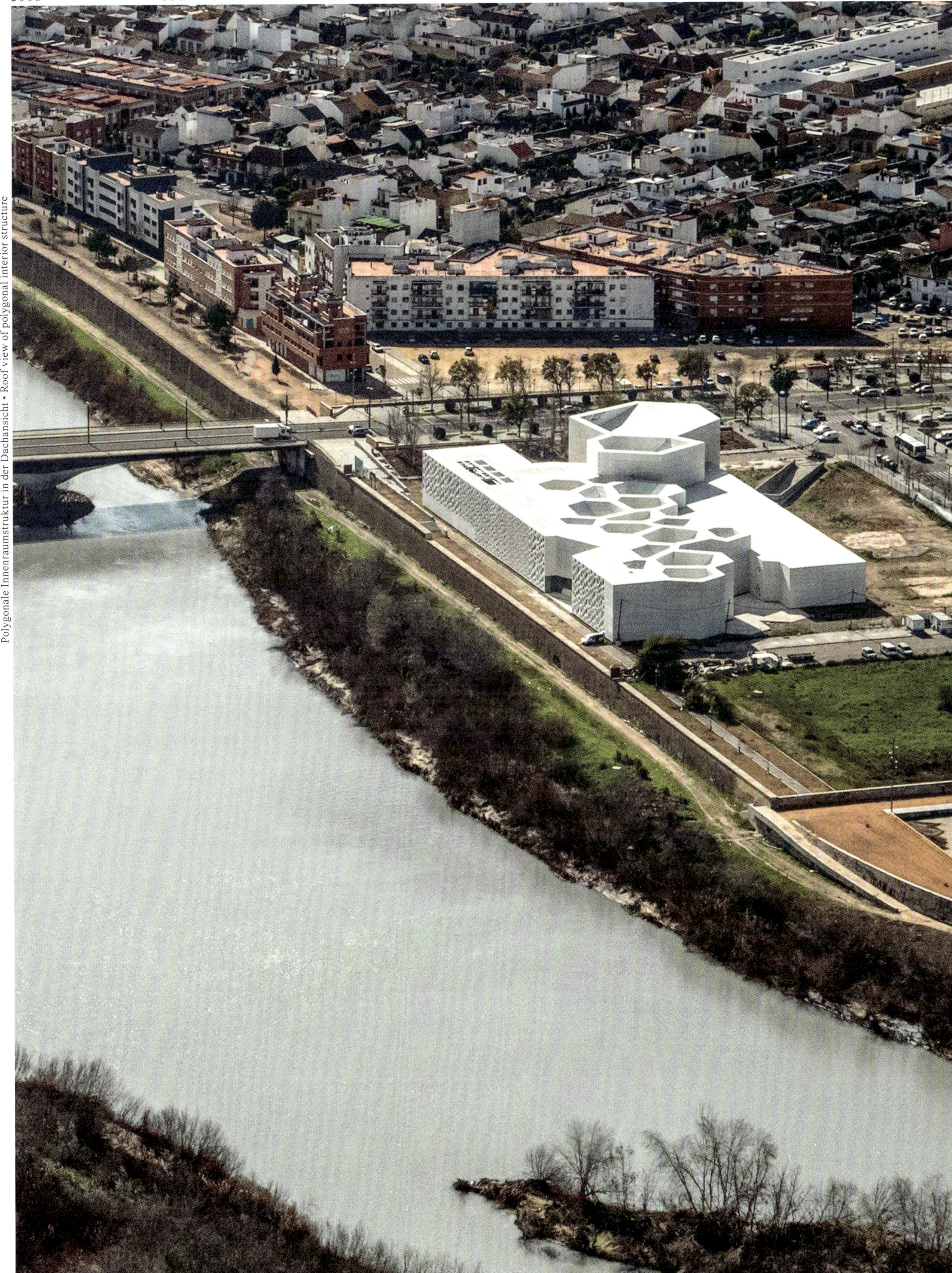

Polygonale Innenraumstruktur in der Dachansicht • Roof view of polygonal interior structure

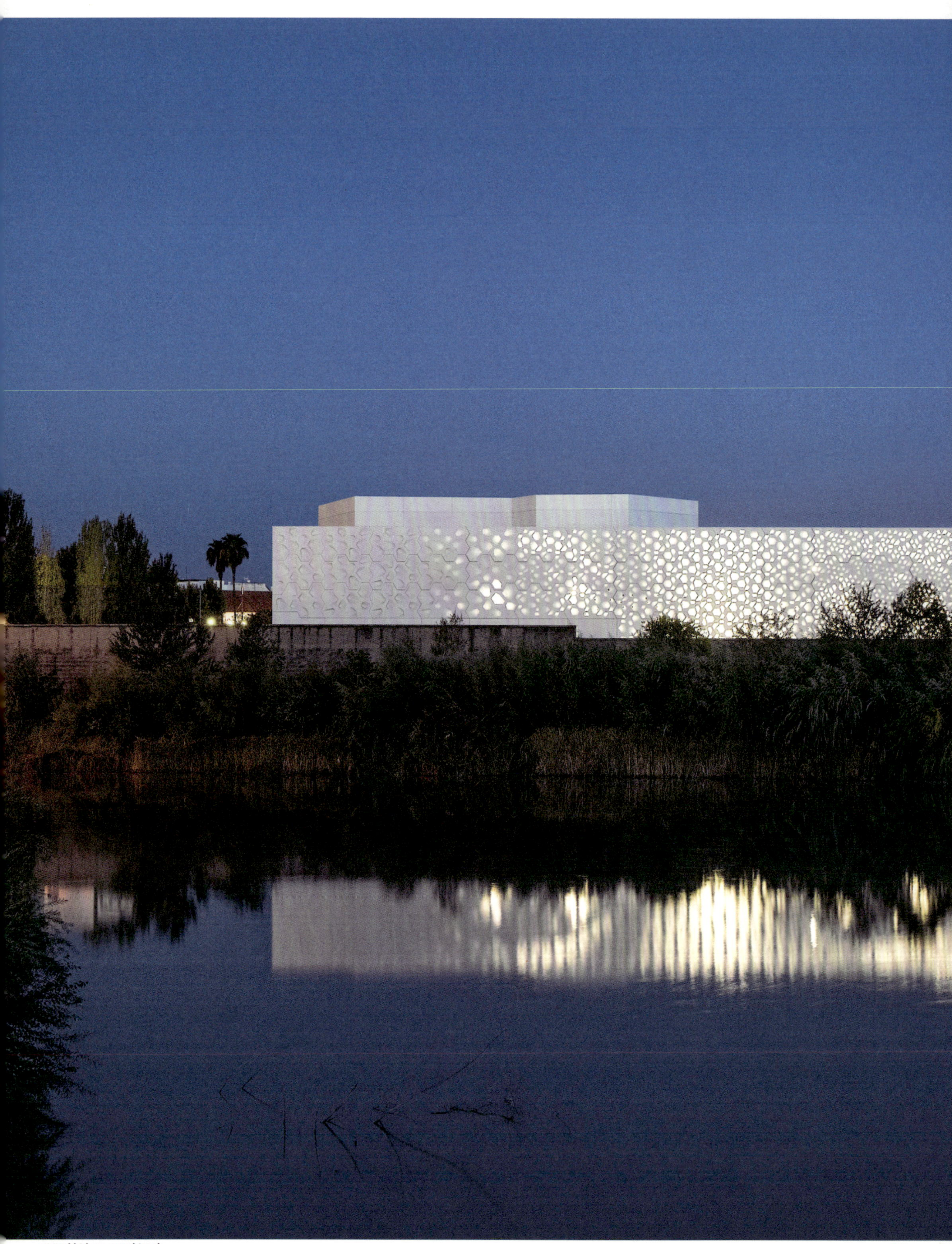

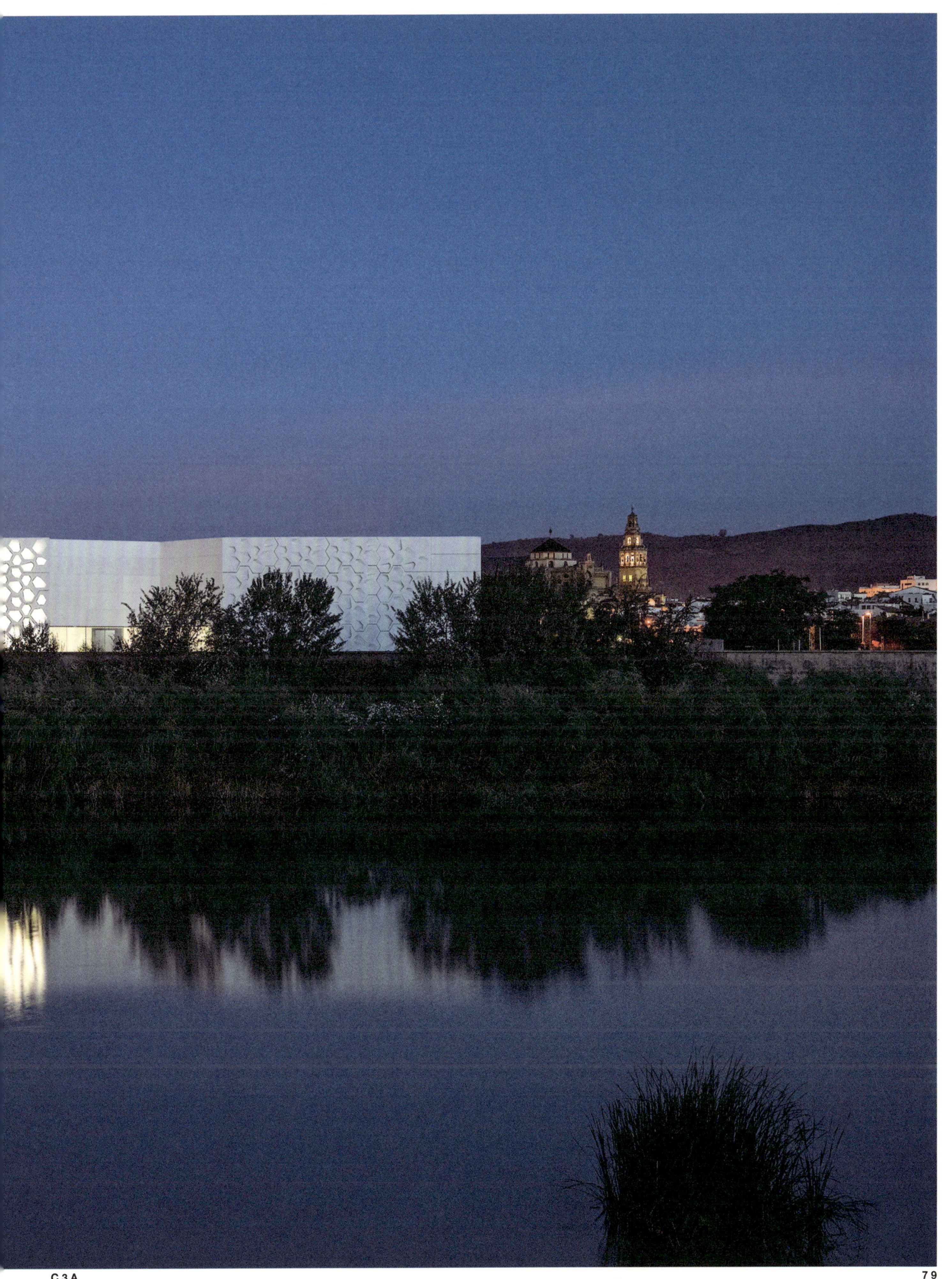

2015
BIG Vortex

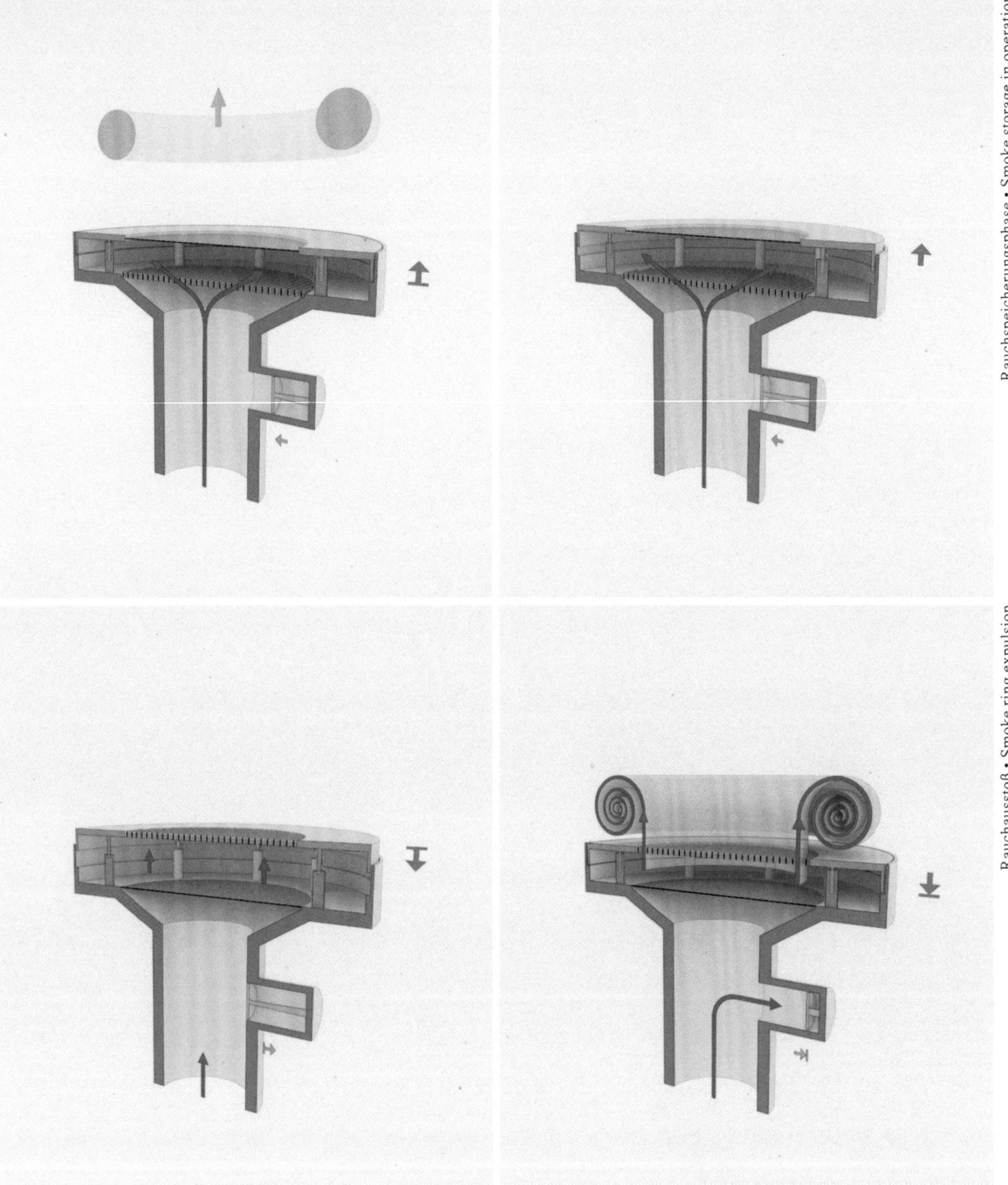

Beginn der Rauchspeicherung • Commencement of smoke storage phase

Rauchspeicherungsphase • Smoke storage in operation

Beginn des Rauchausstoßes • Commencement of smoke expulsion

Rauchausstoß • Smoke ring expulsion

de Kunst-am-Bau-Installation für den von Bjarke Ingels Architekten (BIG) geplanten Neubau der Müllverbrennungsanlage Amagerforbrænding in Kopenhagen, Dänemark.

Als eine Rauchzeichenanlage geplant, sollte BIG Vortex statt einer stetigen Rauchfahne durch eine Modifikation der Abgasanlage das Rauchgas sammeln und periodisch in Mengeneinheiten von je einer halben Tonne enthaltenem CO_2 in Form von Ringen mit einem Durchmesser von ca. 30 Metern in die Atmosphäre ausstoßen. So wären die Ringe als archaische wie kraftvolle Zeichen für die erzeugten Emissionen über Kopenhagen sichtbar geworden und hätten der abstrakten, weltweit geführten Debatte über den CO_2-Ausstoß eine unmittelbar begreifbare Form gegeben.

en Art in public space installation for the new Amagerforbrænding waste incineration plant in Copenhagen, Denmark, planned by Bjarke Ingels Architekten (BIG).

Planned as a smoke alarm system, BIG Vortex would collect the flue gas, instead of a continuous plume of smoke, by modifying the flue gas system and periodically discharge it into the atmosphere, in units of half a ton of CO_2 each, in the form of rings with a diameter of approximately thirty meters. Thus, the rings become visible as an archaic and powerful sign of the emissions produced by Copenhagen and would have given the abstract, worldwide debate on CO_2 emissions an immediately comprehensible form.

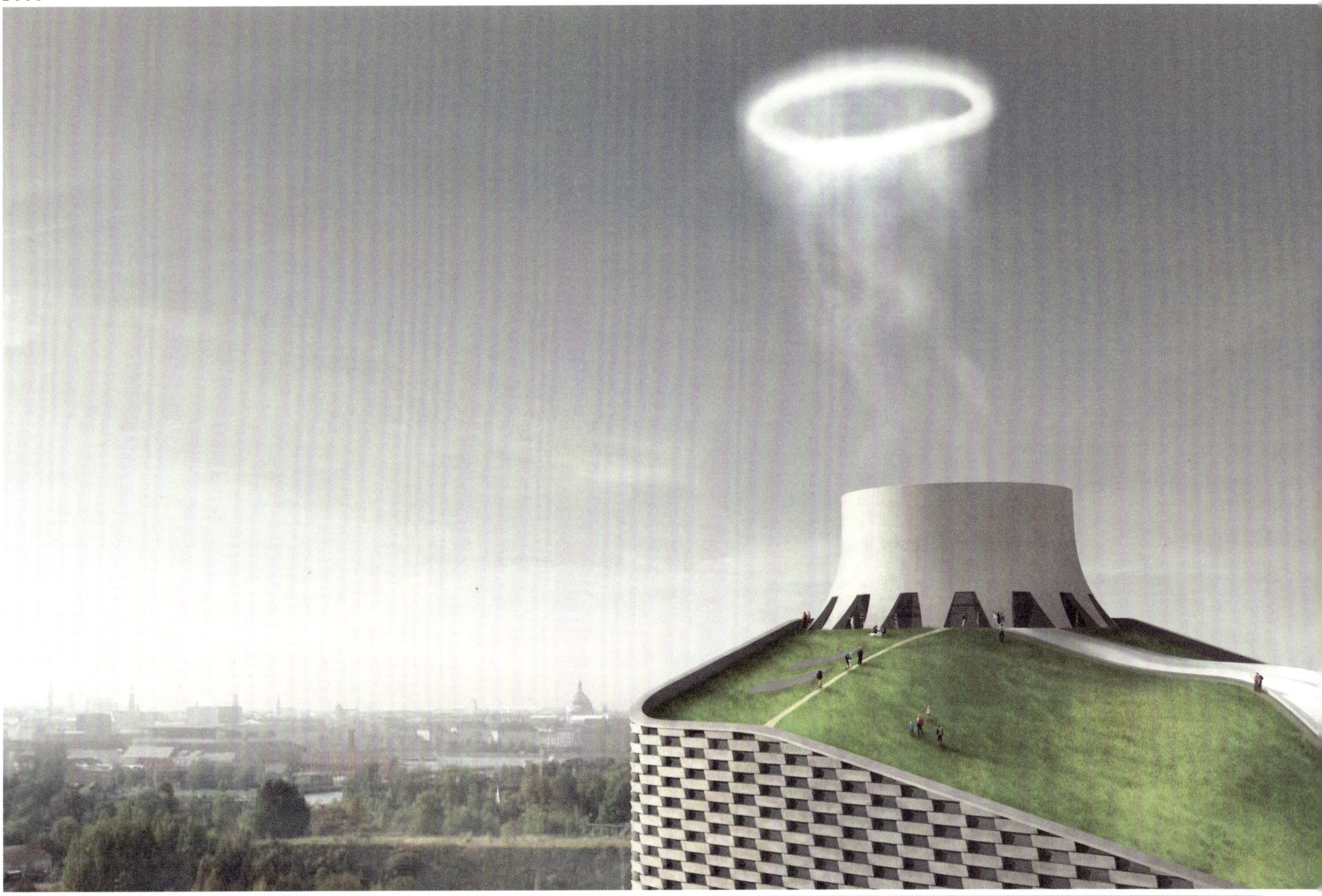

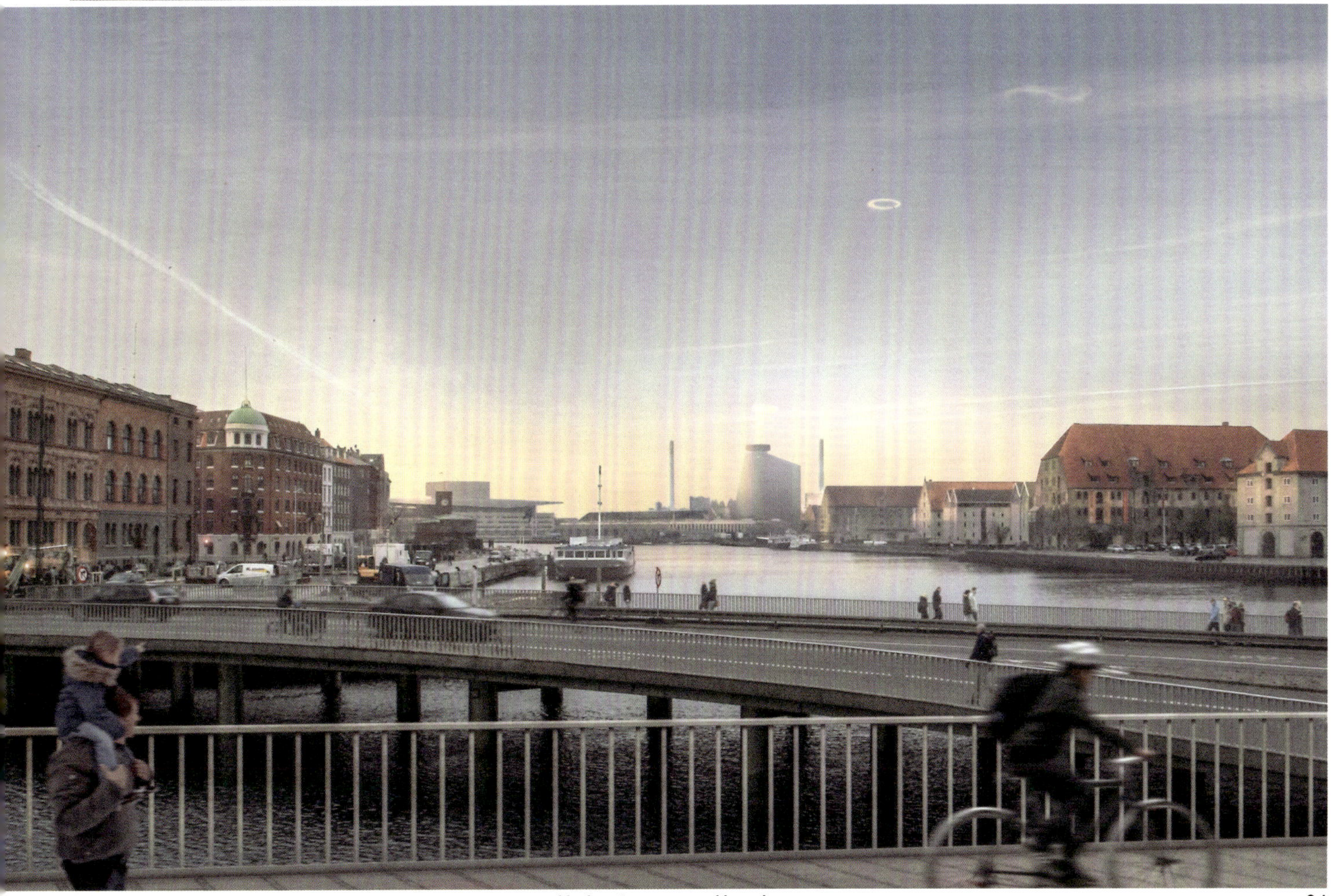

2014
Toni Areal

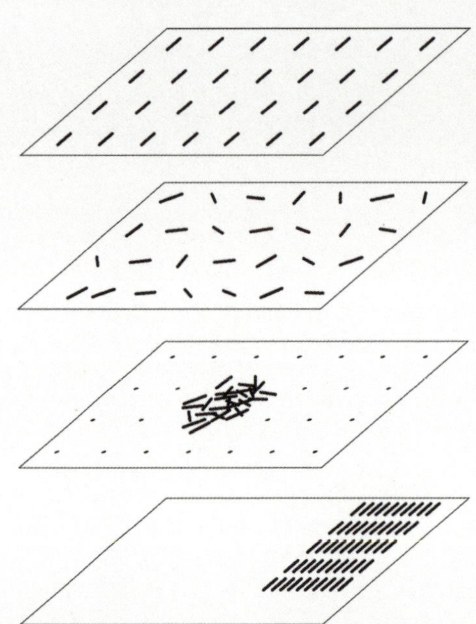

Konzept-Diagramm • Concept diagram

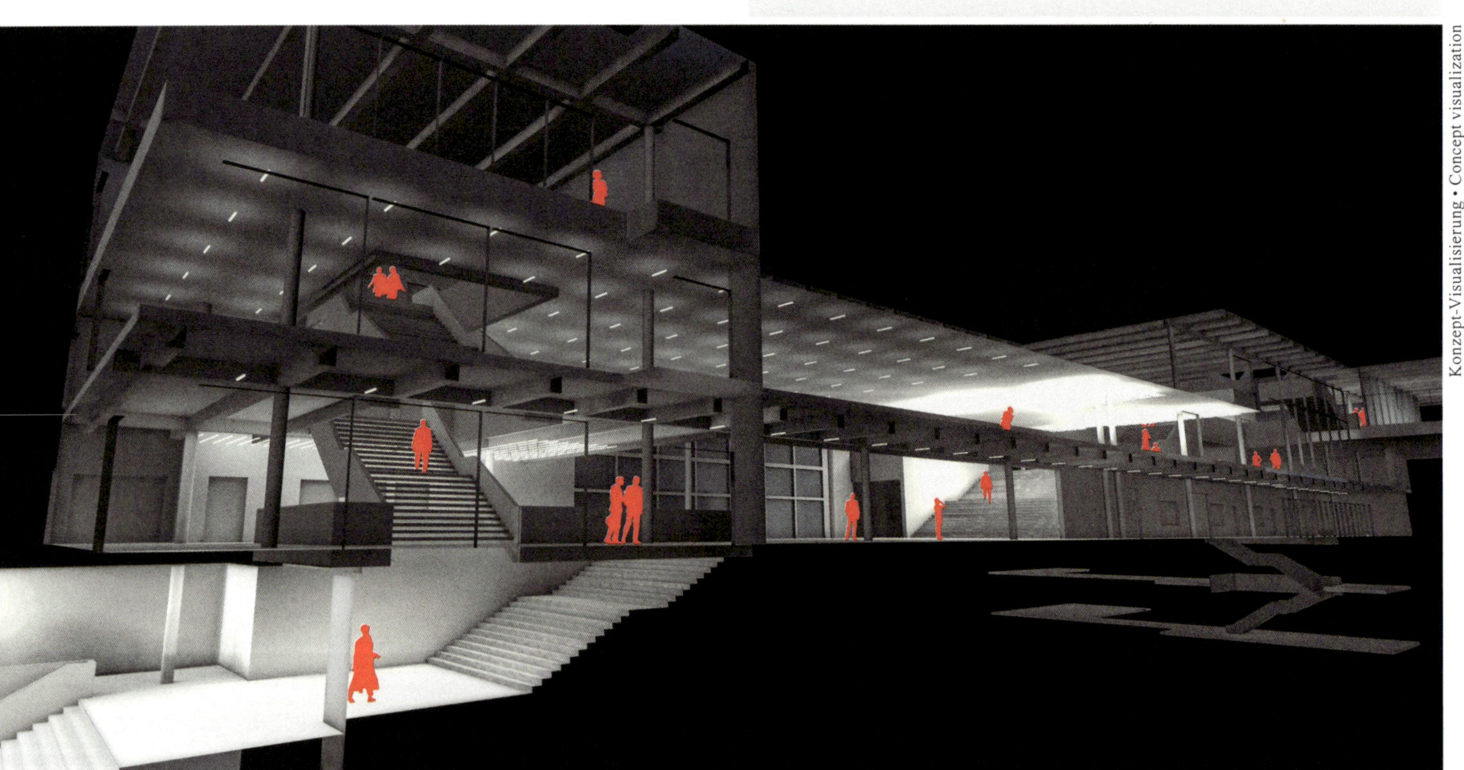

Konzept-Visualisierung • Concept visualization

de Lichtinstallation für das Toni Areal, einer ehemaligen Molkerei, die vom Schweizer Architekturbüro EM2N zum Hochschulcampus auf mehr als 92 000 Quadratmetern Nutzfläche als gemeinsamer Standort der Hochschulen ZHAW und ZHdK in Zürich umtransfomiert wurde.

Auffällig ist, dass die von realities:united installierten herkömmlichen Leuchtstoffröhren zur Beleuchtung der öffentlichen und über 6000 Quadratmeter großen zentralen Haupterschließung des Gebäudes eine bewusst indifferente und inhomogene Anordnung aufweisen. Die Leuchten scheinen ein Eigenleben zu führen, deren Positionierung keiner Logik folgt. Ein Wechselspiel aus Hell und Dunkel bildet unerwartete Kontraste und Zonen, die nicht – wie es zu erwarten wäre – Bezug auf die umgebende Architektur nehmen und diese akzentuieren, sondern den Raum durch Felder unterschiedlicher Energieintensität dramaturgisch eigenständig umdeuten. So entsteht ein Hybrid aus infrastruktureller Beleuchtungsanlage und künstlerischem Katalysator, der die individuelle Aneignung der auch als studentischen Ausstellungsraum deklarierten Flächen provoziert.

en Light installation for the Toni Areal, a former dairy, which was transformed into a university campus, with more than 92,000 square meters of usable space, by Swiss architecture firm EM2N. It serves as a shared location for the ZHAW and ZHdK universities in Zurich.

What is striking is that the conventional fluorescent light tubes, installed by realities:united to illuminate the main public entrance of the building, which is over 6,000 square meters in size, are deliberately arranged in an indifferent and inhomogeneous way. The lights seem to have a life of their own, as their positioning does not follow any logic. An interplay of light and dark creates unexpected contrasts and zones that do not – as would be expected – refer to and accentuate the surrounding architecture, but dramaturgically reinterpret the space independently through fields of varying energy intensity. The result is a hybrid of an infrastructural lighting system and an artistic catalyst that provokes the individual appropriation of the space, which has also been declared a student exhibition space.

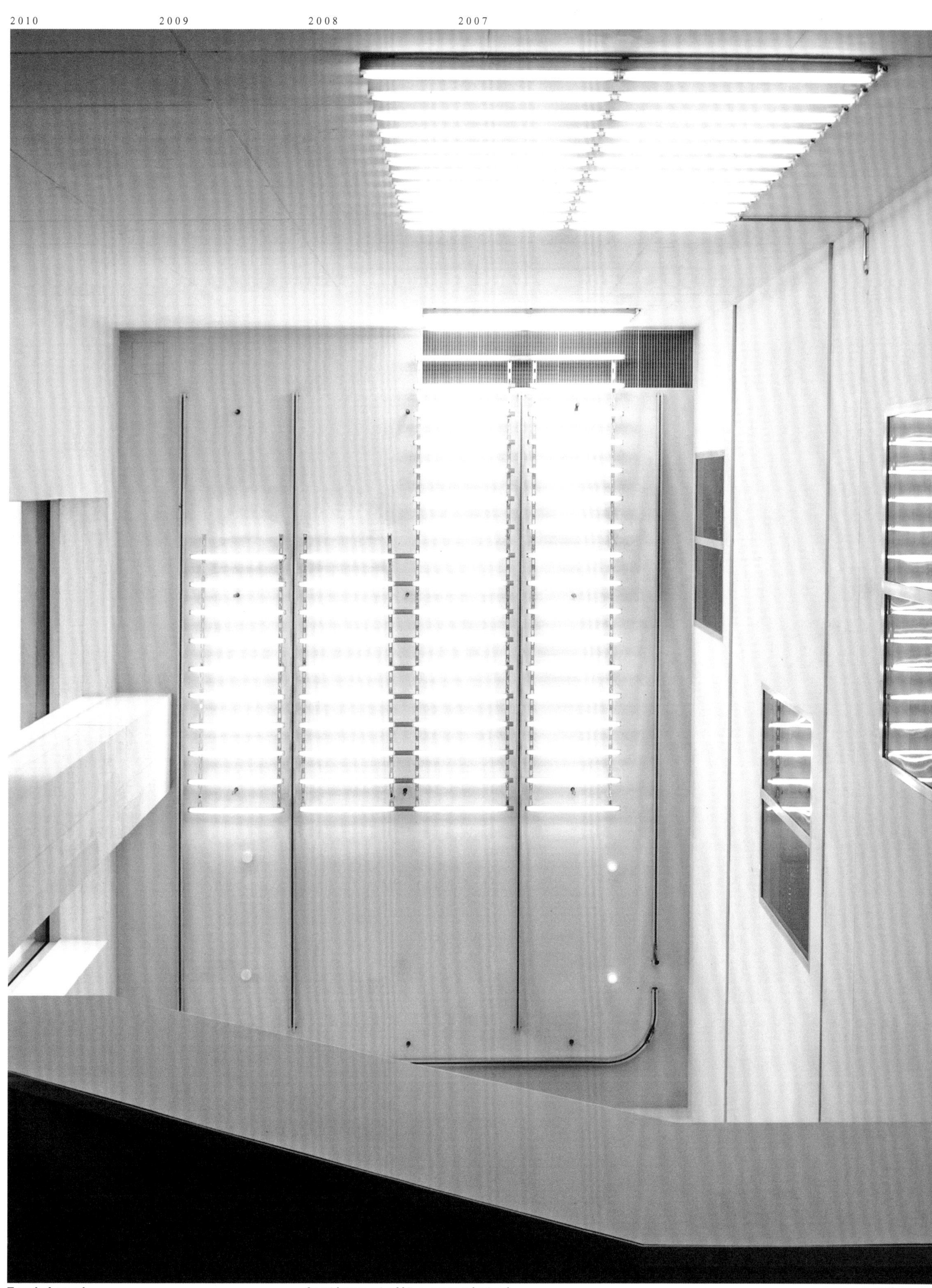

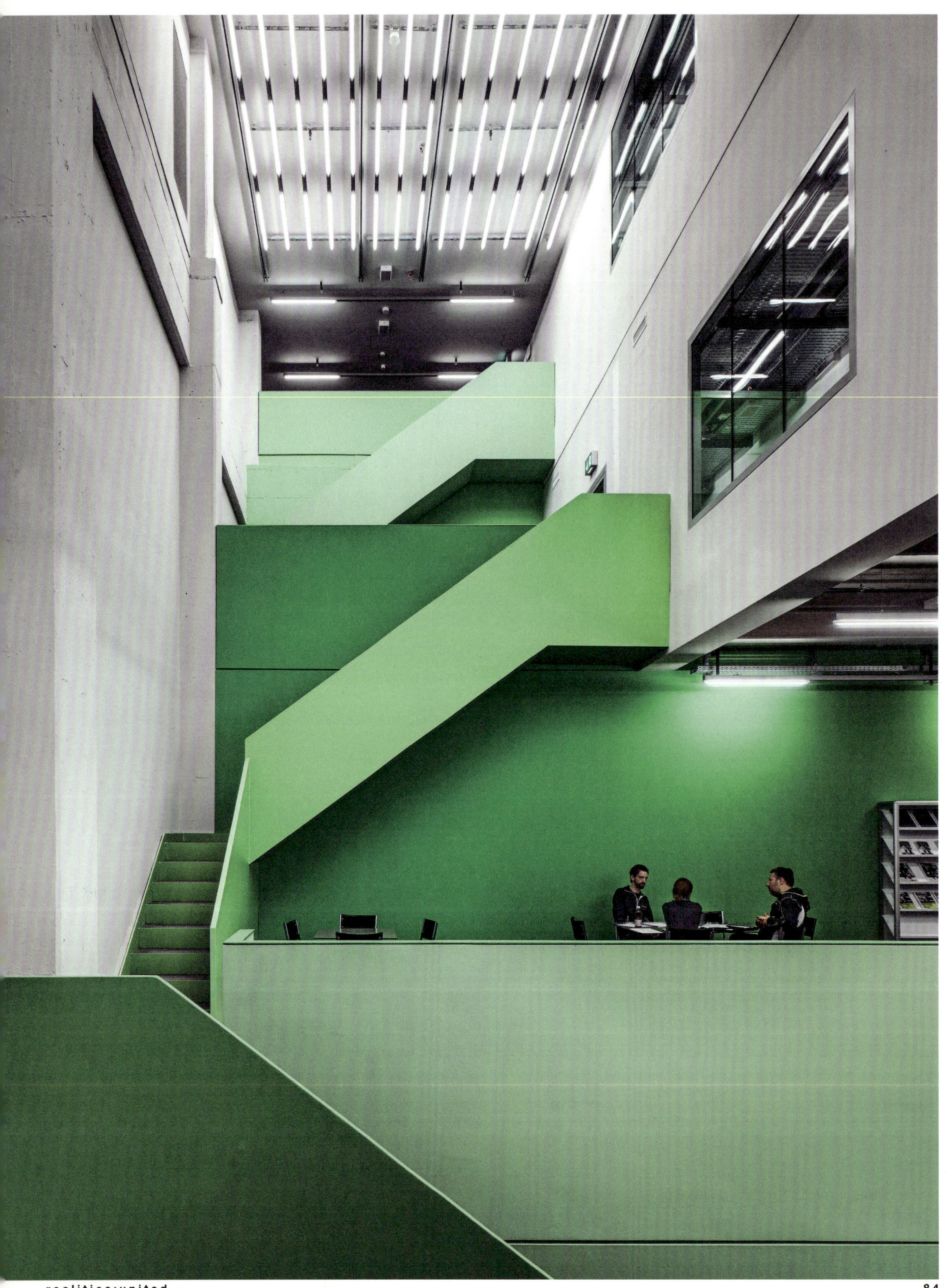

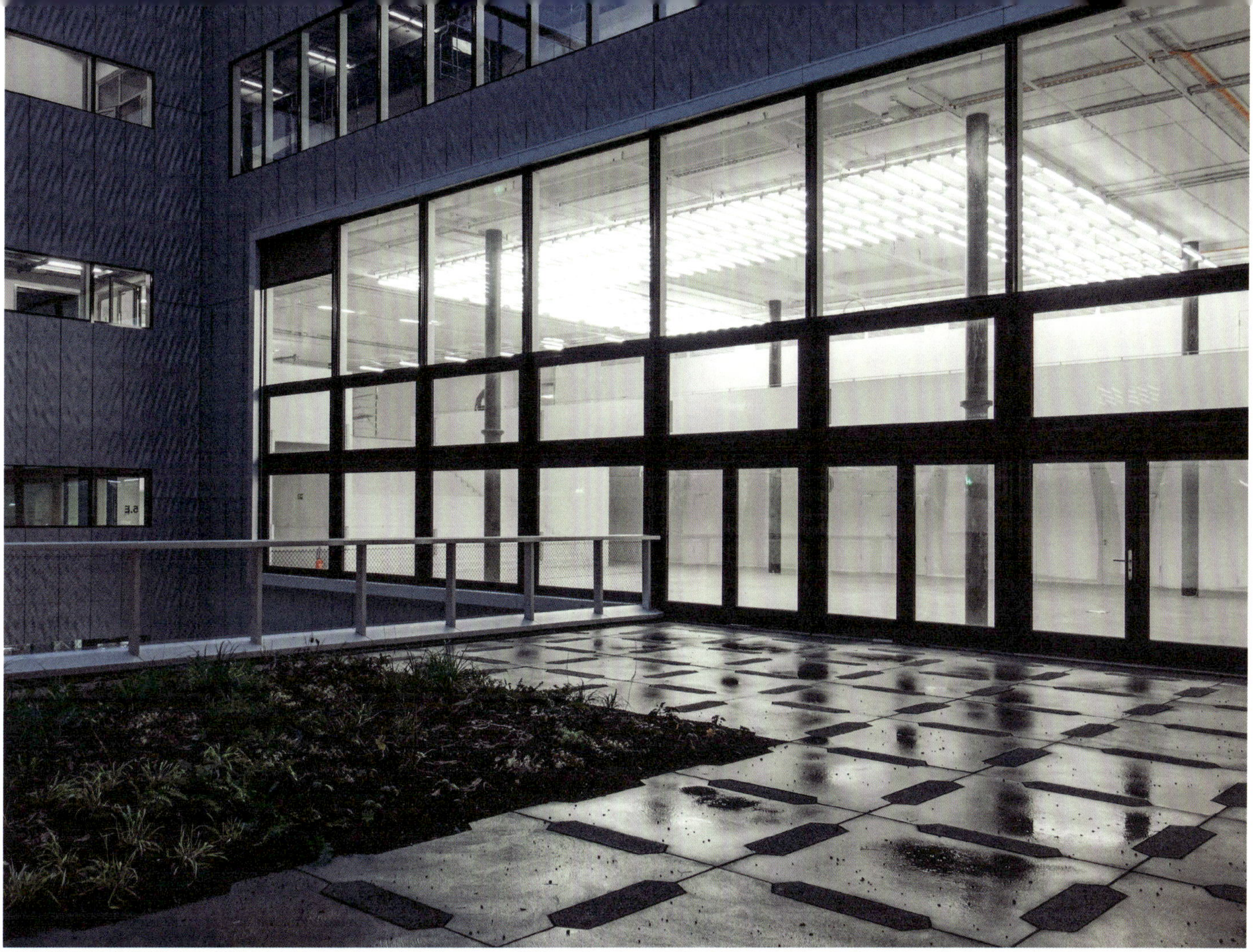

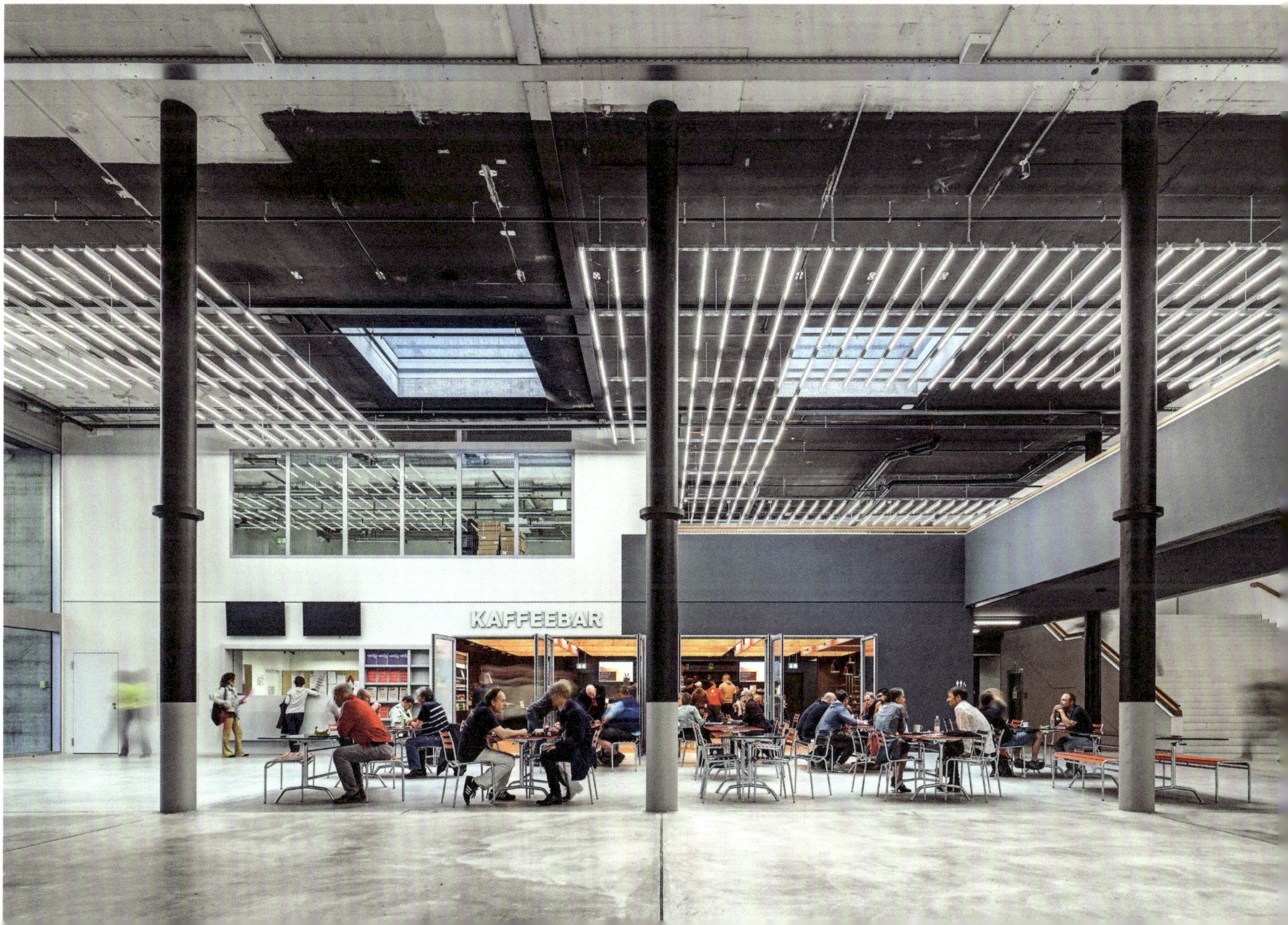

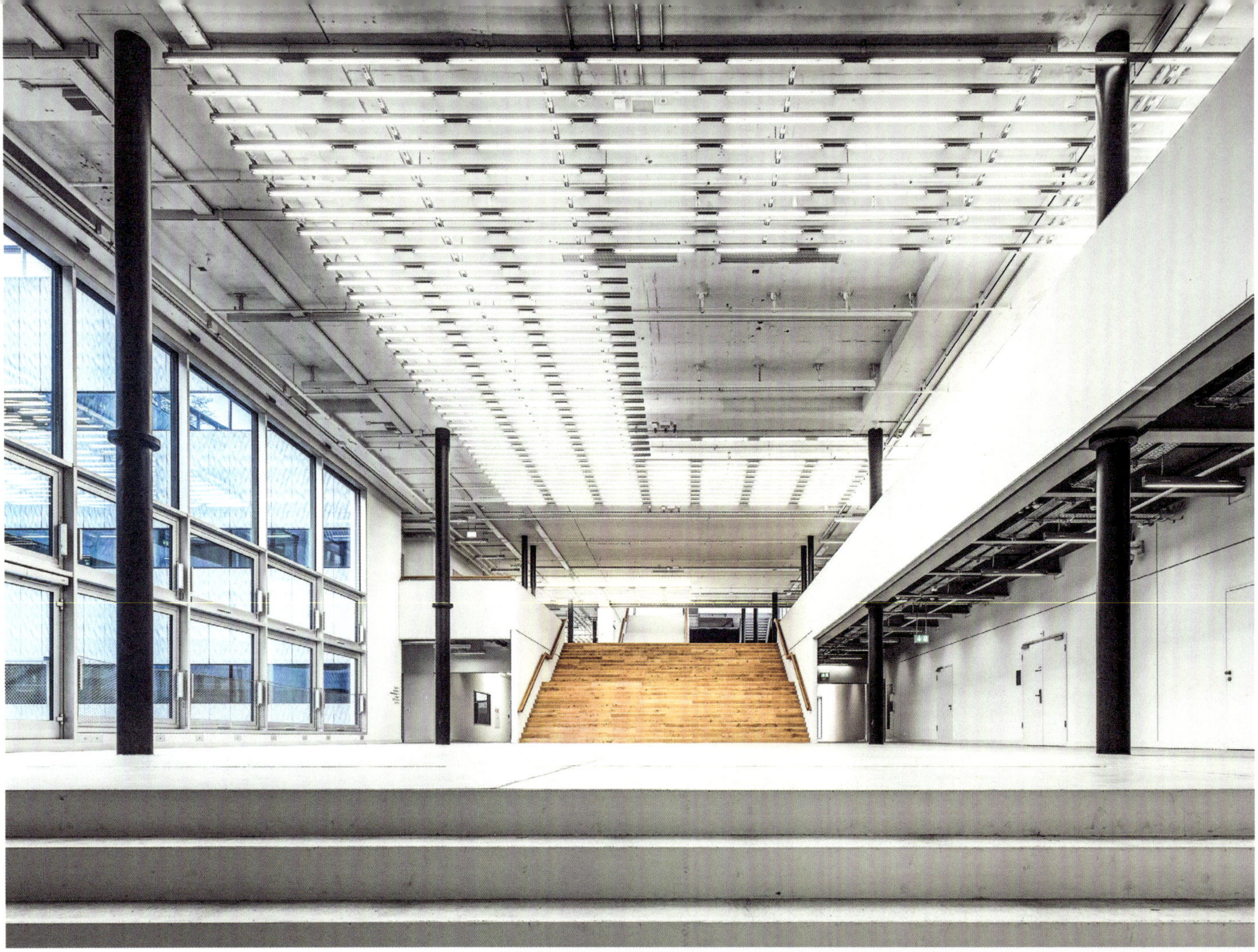

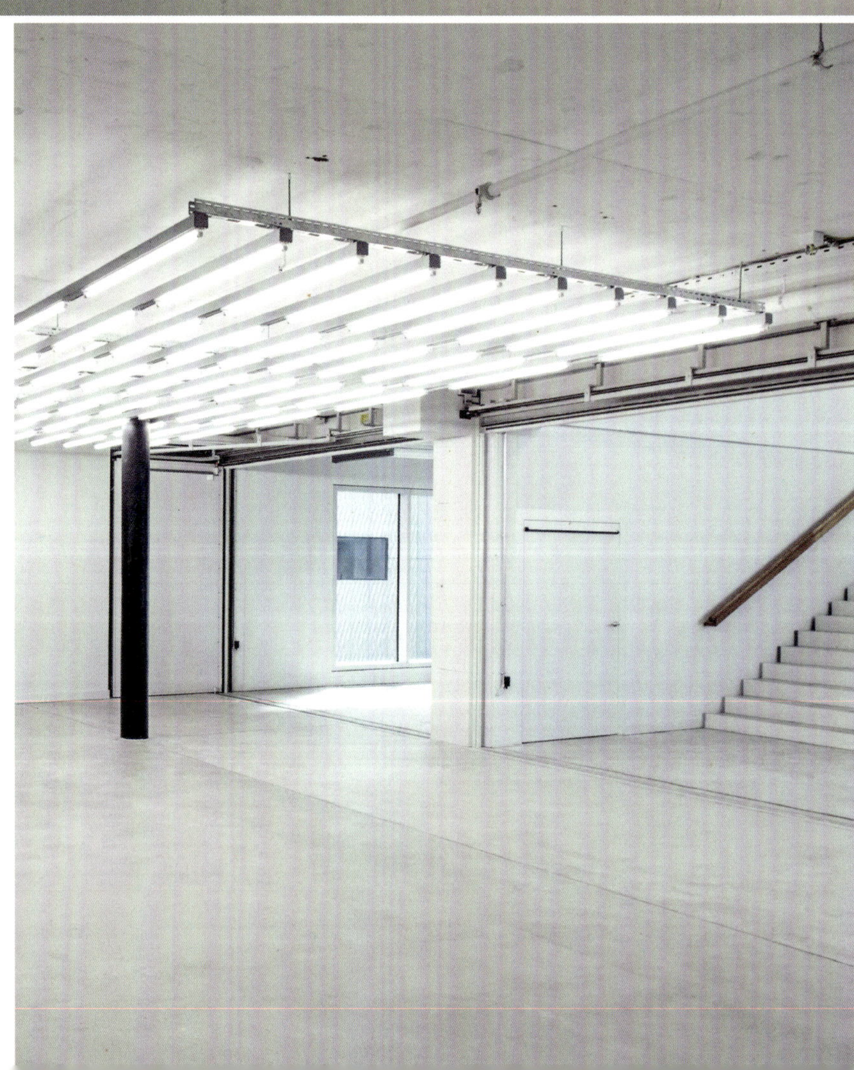

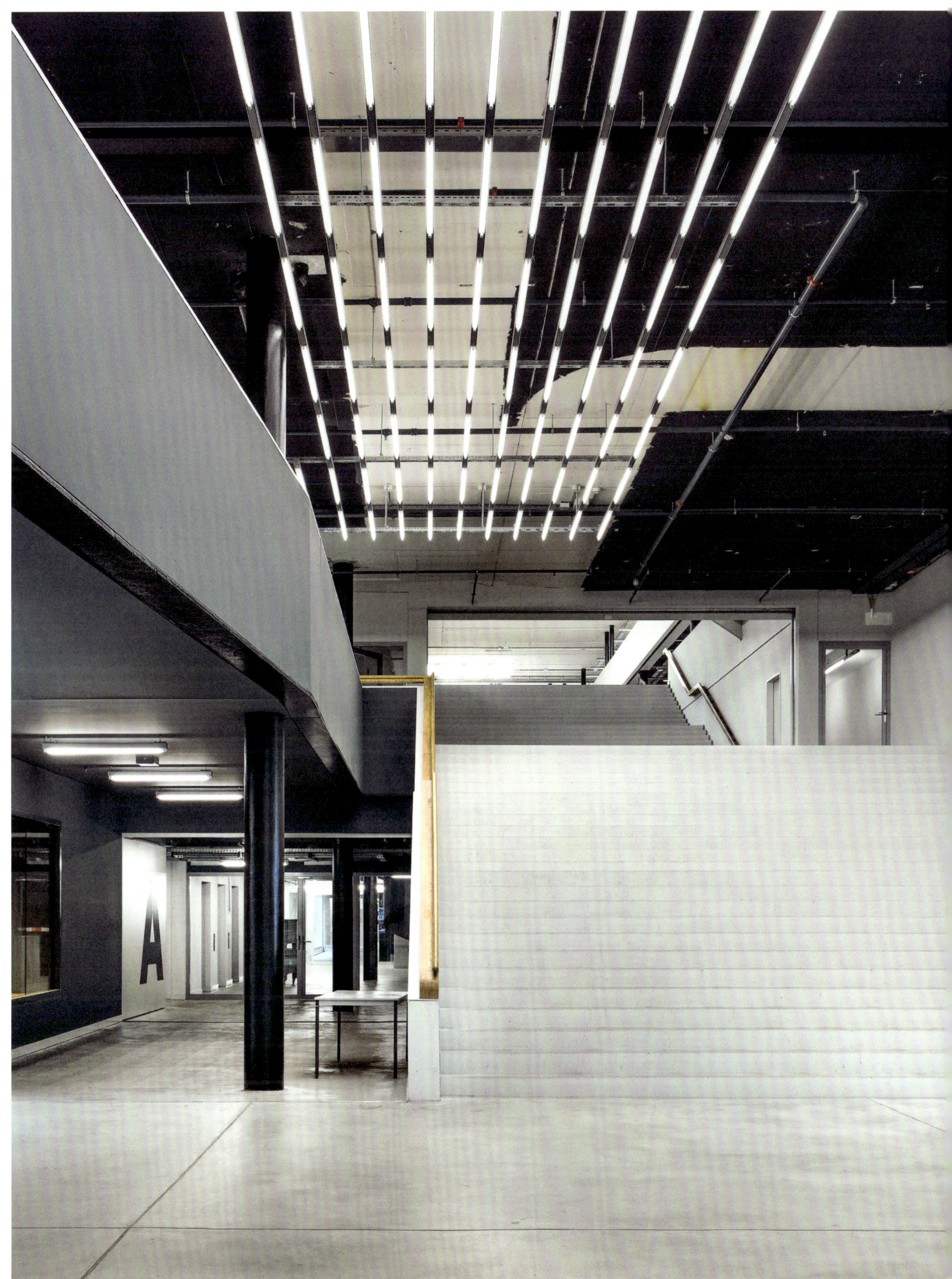
A

2014
Eine Stiftung an die Zukunft

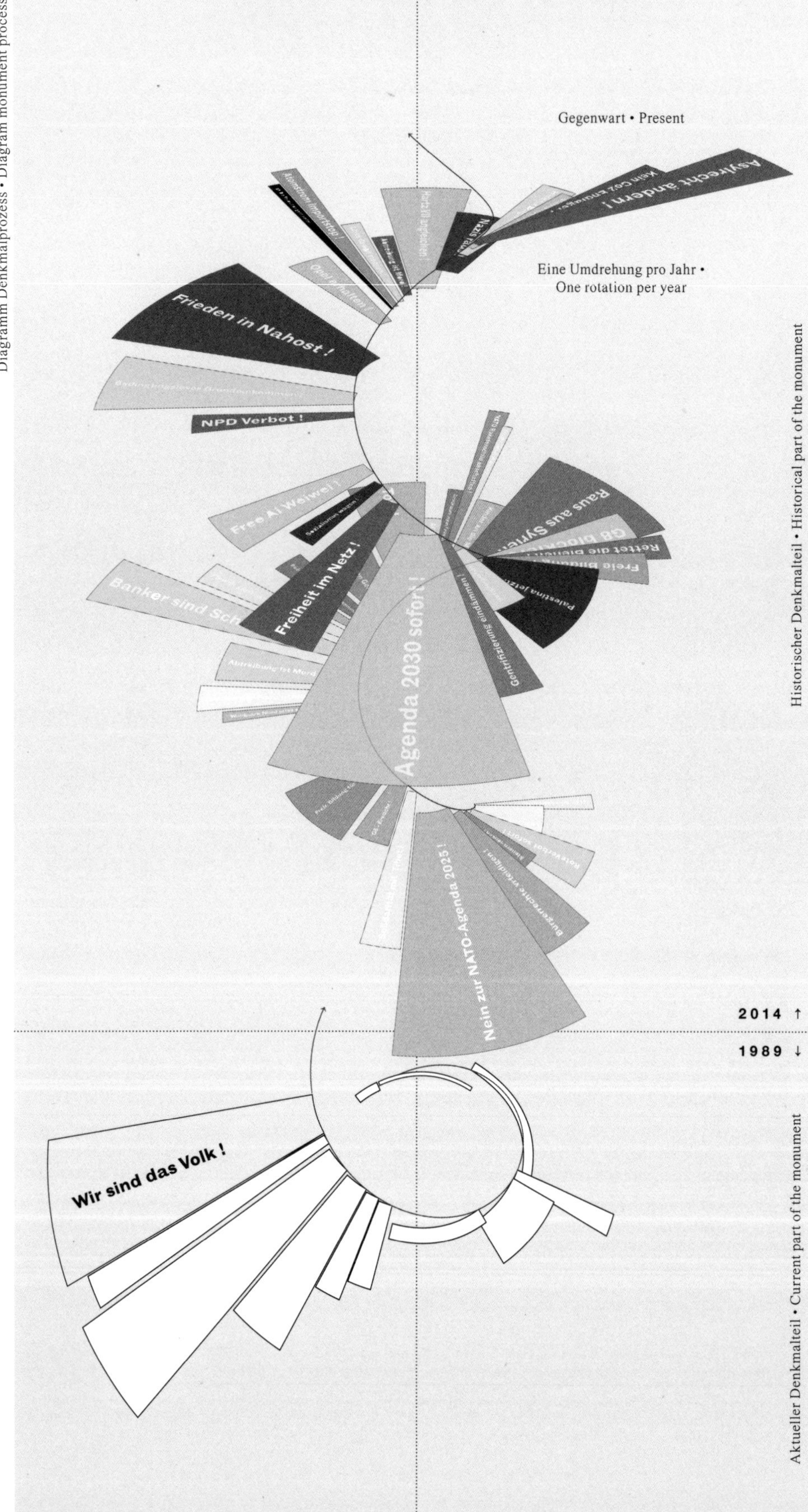

en Einer von drei prämierten und zur Realisierung vorgeschlagenen Beiträge im internationalen Wettbewerb für den Bau des Freiheits- und Einheitsdenkmals in Leipzig.

Der Entwurf des Denkmals rückte den „Geist" der friedlichen Revolution ins Zentrum der Konzeption und wollte diesen in die Zukunft transportieren: Er sah das Denkmal als zeitlich unbegrenzten Prozess zur Förderung des politischen und gesellschaftlichen Engagements vor. Dabei sollte der Denkmalplatz nicht nur als Ort für politische Demonstrationen der Gegenwart dienen, sondern in einer 4000 Quadratmeter großen Platzgrafik auch dauerhaft die von der Bevölkerung geäußerten Forderungen und Anliegen archivieren. Die Protestaktionen sollten als „Segment" eines Kuchendiagramms weithin sichtbar und zeitnah zu der jeweiligen Demonstration direkt auf die Platzoberfläche gemalt werden. Durch die kreisförmige Anordnung und den ständigen Zuwachs an Segmenten hätte sich die Infografik als Sammlung der relevantesten politischen Forderungen und gesellschaftlichen Anliegen der Gegenwart jährlich erneuert, vergangene Forderungen wären sukzessive durch neue übermalt worden. Als Maßstab diente das einzige dauerhafte Kreissegment, welches die Leipziger Montagsdemonstration vom 9. Oktober 1989 mit 70 000 Teilnehmer*innen repräsentiert – diese gilt als die entscheidende Demonstration auf dem Weg zum Sturz des Regimes.

en One of three award-winning entries proposed for realization in the international competition for the construction of the Monument to Freedom and Unity in Leipzig.

The design of the monument put the "spirit" of the peaceful revolution at the center of the concept and sought to transport it into the future: it envisaged the monument as an unlimited process for the promotion of political and social engagement. The memorial square should not only serve as a place for present-day political demonstrations but should also permanently archive the demands and concerns expressed by the population in a 4,000 square meter plaza graphic. The protest actions were to be painted as a "segment" of a pie chart, visible from afar and directly on the surface of the plaza, close to the respective demonstration. Due to the circular arrangement and the constant increase in segments, the annually renewed info-graphic comprises a collection of the most relevant political demands and social concerns of the present, past demands would have been successively painted over by new ones. As a benchmark, the only permanent segment of the circle represents the Monday Demonstration in Leipzig on October 9, 1989, with 70,000 participants – this is regarded as the decisive demonstration on the path to overthrowing the regime.

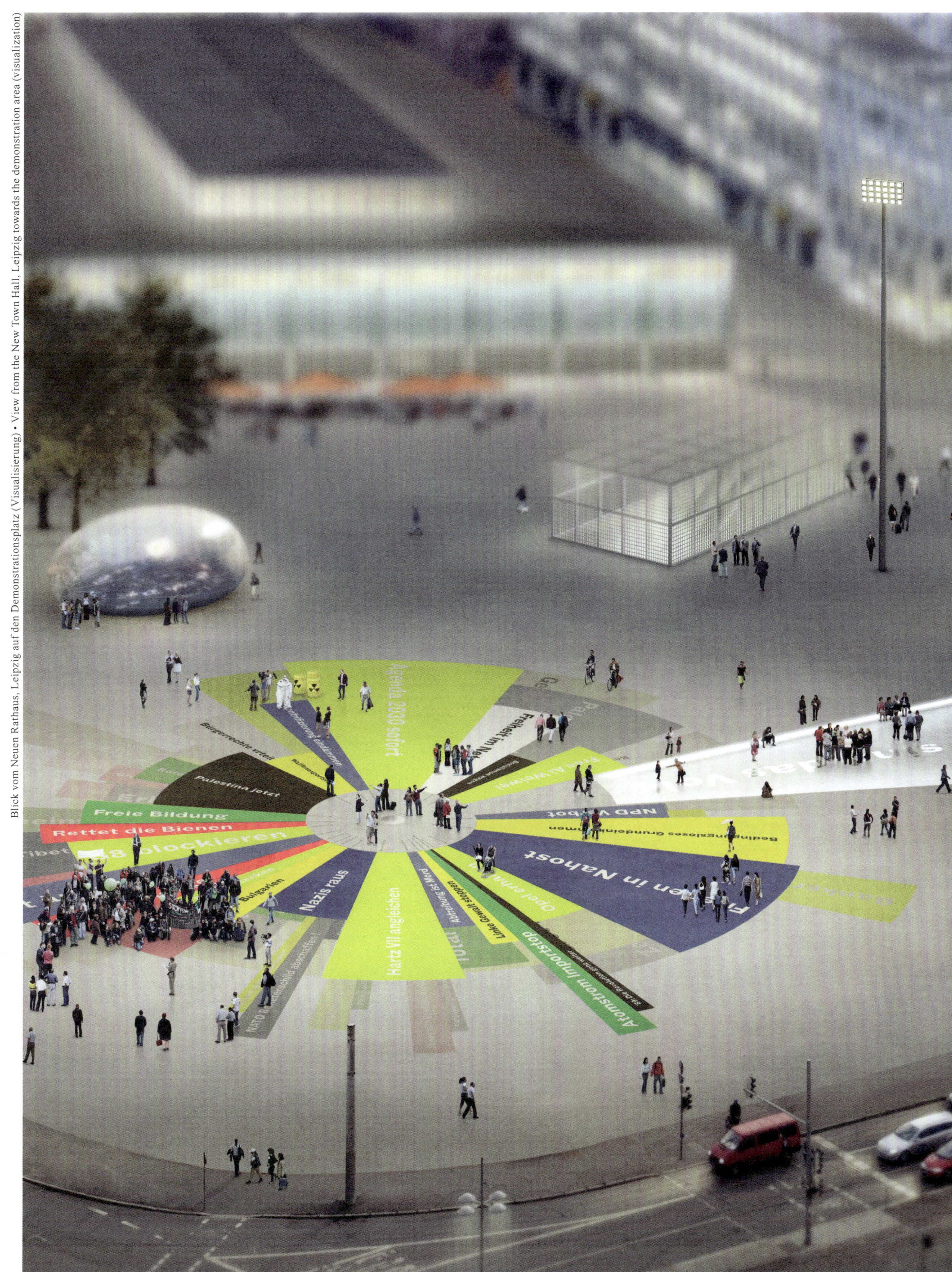

Blick vom Neuen Rathaus, Leipzig auf den Demonstrationsplatz (Visualisierung) • View from the New Town Hall, Leipzig towards the demonstration area (visualization)

2013
Sender

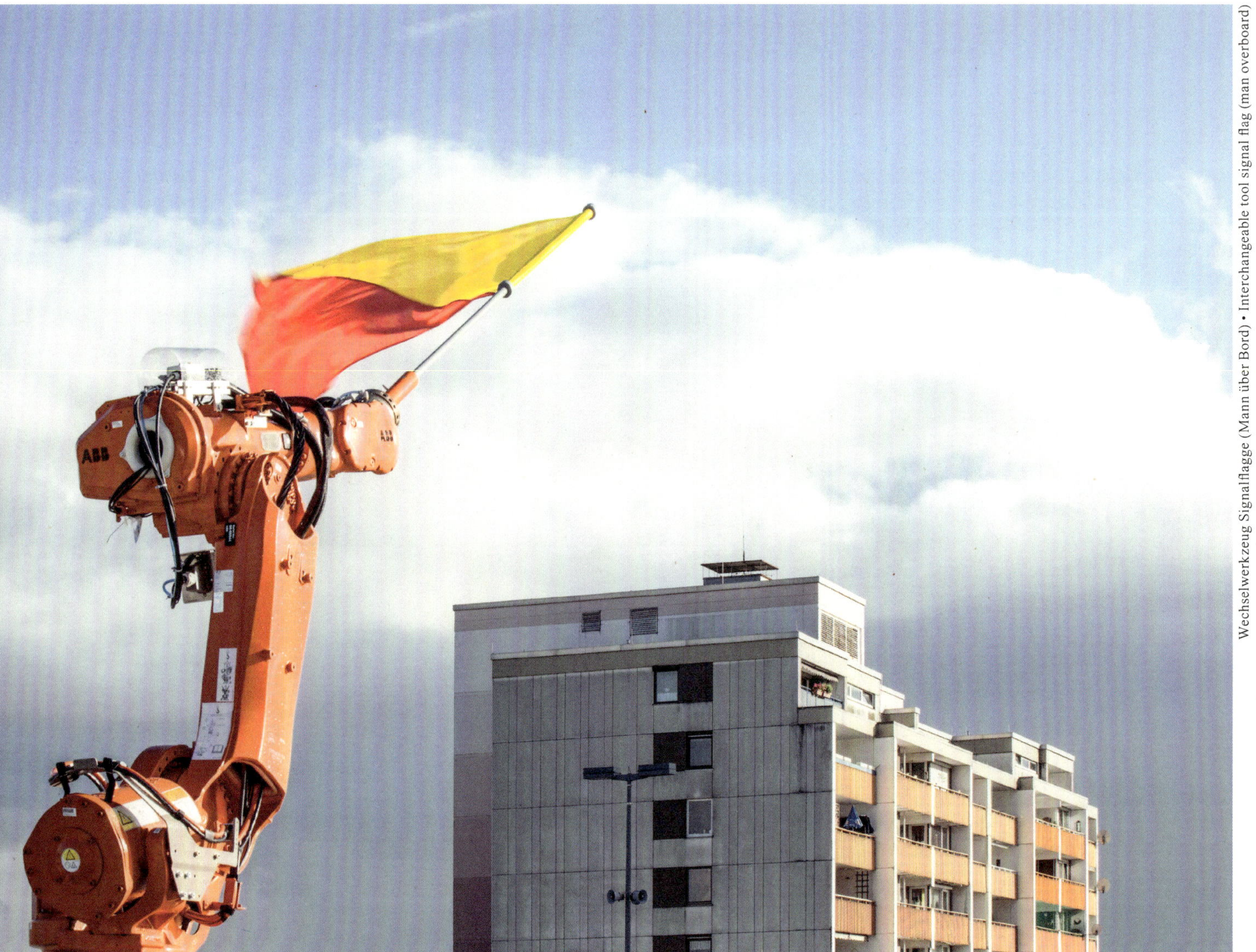

Wechselwerkzeug Signalflagge (Mann über Bord) • Interchangeable tool signal flag (man overboard)

de Sender entstand als temporäre Installation im Rahmen von Urban Lights, einem Lichtkunstfestival von Urbane Künste Ruhr. Ein Industrieroboter stand solitär auf einem verlassenen Parkdeck in Bergkamen und gab mit verschiedenen ihm zur Verfügung stehenden Werkzeugen – einer Signalfahne und einem Leuchtstab – unentwegt Zeichen in den Stadtraum. Ganz offensichtlich agierte der Roboter außerhalb seines angestammten Tätigkeitsfelds: Die Maschine, die normalerweise in der Industrie als höchst produktiver Apparat zur Fertigung von Automobilen eingesetzt wird, wurde zweckentfremdet und führte ein choreografisches Stück ohne augenscheinliche Sinnhaftigkeit auf. Der Roboter vollzog seine Winkbewegungen in ritueller Perfektion, ähnlich des immer wieder geübten „Kata" fernöstlicher Kampfkünste. Dort werden Schlag- und Wurfbewegungen ohne Partner bzw. „Empfänger" ausgeführt. So ist der Sender dabei gleichzeitig sein eigener Adressat. Die Übung wurde zum Selbstzweck, zu einer Meditation über die eigene Vervollkommnung. Der Roboter – ursprünglich nur eine technische Apparatur, jetzt ein subjekthaftes Wesen – optimierte sich mithilfe „geistiger" Übungen selbst.

en Sender was created as a temporary installation as part of Urban Lights, a light art festival by Urbane Künste Ruhr. An industrial robot stood alone on an abandoned parking deck in Bergkamen and continuously transmitted signs into the urban space with the various tools at its disposal – such as a signal flag and a light stick. Clearly, the robot was operating outside its typical field of activity: the machine, which is typically used in industry as a highly productive apparatus for manufacturing automobiles, was re-purposed and performed a choreographic piece without any apparent meaning. The robot carried out its waving movements in ritual perfection, similar to the repeatedly practiced "kata" of Far Eastern martial arts. There, punching and throwing movements are carried out without a partner or "receiver." Thus the transmitter is simultaneously its own addressee. The exercise became an end in itself, a meditation on one's own perfection. The robot – originally only a technical apparatus, now a subjective being – optimized itself with the help of "spiritual" exercises.

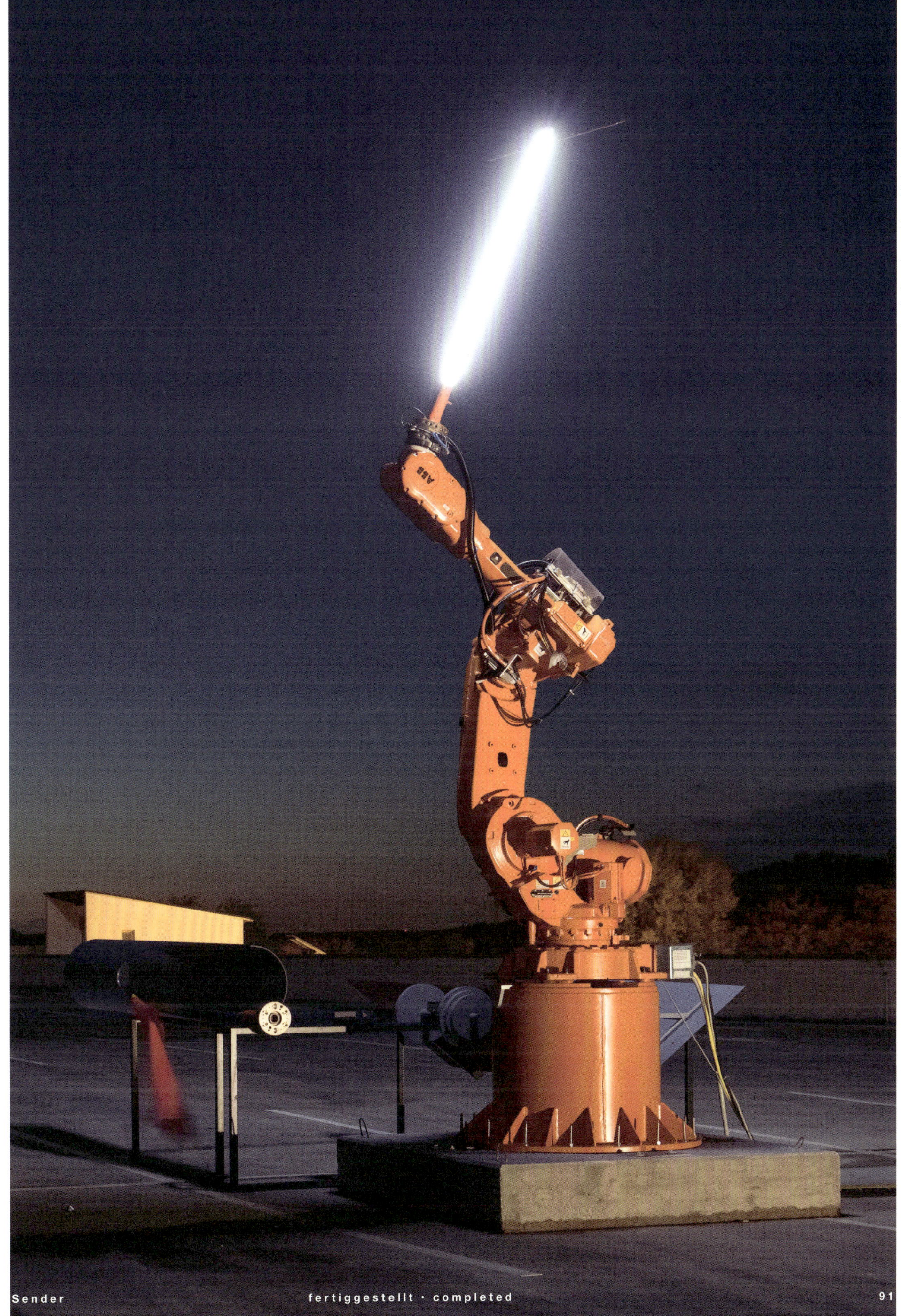

Wechselwerkzeug Leuchtstab • Interchangeable tool light stick

Wechselwerkzeug Dach (Regenschutz) • Interchangeable tool roof (rain protection)

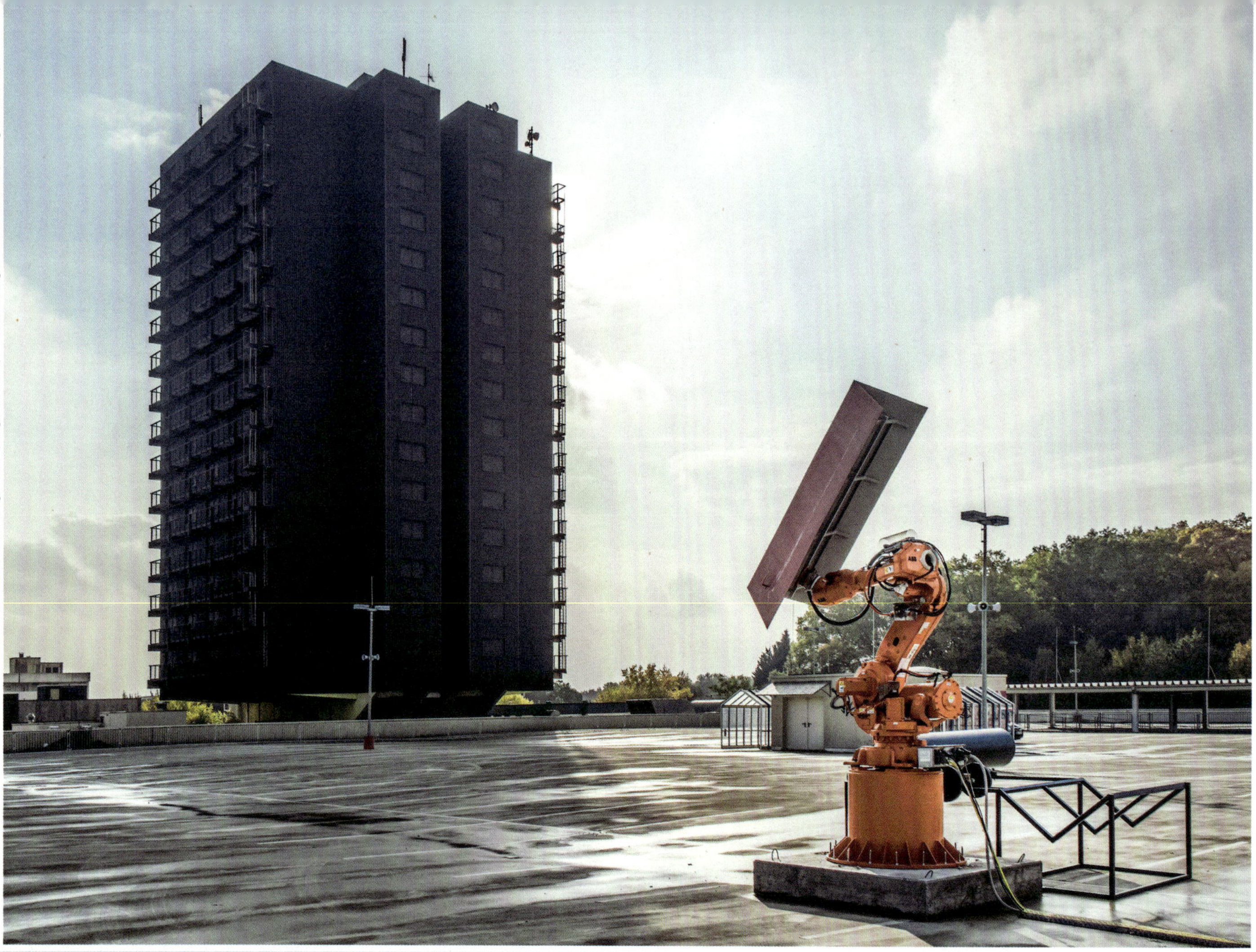

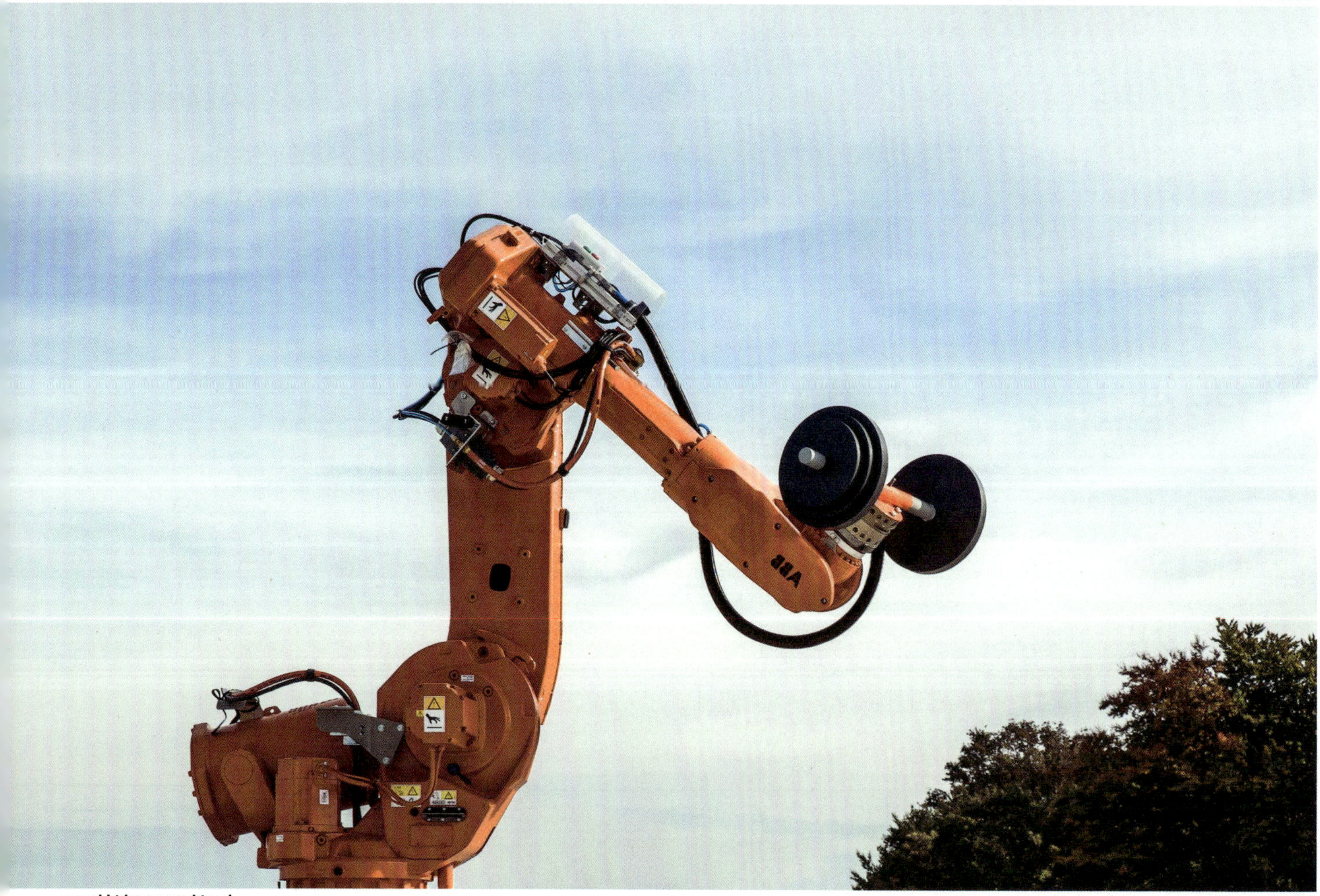

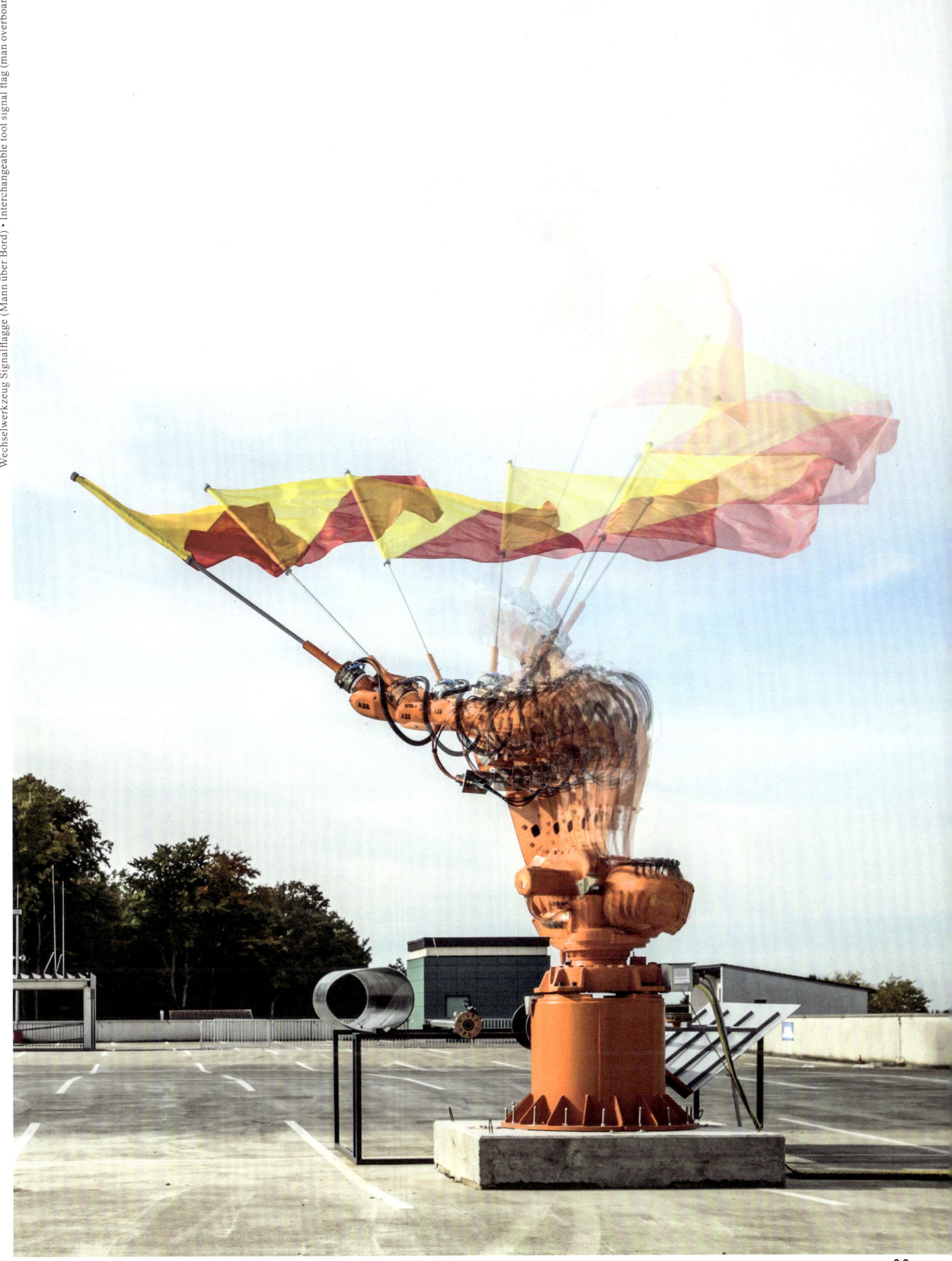

Wechselwerkzeug Signalflagge (Mann über Bord) • Interchangeable tool signal flag (man overboard)

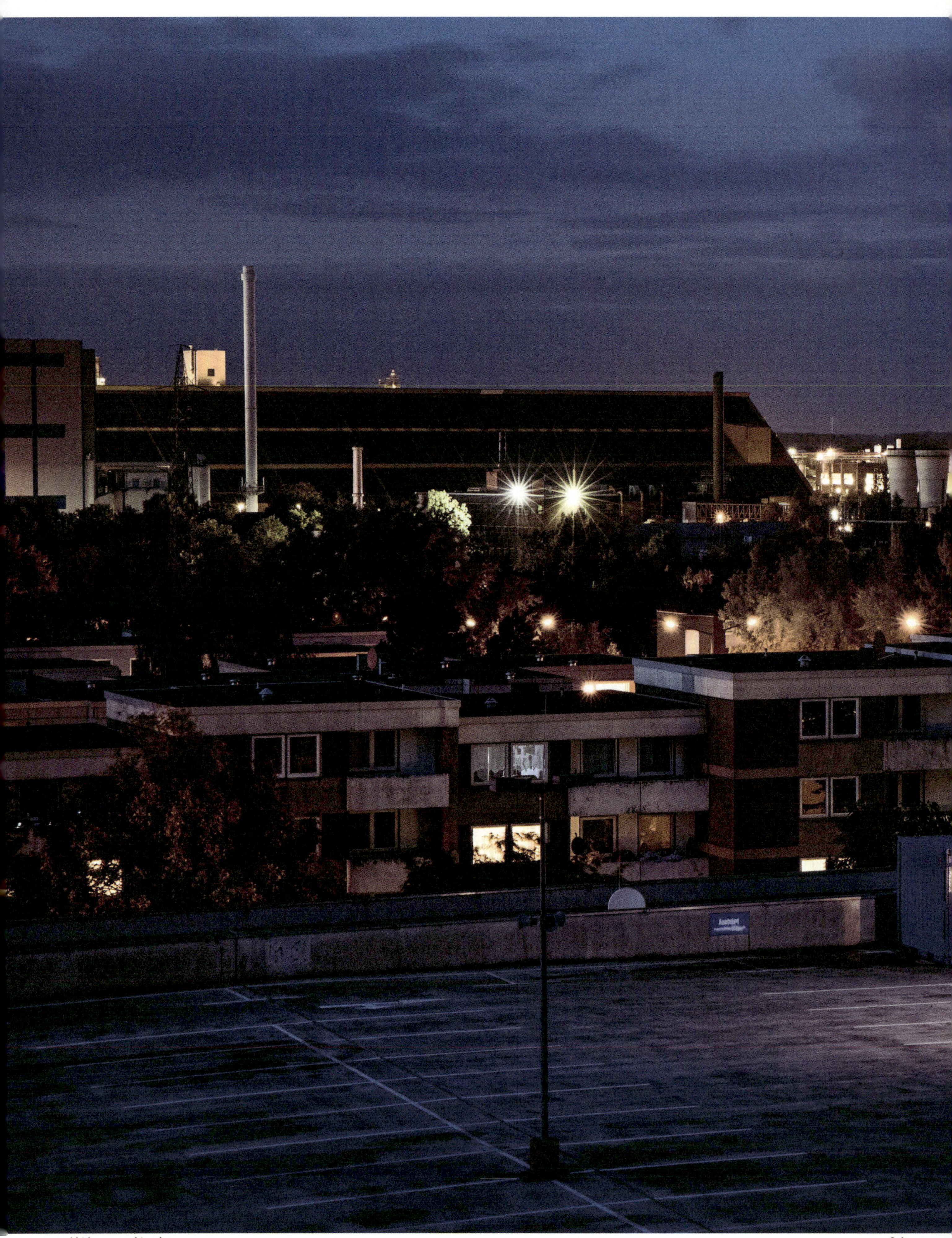

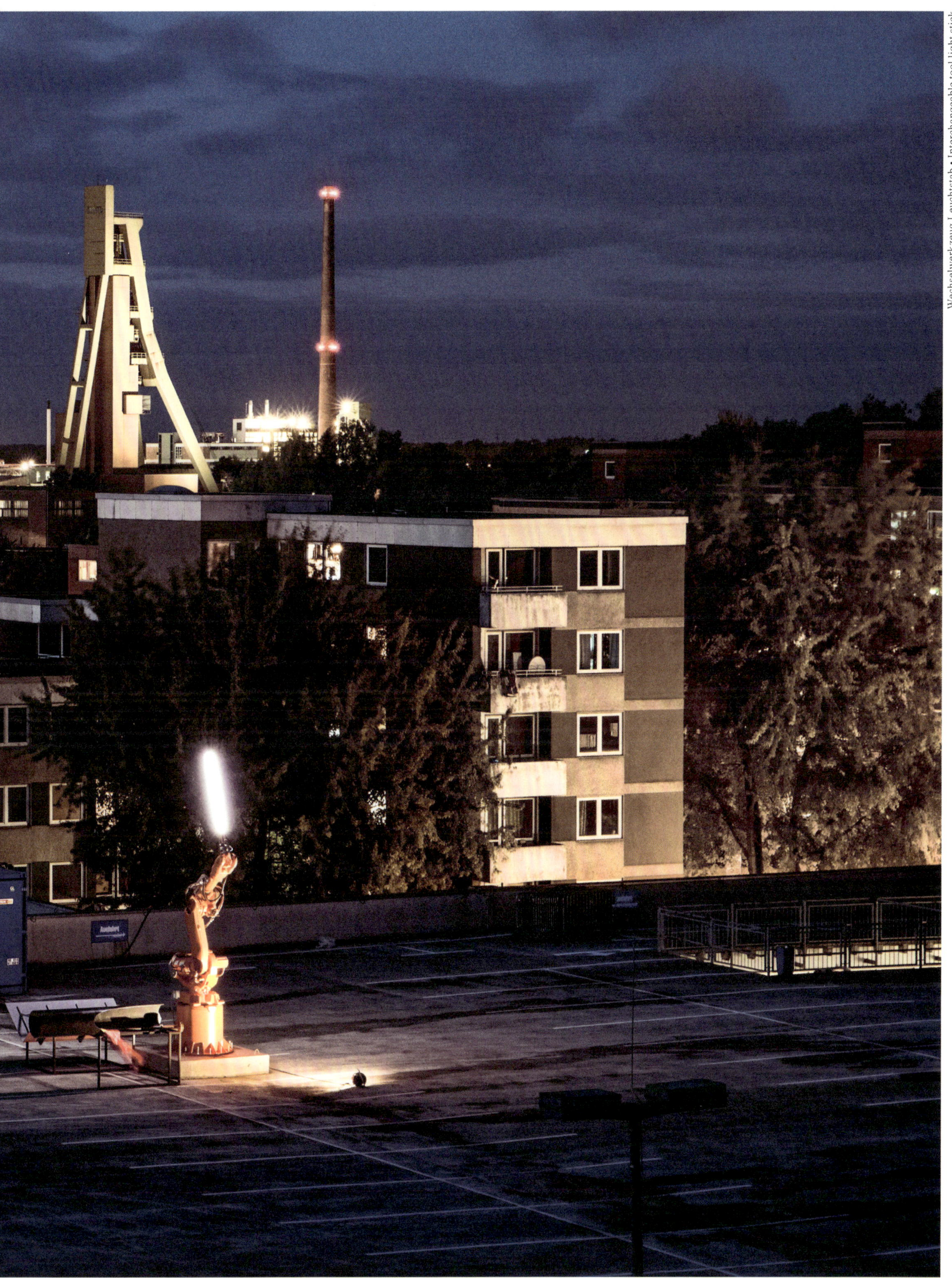

Wechselwerkzeug Leuchtstab • Interchangeable tool light stick

2×5 (Brothers)

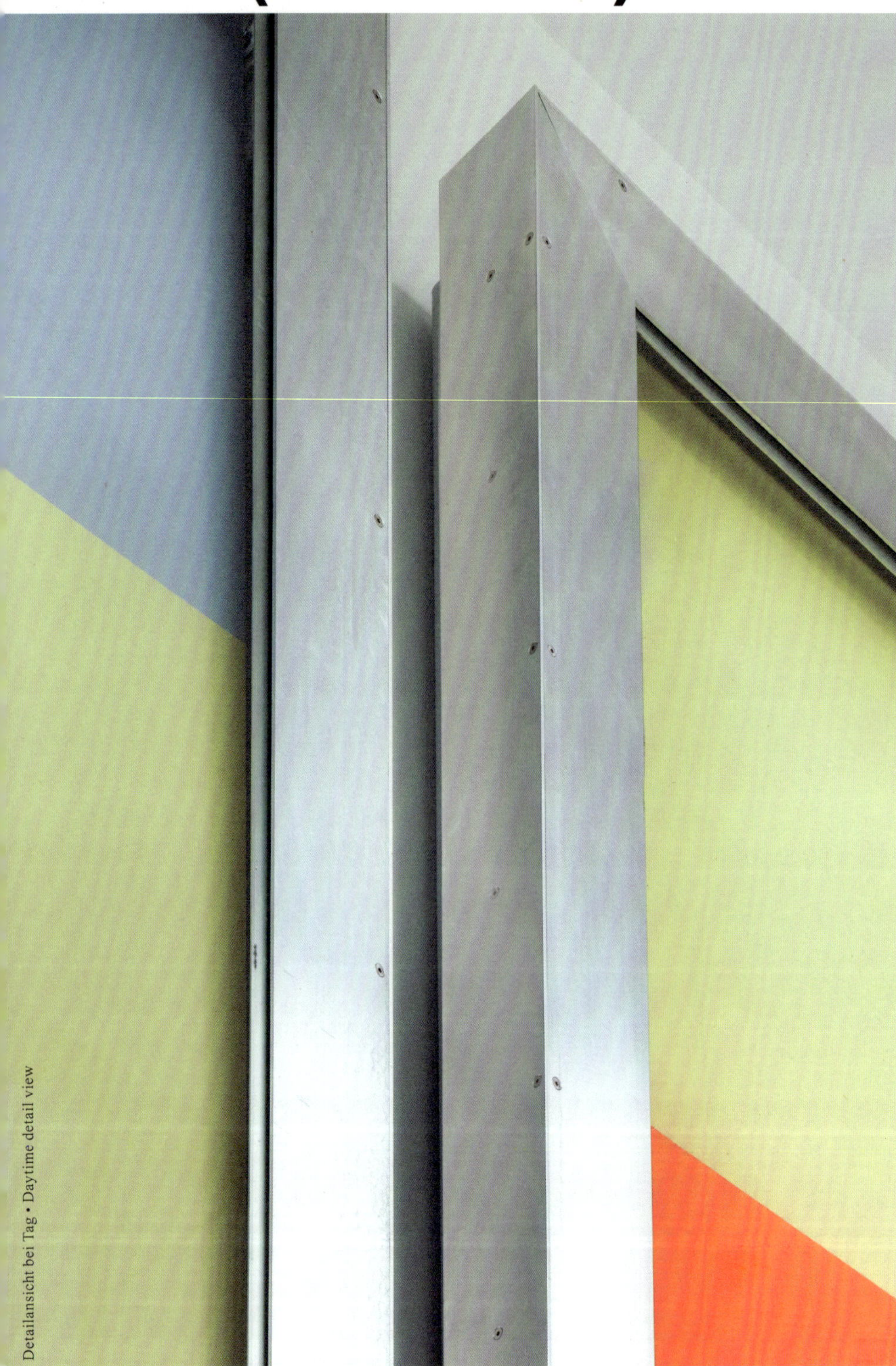

Detailansicht bei Tag • Daytime detail view

de 2×5 (Brothers) ist eine kinetische Installation, die im Rahmen eines eingeladenen Kunst-am-Bau-Wettbewerbs für die Brown University in Providence, USA realisiert wurde.

Herkömmliche „Plakatwechsler" aus der Werbeindustrie im Sonderformat, die mit motorisierten Wickelkernen betrieben werden, wurden mit bedruckten Textilbahnen bestückt, die sich in jeweils fünf monochrome Farbfelder aufteilen. Eine gemeinsame Steuerung koordiniert per Algorithmus die Bewegung der beiden nebeneinander gehängten und hinterleuchteten Maschinen. Mit einer Wechselfrequenz von zwei bis vier Ereignissen pro Tag ist diese zeitbasierte Arbeit nur für sehr aufmerksame Betrachter*innen als solche erkennbar. Die beiden Apparate sind so programmiert, dass sie zunächst meist synchron eine Vollfarbe zeigen; gelegentlich verharren die Maschinen aber auch in einer Halb- oder Viertelposition, sodass zwei Farbfelder auf einer Bahn zu sehen sind. Mit dem Verlauf des akademischen Jahres wird die Bewegung der Apparate jedoch immer unvorhersehbarer und komplexer im Verhalten, und die Wahrscheinlichkeit steigt, dass die beiden ein voneinander vollkommen losgelöstes Verhalten zeigen. Die Nutzer*innen des Gebäudes – überwiegend Studierende oder Mitarbeiter*innen der Universität – können die Änderung des Farbcodes und insbesondere die schleichende Erosion der Verhaltensmuster der Installation erst über eine längere Beobachtungsdauer wahrnehmen. War da gestern nicht etwas anderes …?

en 2×5 (Brothers) is a kinetic installation realized as part of an invitation to participate in a competition of art in public space at Brown University in Providence, USA.

Conventional "poster scrollers" from the advertising industry in a specific format, which are operated with motorized winding cores, were equipped with printed textile sheets, each divided into five monochrome color fields. A conventional control system uses an algorithm to coordinate the movement of the two backlit machines suspended next to each other. With an alternating frequency of two to four changes per day, this time-based work can only be recognized as such by very attentive viewers. The two devices are programmed so that they initially show a full color synchronously; occasionally, however, the machines remain in a half or quarter position, so that two color patches can be seen on a track. As the academic year progresses, the movement of the machines becomes increasingly unpredictable and complex in behavior, and the likelihood increases that the two will behave entirely independently of each other. The users of the building – mainly university students or staff – can only perceive the change in the color code and, in particular, the creeping erosion of the installation's behavior patterns over a longer period of observation. Wasn't there something else yesterday …?

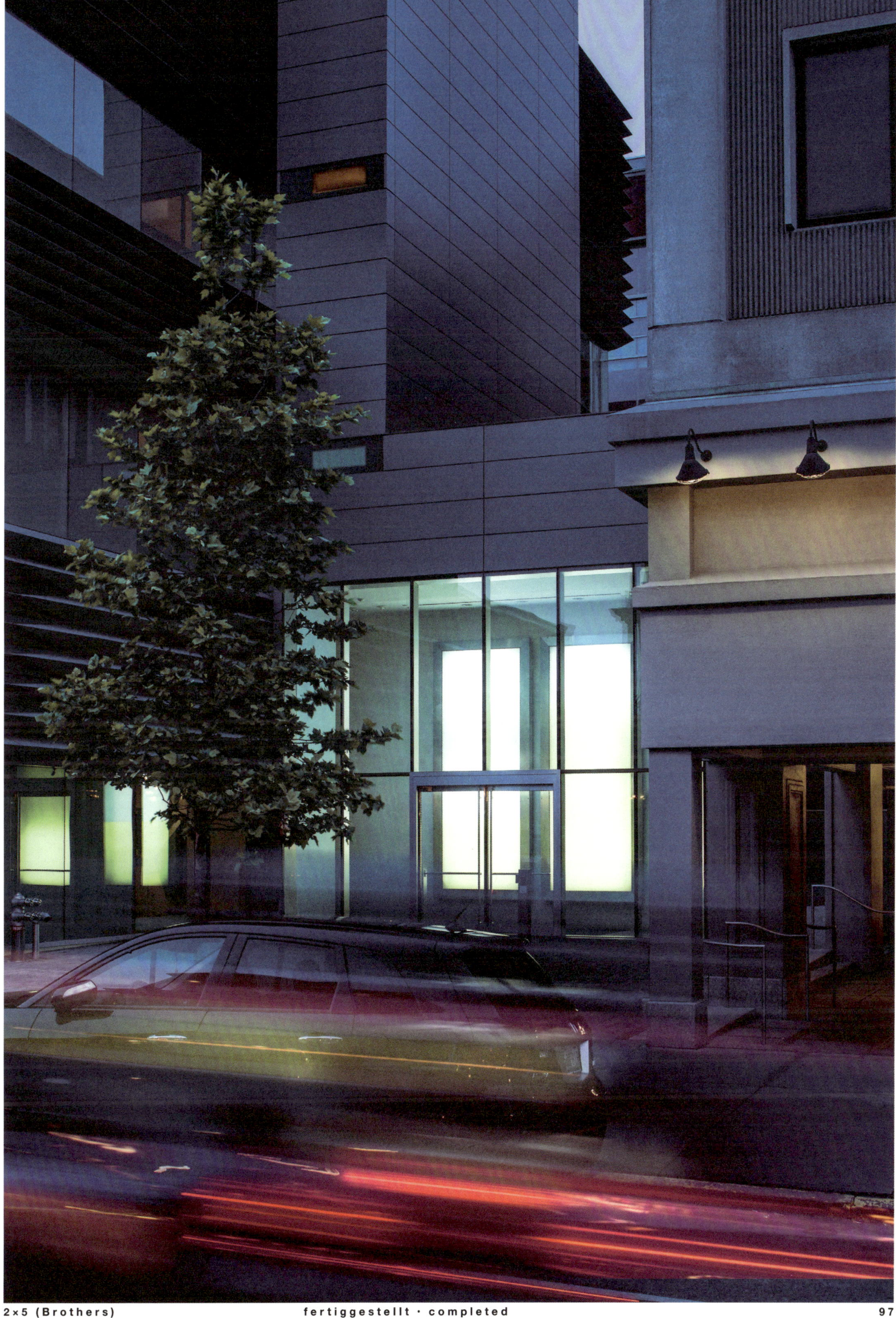

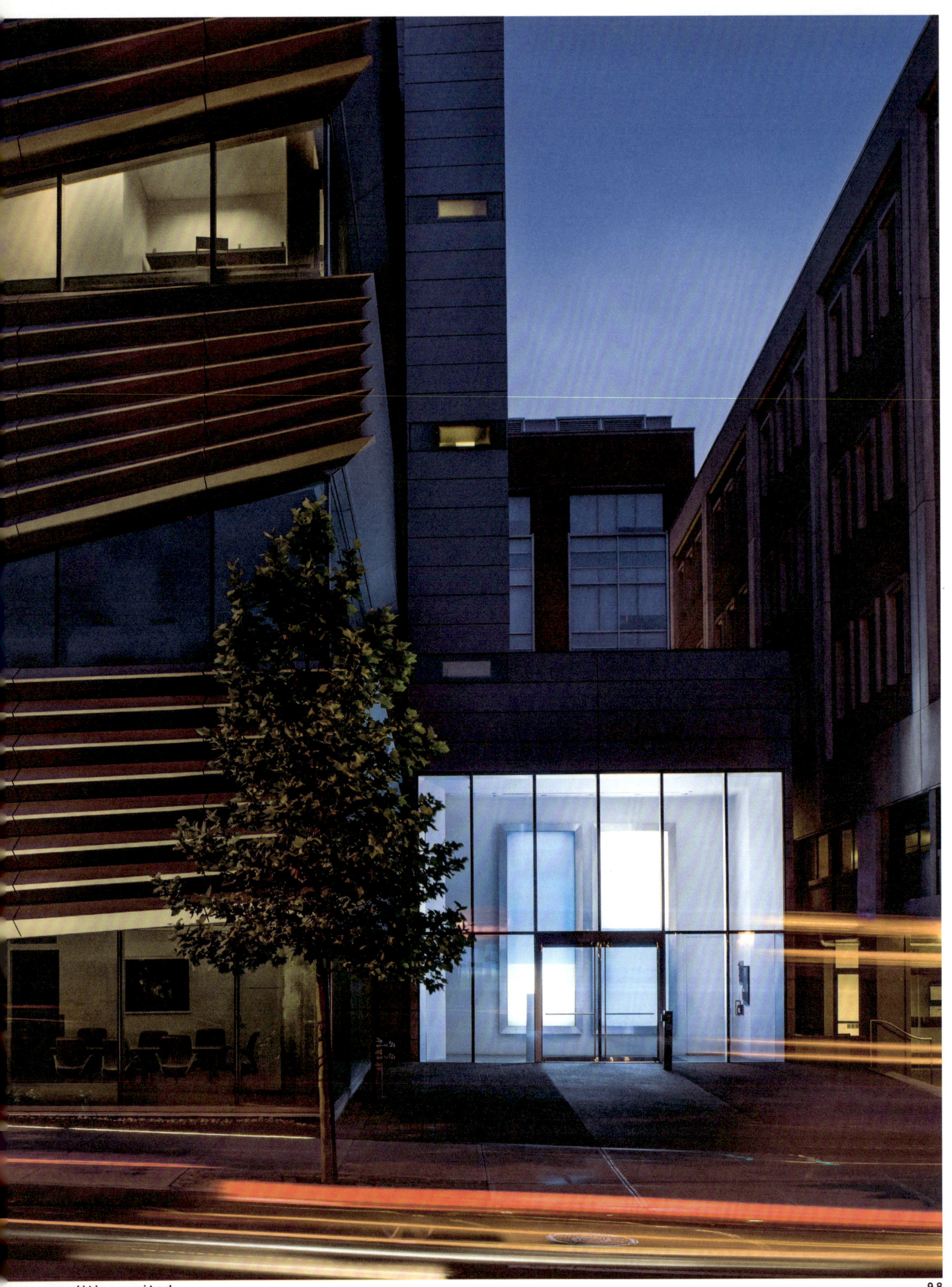

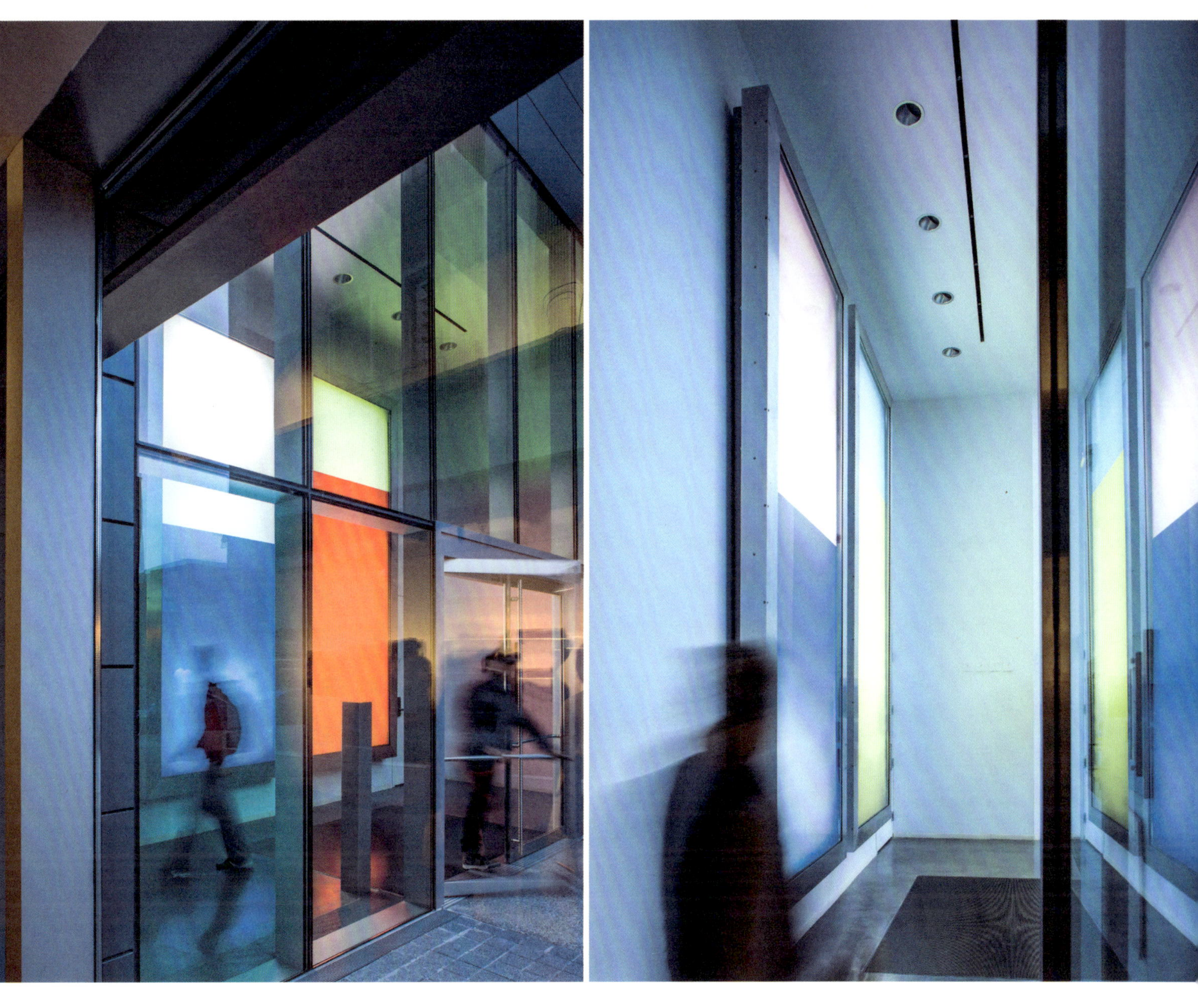

2006 MuseumX

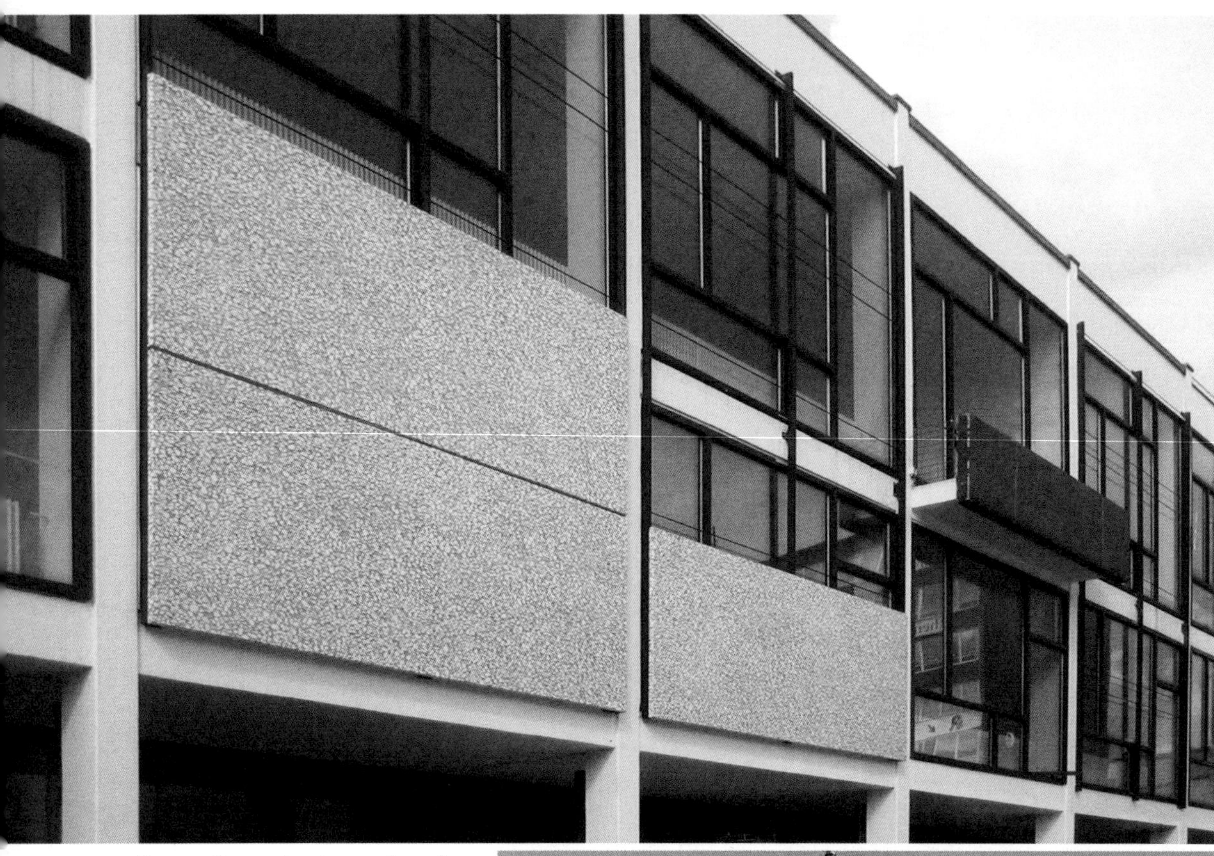

Installation der textilbespannten Fassadenpaneele • Installation of textile-covered façade panels

de MuseumX war eine temporäre urbane Installation in Mönchengladbach, die 2006 im Rahmen der sanierungsbedingten, einjährigen Schließung des von Hans Hollein gebauten städtischen Museums Abteiberg entstand. Um trotz seiner zeitweiligen Schließung für die Bevölkerung sichtbar zu bleiben, beauftragte das Museum realities:united mit der Entwicklung einer „Stellvertreter-Skulptur" für den Stadtraum.

Doch anstatt eine solche Skulptur zu realisieren, transformierten realities:united das leer stehende und dem Abriss geweihte zentral gelegene Schauspielhaus in ein imaginäres „Ersatz-Museum": Textilbespannte Stahlrahmen, versehen mit einem hochwertigen Druck eines von der Berliner Akademie der Künste entliehenen Waschbeton-Motivs, wurden der eigentlichen Architektur vorgehängt und erzeugten so den Eindruck einer monumentalen Museumsfassade im Stil der Nachkriegsmoderne. Die von dienstags bis sonntags geöffnete Museumssimulation wurde ergänzt durch ein durch wenige Einbauten erzeugtes Museumsfoyer samt Shop, Kasse und Museumspersonal – nur die Ausstellung der Sammlung fehlte.

Das MuseumX fungierte nicht nur als visueller Platzhalter für das geschlossene Museum, sondern insbesondere auch als Katalysator zur gesellschaftlichen Diskussion der damaligen umstrittenen Stadtentwicklungspolitik. Diese hielt zur Revitalisierung des Stadtzentrums den Abriss des seit 1998 ungenutzten und denkmalschutzwürdigen Theaterbaus und an dessen Stelle den Bau einer Shoppingmall als einzige Lösung bereit.

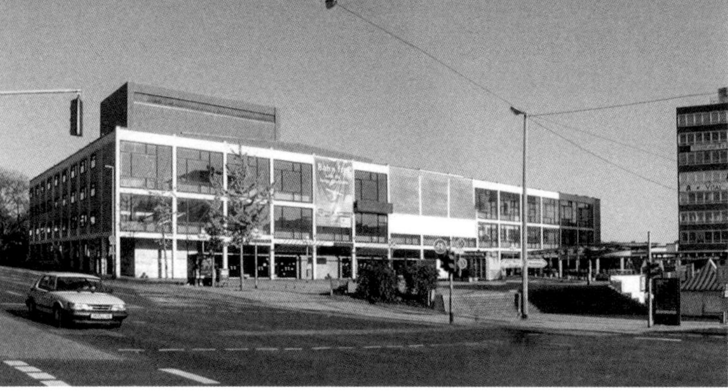

Ursprungszustand • Original state

en MuseumX was a temporary urban installation created in 2006 in Mönchengladbach as part of the Museum Abteiberg. The museum, built by Hans Hollein, was being closed for one year for renovation. In order to remain visible to the population despite its temporary closure, the museum commissioned realities:united to develop a "representative sculpture" for the urban space.

But instead of realizing such a sculpture, realities:united transformed the centrally-located, vacant Schauspielhaus (theater), which was doomed for demolition, into an imaginary "substitute museum": textile-covered steel frames, outfitted with a high-quality print of a washed-out concrete motif borrowed from Berlin's Akademie der Künste, were hung in front of the actual architecture, thus creating the impression of a monumental museum façade in a post-war modernist style. The museum simulation, which was open from Tuesday to Sunday, was supplemented with a museum foyer with shop and cash desk, created through a few built-in elements, as well as a museum staff – only the collection's exhibition was missing.

MuseumX not only served as a visual placeholder for the closed museum but in particular, it also catalyzed social discussion about the controversial urban development policy at the time. In order to revitalize the city center, the policies had slated the theater building, which had been unused since 1998 and was worthy of urban heritage conservation, for demolition and proposed the construction of a shopping mall in its place as the only solution.

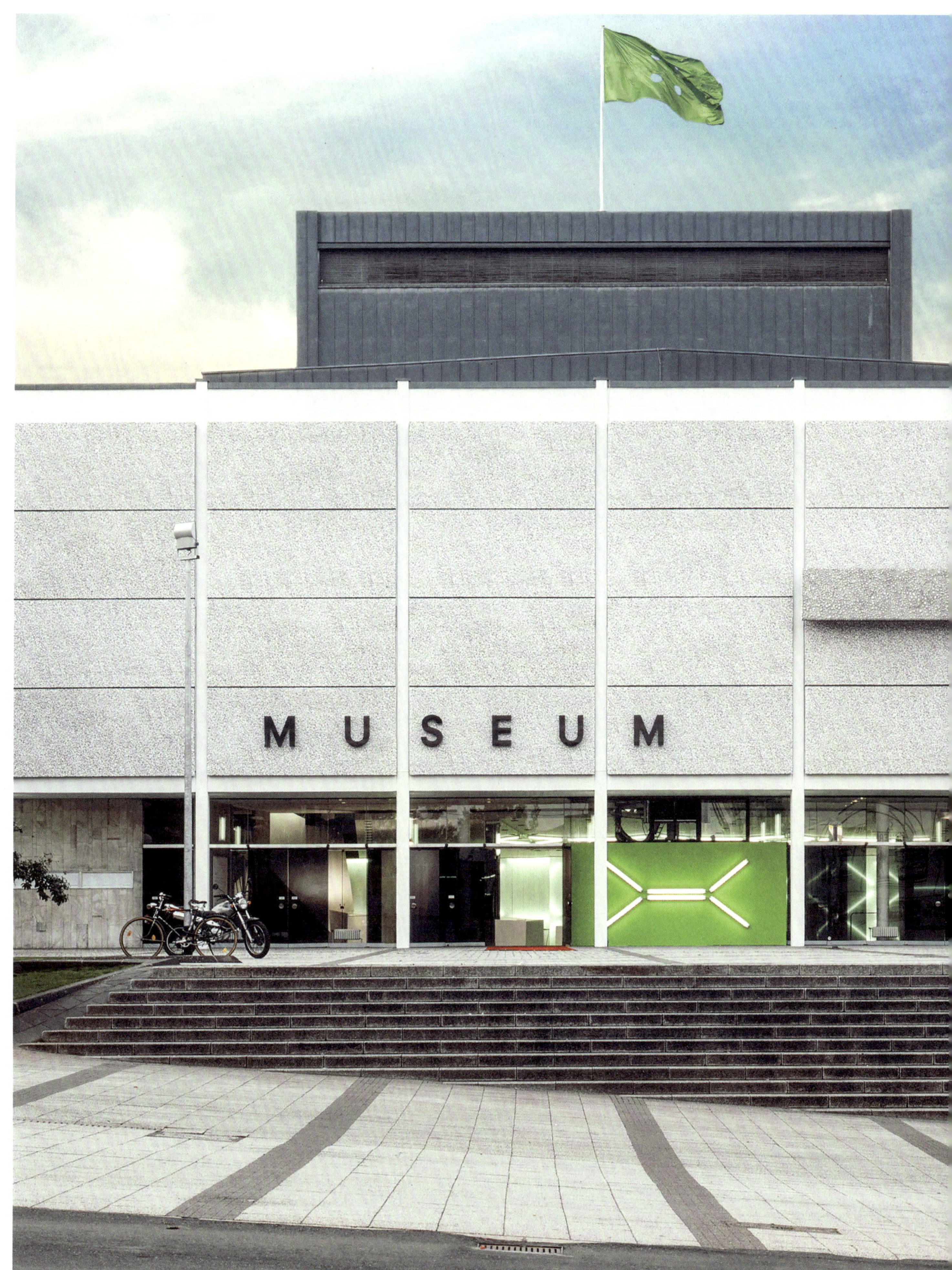
MUSEUM

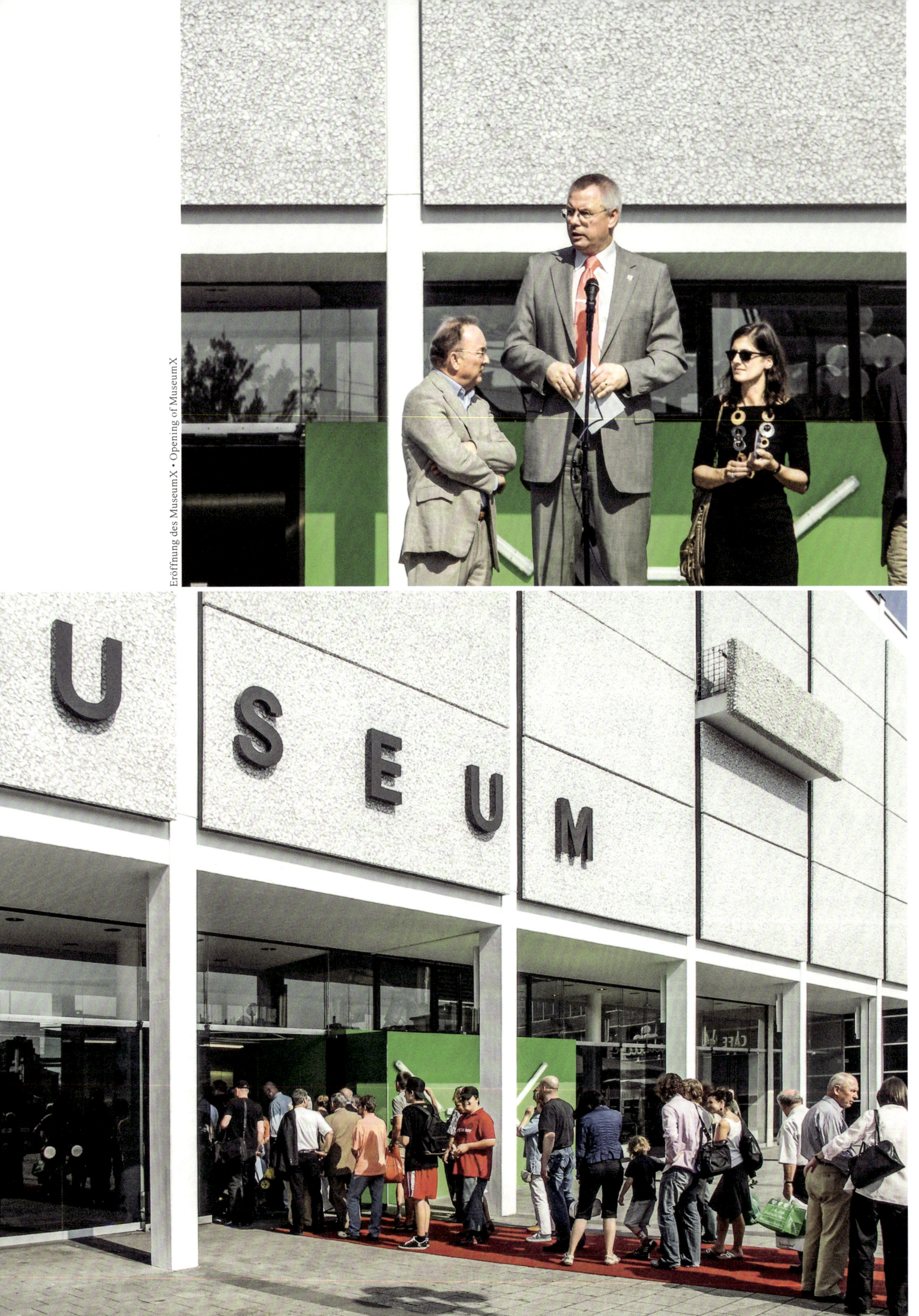

Eröffnung des MuseumX • Opening of MuseumX

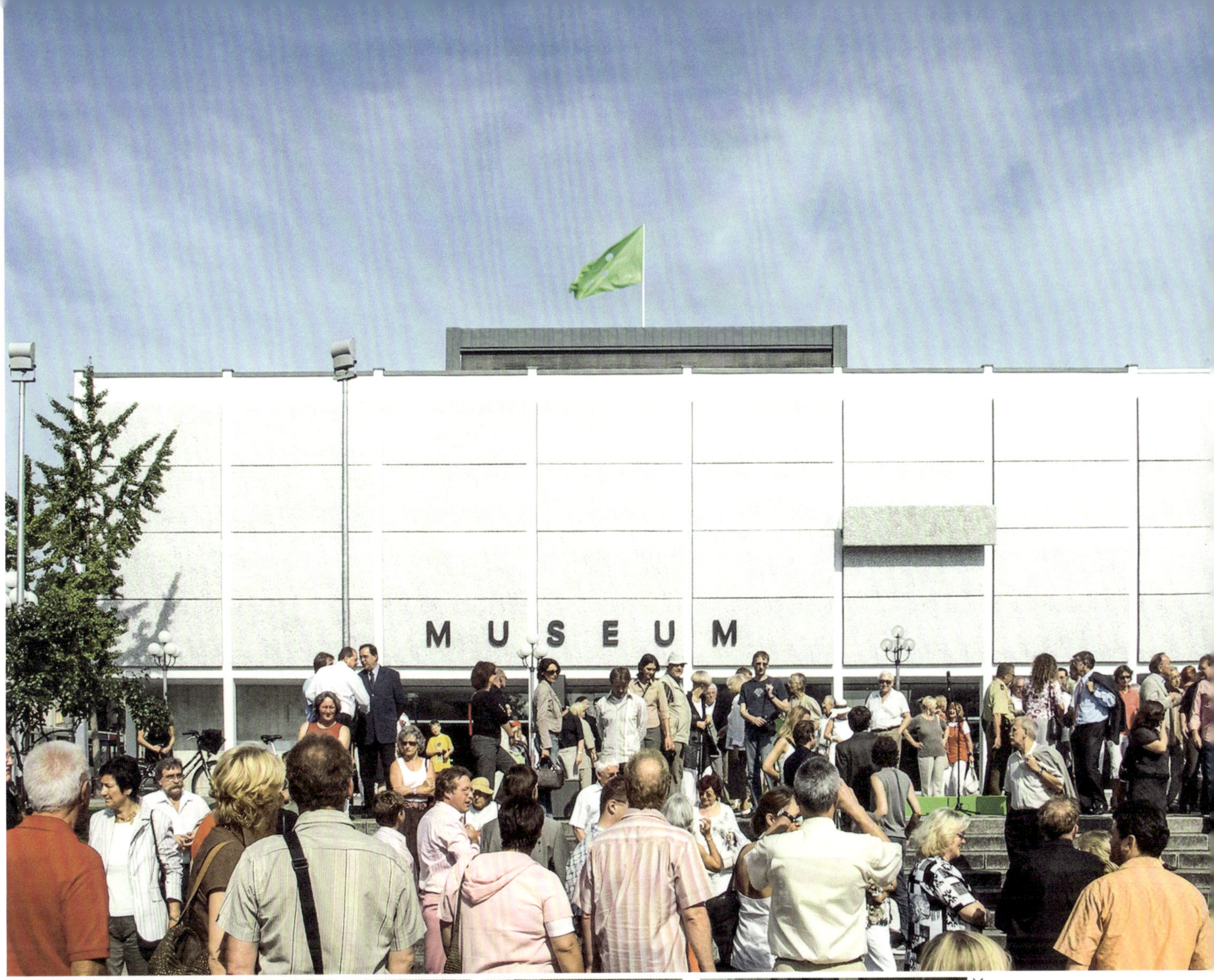

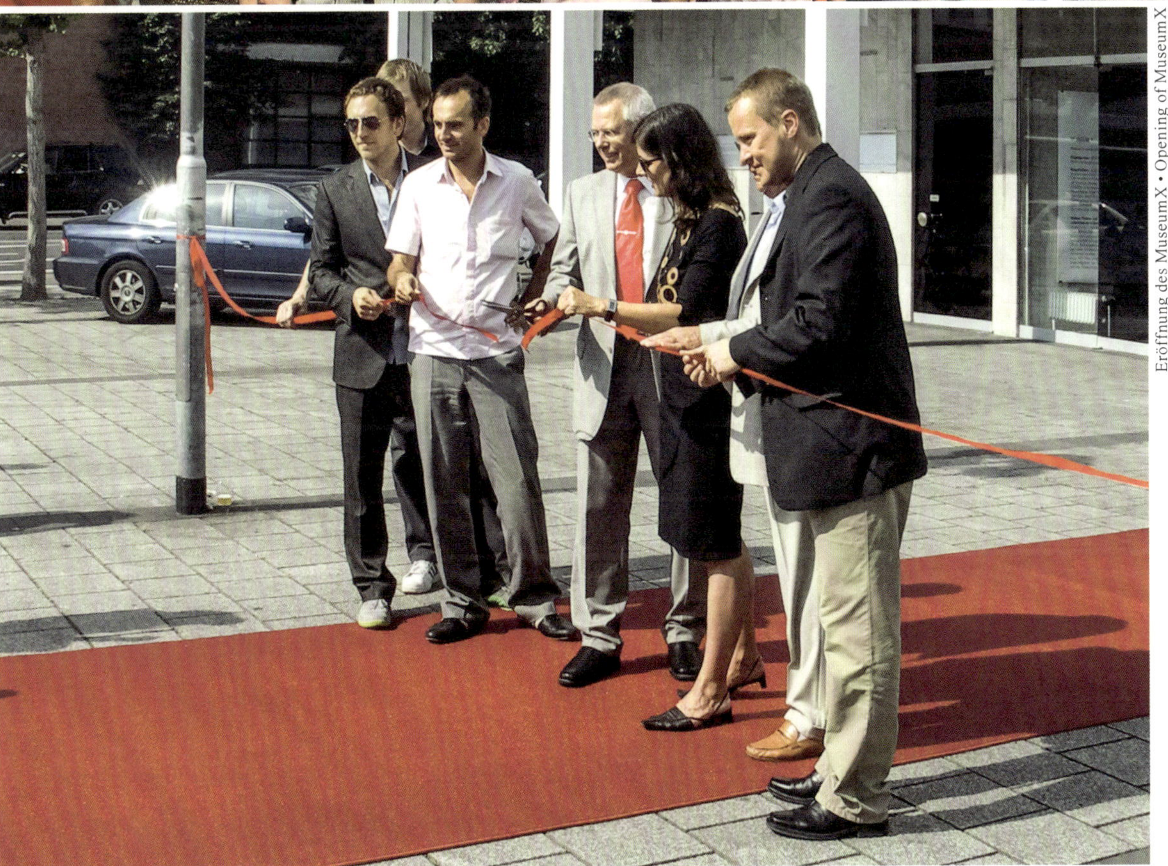

Eröffnung des MuseumX • Opening of MuseumX

Anhang

Annex

Werkverzeichnis

COCKPIT
Berlin, Deutschland, 1991–1999
Universe's first cabriolet rooftop
Ort Neue Schönhauser Straße 9, Berlin, Deutschland
Abmessungen ca. 2,5 m × 2,5 m Grundfläche
Materialien Holz, Wellblech, Stahl
Projektstatus fertiggestellt, demontiert

LimMo
Berlin, Deutschland, 1997
Provisorisches und symbiotisches Beleuchtungssystem für einen öffentlichen Park
Ort Monbijou Park, Berlin, Deutschland
Materialien Leuchtstoffröhren, Polyesterharz, Stahl, Kabel
Projektstatus fertiggestellt, demontiert

AUGMENT
Aachen, Deutschland, 1998
Ausstellungskonzept zur künstlerischen Erforschung und Weiterentwicklung von „Augmented Reality"
Ort Suermondt-Ludwig-Museum, Wilhelmstraße 18, Aachen, Deutschland
Auftraggeber Kunstsammler Prof. Wilhelm Schürmann
Projektstatus unrealisiert

MULTI MIND
1. Triennale der Photographie Hamburg, Deutschland, 1999
Kunstinstallation und öffentliches Forschungslabor zu videobasierter Kommunikation
Ort Deichtorhallen, Deichtorstraße 1–2, Hamburg, Deutschland
Auftraggeber Triennale der Photographie Hamburg
Materialien stationäre PCs, tragbare PCs, digitale Videokameras, Mini-TFT Videomonitore, Röhrenmonitore, Aluminium, Kabel, Stellmotoren, Software, Rucksäcke
Projektstatus fertiggestellt
Video https://vimeo.com/realitiesunited/multimind

MODELL MODELL
Aachen, Deutschland, 2000
Temporärer Ausstellungspavillon
Ort Aachen, Deutschland
Auftraggeber Neuer Aachener Kunstverein
Abmessungen 6 m × 2,8 m × 8,3 m (B × H × T)
Materialien Baustellencontainer, Holz, GFK-Paneele, Betonplatten, Kies
Projektstatus fertiggestellt, demontiert

ReinRaus
Berlin, Deutschland, (1993) 2003
Extrem-Möbel und serieller Sofort-Balkon für eine Person
Materialien Aluminium, Stahl, Polyester, Seil, Moosgummi
Projektstatus Prototyp realisiert
Video https://vimeo.com/realitiesunited/reinraus

BIX
Graz, Österreich, 2003
Licht- und Medienfassade für das Kunsthaus Graz
Ort Kunsthaus Graz, Lendkai 1, Graz, Österreich
Architekten Peter Cook & Colin Fournier, London, England
Auftraggeber Kunsthaus Graz AG, Landesmuseum Joanneum GmbH
Abmessungen ca. 900 m²
Materialien Acrylglas, Leuchtstoffröhren, Vorschaltgeräte, Kabel, Computersystem, Software
Projektstatus fertiggestellt
Video https://vimeo.com/realitiesunited/bix

+43 316 8017 9242
Graz, Österreich, 2005
Interaktive Installation im öffentlichen Raum (temporäre Bespielung der BIX Licht- und Medienfassade)
Ort Kunsthaus Graz, Lendkai 1, Graz, Österreich
Auftraggeber Kunsthaus Graz AG, Landesmuseum Joanneum GmbH
Materialien Anrufbeantworter, Computersystem, Software
Projektstatus fertiggestellt

SPOTS
Berlin, Deutschland, 2005
Temporäre Licht- und Medieninstallation
Ort Potsdamer Platz, Berlin, Deutschland
Abmessungen ca. 1350 m²
Materialien Leuchtstoffröhren, Vorschaltgeräte, Kabel, Computersystem, Software, selbstklebende Kunststofffolie mit farbigem Siebdruck, Stahl, Aluminium
Projektstatus fertiggestellt, demontiert
Video https://vimeo.com/realitiesunited/spots

PowerPlants
Los Angeles, USA, 2005
Kinetische Lichtskulpturen
Ort Pasadena, Kalifornien, USA
Partner Nikolaus Hafermaas/Uebersee (Projektpartner); office for structural design (Ingenieurbüro erste Phase); Schlaich Bergermann und Partner (Ingenieurbüro zweite Phase)
Abmessungen ca. 17 m hoch
Materialien Stahl, Acrylglas, Solarkollektor, LED-Beleuchtung, Mikrocontroller
Projektstatus Prototyp realisiert

NIX
Frankfurt/Main, Deutschland, 2005
Untersuchung zum künstlerischen Potenzial synchronisierter Beleuchtungssysteme in Bürohochhäusern
Ort Europäische Zentralbank, Frankfurt/Main, Deutschland
Architekten Coop Himmelb(l)au, Wien, Österreich
Auftraggeber Initiativprojekt (1. Phase), Europäische Zentralbank (2. Phase, Frankfurt/Main)
Materialien Leuchtstoffröhren, Vorschaltgeräte, Kabel, Präsenzmelder, Computersystem, Software
Projektstatus unrealisiert
Video https://vimeo.com/realitiesunited/nix

MuseumX
Mönchengladbach, Deutschland, 2006
Temporäre urbane Installation als „Ersatz" für das städtische Museum Abteiberg
Ort Schauspielhaus, Hindenburgstraße 73, Mönchengladbach, Deutschland
Auftraggeber Museum Abteiberg, Stadt Mönchengladbach
Abmessungen ca. 65 000 m³
Materialien 60 textilbespannte Stahlrahmen mit Inkjetprint, Schriftzug aus Metall, diverse Spezialeinbauten aus Holz im Foyer, diverse Beleuchtungskörper, Flaggenmast, Flagge
Projektstatus fertiggestellt, demontiert
Video https://vimeo.com/realitiesunited/museum-x

OPEN THE HOUSE!
2006
Intelligente Klima-Kleidung als Katalysator für den Wandel zukünftiger Architektur
Auftraggeber Vitra Design Museum, Weil am Rhein, Deutschland; Pasadena Art Center College of Design, Kalifornien, USA
Materialien Anschauungsprotoytp, Modelle, Abbildungen
Projektstatus Konzept

AAMP
Singapur, 2007
Medienkunstinstallation als Mediator zwischen einem kommerziellen urbanen LED-Werbebildschirm und einem Bürogebäude
Ort Wilkie Edge, Wilkie Road, Singapur
Architekten WOHA (Gebäude), Singapur
Auftraggeber CapitaLand Singapore
Abmessungen ca. 1000 m²
Materialen farbige LED-Module, Verkabelung, Lichtkontrollsystem, Rechnersystem, Software
Projektstatus fertiggestellt
Video https://vimeo.com/realitiesunited/aamp

Contemporary Architecture
New York, USA, 2007
Kunstinstallation zu den wachsenden Fähigkeiten von funktionalen Beleuchtungssystemen
Ort Artists Space Gallery, New York City, USA
Abmessung ca. 4 m × 3,5 m (B × H)
Materialien Stahl, Aluminium, Polycarbonat, Leuchtstoffröhren, Kabel, Fotozelle, Computersystem, Software
Projektstatus fertiggestellt
Video https://vimeo.com/realitiesunited/contemporary-architecture

BIGGA
Abu Dhabi, Vereinigte Arabische Emirate, 2008
Robotische Gebäudefassade am Khalifa Park Art Souq (Wettbewerbsentwurf)

Ort Khalifa Park, East Ring Road Abu Dhabi, Vereinigte Arabische Emirate
Architekten Bjarke Ingels Group (BIG), Kopenhagen, Dänemark
Auftraggeber TDIC – Tourism Development and Investment Company
Materialien Aluminium, Stahl, Elektromotoren, Kabel, Computersystem, Software
Projektstatus unrealisiert
Video https://vimeo.com/realitiesunited/bigga

MEDIA CLOUD
Seoul, Südkorea, 2008
Temporäre Medieninstallation für das Hi Seoul! Festival

Ort Seoul Plaza, Seoul, Südkorea
Architekten Minsuk Cho (Mass Studies), Seoul, Südkorea
Auftraggeber Seoul Foundation for Arts & Culture
Abmessungen 55 m (Durchmesser)
Materialien Stahl, Kunststoff, LED-Module, Steuerungssystem, Software
Projektstatus fertiggestellt

ReLief
Dessau, Deutschland, 2008
Interaktive Lichtinstallation zur Beleuchtung eines öffentlichen Parks

Ort Stadtpark Dessau, Deutschland
Auftraggeber Stadt Dessau, Stiftung Bauhaus Dessau
Materialien Lichtmasten, Bewegungsmelder, Kabel
Projektstatus fertiggestellt

Freiheits- und Einheitsdenkmal
Berlin, Deutschland, 2010
Denkmal als Infrastrukturbauwerk (Ausgezeichneter Wettbewerbsentwurf)

Ort Schlossplatz, Berlin, Deutschland
Partner Bjarke Ingels Group (BIG), Kopenhagen, Dänemark
Abmessungen ca. 36 m (Durchmesser)
Materialien Stahl, Edelstahl, Beton, Holz
Projektstatus unrealisiert

Crystal Mesh
Singapur, 2010
Ornamentale Licht- und Medienfassade

Ort Iluma, Victoria Street, Singapur
Architekten WOHA, Singapur
Auftraggeber Capitaland Singapore
Abmessungen ca. 3500 m²
Materialien Polykarbonat, Aluminium, Stahl, Kompaktleuchtstoffröhren, Verkabelung, Lichtkontrollsystem, Rechnersystem, Individualsoftware
Projektstatus fertiggestellt
Video https://vimeo.com/realitiesunited/crystal-mesh

2x5 (Brothers)
Providence, USA, 2012
Kinetische Lichtinstallation (Kunst am Bau)

Ort Perry & Marty Granoff Center for the Creative Arts, Providence, RI, USA
Architekten Diller Scofidio Renfro, NYC, USA
Auftraggeber Public Arts Committee, Brown University, Providence, USA
Abmessungen 2 Plakatwechsler, je 1,8 m × 4,4 m × 0,2 m (B × H × T)
Materialien Aluminium, Stahl, Wickelkerne mit Antriebseinheiten, Leuchtstoffröhren, Textil, Thermosublimationsdruck, Mikroprozessorsteuerung
Projektstatus fertiggestellt
Video https://vimeo.com/realitiesunited/2x5

TransReflex
Magdeburg, Deutschland, 2012
Kinetische Fassadeninstallation für das Kunstmuseum Magdeburg (Kunst am Bau)

Ort Kunstmuseum Kloster Unser Lieben Frauen, Magdeburg
Auftraggeber Kunstmuseum Kloster Unser Lieben Frauen
Abmessungen 17 Spiegelpaneele, jeweils 1,5 m × 3 m (B × H)
Materialien Stahl, Edelstahl, Linearmotoren, elektronische Steuerung
Projektstatus fertiggestellt
Video https://vimeo.com/realitiesunited/transreflex

Sender
Bergkamen, Deutschland, 2013
Temporäre Installation und Performance für das Urban Lights Ruhr Festival

Ort Turmarkaden, Bergkamen, Deutschland
Auftraggeber Urbane Künste Ruhr
Abmessungen variabel
Materialien Industrieroboter, Sonderwerkzeug, Computersystem, Software
Projektstatus fertiggestellt
Video https://vimeo.com/realitiesunited/sender

Eine Stiftung an die Zukunft
(Leipziger Freiheits- und Einheitsdenkmal)
Leipzig, Deutschland, 2014
Denkmal als Demonstrationsplatz und -archiv (Ausgezeichneter Wettbewerbsentwurf)

Ort Wilhelm-Leuschner-Platz, Leipzig, Deutschland
Auftraggeber Stadt Leipzig
Partner Man Made Land, Berlin (Landschaftsplanung), Schlaich Bergermann und Partner, Berlin (Statiker), Susanne Jaschko, Aachen
Abmessungen ca. 16 500 m²
Materialien Beton, Edelstahl, Glasspiegel, Naturstein, Asphalt, Straßenmarkierungsfarben, Holz, LED-Beleuchtung, wassergebundene Decke, Rasen, Bäume etc.
Projektstatus unrealisiert

Toni Areal
Zürich, Schweiz, 2014
Künstlerische Lichtinstallation

Ort Förrlibuckstrasse 109, Zürich, Schweiz
Architekten EM2N (Gebäudeumwandlung), Zürich, Schweiz
Auftraggeber Allreal Toni AG
Abmessungen ca. 7900 m²
Materialien ca. 2700 Leuchtstoffröhren, Verkabelung, Lichtkontrollsystem
Projektstatus fertiggestellt

BIG Vortex

Kopenhagen, Dänemark, 2015
Rauchgasanlage einer Müllverbrennungsanlage als Zeichengeber (Kunst am Bau)

Ort Amagerforbrænding Müllverbrennungsanlage, Kopenhagen, Dänemark
Architekten Bjarke Ingels Group (BIG), Kopenhagen, Dänemark
Auftraggeber Bjarke Ingels Group (BIG), Amager Ressourcecenter
Abmessungen ca. 30 m × 6 m (B × H/Ring)
Materialien Rauchgas, modifizierte Abgasanlage
Projektstatus unrealisiert
Video https://vimeo.com/realitiesunited/big-vortex

Phantásien

Edmonton, Kanada, 2015
Rauminstallation (Kunst am Bau)

Ort Mill Woods Library, Edmonton, Kanada
Architekten Dub Architects, Kanada
Auftraggeber Edmonton Arts Council, Kanada
Abmessungen 4,7 m × 4,2 m × 2,8 m (B × T × H)
Materialien extraklare Glasspiegel mit farbigen PVB-Folien, LED-Beleuchtung, Vinylboden, extraklare Glaswände, maßgefertigte Möbel
Projektstatus fertiggestellt

Architecture of Autonomy

Gwangju, Südkorea, 2017
Installation für die Gwangju Biennale, Folly III

Ort Gwangju, Südkorea
Architekten Moon Hoon Architects, Seoul, Südkorea
Auftraggeber Gwangju Biennale
Abmessungen ca. 23 m × 5 m (B × H)
Projektstatus fertiggestellt

C3A

Córdoba, Spanien, 2017
Museumsfassade mit integrierter Licht- und Medieninstallation

Ort Centro de Creación Contemporánea de Andalucía, Spanien
Architekten Nieto Sobejano, Madrid, Spanien
Auftraggeber Nieto Sobejano & Comunidad de Andalucía, Spanien
Abmessungen ca. 110 m × 11 m (B × H)
Materialien Faserverstärkter Beton, weiße LED-Beleuchtung, Verkabelung, Lichtkontrollsystem, Computersystem, Software
Projektstatus fertiggestellt
Video https://vimeo.com/realitiesunited/c3a

Essential Tree 2

Edmonton, Kanada, 2017
Skulptur im öffentlichen Raum (Kunst am Bau)

Ort Rogers Place Arena, NW Plaza, Edmonton, Alberta, Kanada
Auftraggeber Edmonton Arts Council
Abmessungen ca. 12 m × 15 m (B × H)
Materialien Stahl, Lackierung
Projektstatus fertiggestellt

FUTURIUM

Berlin, Deutschland, 2017
Interaktive Lichtinstallation

Ort Futurium, Alexanderufer 2, Berlin, Deutschland
Architekten Richter Musikowski, Berlin
Auftraggeber BAM Deutschland GmbH
Abmessungen 2090 m²
Materialien LED-Beleuchtung, Software, digitale Steuerung, Sensoren
Projektstatus fertiggestellt
Video https://vimeo.com/realitiesunited/futurium

Drehmoment

Berlin, Deutschland, 2018
Kinetische Skulptur (Kunst am Bau)

Ort Futurium, Alexanderufer 2, Berlin, Deutschland
Auftraggeber Bundesanstalt für Immobilienaufgaben (BImA)
Abmessungen ca. 15 m Höhe, 4,30 m Durchmesser
Materialien Stahl, Aluminium, Polyestergewebe, Beton, digitale Steuerung, Sensoren
Projektstatus fertiggestellt
Video https://vimeo.com/realitiesunited/drehmoment-doku

Monocle

Toronto, Kanada, 2019
Kinetische Fassadeninstallation (Kunst am Bau)

Ort 219 Queen St W, Toronto, Kanada
Auftraggeber Urban Capital Property Group/Malibu & U
Abmessungen 2,30 m (Durchmesser)
Materialien Stahl, Glas, LED-Beleuchtung, digitale Steuerung, Software
Projektstatus in Produktion

LightSpell

Toronto, Kanada, 2019
Interaktive Lichtinstallation für eine U-Bahnstation (Kunst am Bau)

Ort Steeles West Subway Station, Toronto, Kanada
Architekten Will Alsop Architects, London, England
Abmessungen ca. 250 m Länge
Materialien LED-Lüster, Verkabelung, Lichtkontrollsystem, Rechnersystem, kundenspezifische Software
Projektstatus fertiggestellt

Mondspiegel (Europa, Io, Titan)

Heilbronn, Deutschland, 2019
Rauminstallation (Kunst am Bau)

Ort experimenta – Das Science Center, Experimenta-Platz, Heilbronn, Deutschland
Architekten sauerbruch hutton, Berlin
Auftraggeber experimenta – Science Center der Region Heilbronn Franken gGmbH
Abmessungen 44 m² (Gesamtfläche)
Materialien VSG-Spiegel, Weißglas, Sandstrahlung, Vanceva Folie, PVB-Folie mit Inkjetdruck
Projektstatus in Ausführung

90° – 8,4°

Belgrad, Serbien, 2019
Rauminstallation (Kunst am Bau)

Ort Deutsche Botschaft Belgrad, Serbien
Architekten karlundp, München
Auftraggeber Bundesrepublik Deutschland (vertreten durch das Bundesministerium des Innern, für Bau und Heimat, dieses vertreten durch das Bundesamt für Bauwesen und Raumordnung)
Abmessungen 20 m² (Gesamtfläche)
Materialien VSG-Spiegel, Weißglas, Vanceva-Folie, verchromtes Aluminium
Projektstatus in Planung

Flussbad

Berlin, Deutschland, 2025
Stadtentwicklungsprojekt zur Rückgewinnung der innerstädtischen Spree

Ort Kupfergraben, Berlin, Deutschland
Partner Flussbad Berlin e.V.; Man Made Land, Berlin (Landschaftsplanung); Heiko Sieker/Ingenieurgesellschaft Prof. Dr. Sieker, Hoppegarten (Wasserbau)
Abmessungen 1,8 km (Fluss)Länge
Projektstatus in Planung
Video https://vimeo.com/realitiesunited/flussbad

List of Works

COCKPIT
Berlin, Germany, 1991–99
Universe's first cabriolet rooftop
Location Neue Schönhauser Straße 9, Berlin, Germany
Dimensions approx. 2,5 m × 2,5 m floor area
Materials wood, corrugated iron, steel
Status completed, dismantled

LimMo
Berlin, Germany, 1997
Makeshift symbiotic public lighting system
Location Monbijou Park, Berlin, Germany
Materials fluorescent tube, polyester resin, steel, cable
Status completed, dismantled

AUGMENT
Aachen, Germany, 1998Concept for an art exhibition exploring and enhancing the concept of "augmented reality"
Location Suermondt-Ludwig-Museum, Wilhelmstraße 18, Aachen, Germany
Client art collector Prof. Wilhelm Schürmann
Status unrealized

MULTI MIND
1. Triennale der Photographie Hamburg, Germany, 1999
Art installation and research laboratory on mobile video-based communication
Location Deichtorhallen, Deichtorstraße 1–2, Hamburg, Germany
Client Triennale der Photographie Hamburg
Materials desktop computers, laptops, digital video cameras, mini TFT displays, CRT monitors, aluminum, cable, actuators, software, backpacks
Status completed
Video https://vimeo.com/realitiesunited/multimind

MODELL MODELL
Aachen, Germany, 2000
Temporary exhibition pavilion
Location Aachen, Germany
Client Neuer Aachener Kunstverein
Dimensions 6 m × 2,8 m × 8,3 m (w × h × d)
Materials site containers, wood, fibre-reinforced plastic panels, concrete slabs, gravel
Status completed, dismantled

ReinRaus
Berlin, Germany, (1993) 2003
Extreme furniture and instant one-person balcony
Materials aluminum, steel, polyester, rope, foam rubber
Status prototype unrealized
Video https://vimeo.com/realitiesunited/reinraus

BIX
Graz, Austria, 2003
Communicative display skin for the Kunsthaus Graz
Location Kunsthaus Graz, Lendkai 1, Graz, Austria
Architects Peter Cook & Colin Fournier, London, UK
Client Kunsthaus Graz AG, Landesmuseum Joanneum GmbH
Dimensions approx. 900 m²
Materials acrylic glas, fluorescent tube, ballast, cable, computer system, software
Status completed
Video https://vimeo.com/realitiesunited/bix

+43 316 8017 9242
Graz, Austria, 2005
Interacive media art installation reflecting on "interactivity" (temporary display at the BIX light and media façade)
Location Kunsthaus Graz AG, Lendkai 1, Graz, Austria
Client Kunsthaus Graz, Landesmuseum Joanneum GmbH
Materials answering machine, computer system, software
Status completed

SPOTS
Berlin, Germany, 2005
Temporary light and media installation
Location Potsdamer Platz, Berlin, Germany
Dimensions approx. 1,350 m²
Materials fluorescent tubes, ballast, cable, computer system, software, self-adhesive plastic foil with color screen print, steel, aluminum
Status completed, dismantled
Video https://vimeo.com/realitiesunited/spots

PowerPlants
Los Angeles, USA, 2005
Kinetic light sculptures
Location Pasadena, California, USA
Partner Nikolaus Hafermaas/Uebersee (project partner); office for structural design (engineering office first stage); Schlaich Bergermann und Partner (engineering office second stage)
Dimensions approx. 17 m height
Materials steel, acrylic glas, solar collector, LED light, microcontroller
Status prototype completed

NIX
Frankfurt/Main, Germany, 2005
Research on artistic potentials of synchronized lighting system in high-rise buildings
Location Europäische Zentralbank, Frankfurt/Main, Germany
Architects Coop Himmelb(l)au, Vienna, Austria
Client initiative project (first stage), Europäische Zentralbank (second stage, Frankfurt/Main)
Materials fluorescent tubes, ballast, cable, presence detector, computer system, software
Status unrealized
Video https://vimeo.com/realitiesunited/nix

MuseumX
Mönchengladbach, Germany, 2006
Urban installation as a one-year "stand-in" for Museum Abteiberg
Location Schauspielhaus, Hindenburgstraße 73, Mönchengladbach, Germany
Client Museum Abteiberg, City of Mönchengladbach
Dimensions approx. 65,000 m³
Materials 60 fabric covered steel frames with inkjet print, metal lettering, various special wooden installations in the foyer, various lighting units, flagpole, flag
Status completed, dismantled
Video https://vimeo.com/realitiesunited/museum-x

OPEN THE HOUSE!
2006
Intelligent climate clothing as a means of changing future architecture
Client Vitra Design Museum, Weil am Rhein, Germany; Pasadena Art Center College of Design, California, USA
Materials prototype for demonstration, models, illustrations
Status concept

AAMP
Singapore, 2007
Media art installation as a mediator between a commercial LED billboard and an office building
Location Wilkie Edge, Wilkie Road, Singapore
Architects WOHA (building), Singapore
Client CapitaLand Singapore
Dimensions approx. 1,000 m²
Materials color LED modules, cables, light control system, computer system, software
Status completed
Video https://vimeo.com/realitiesunited/aamp

Contemporary Architecture
New York, USA, 2007
Art installation on the growing sophistication of functional lighting
Location Artists Space Gallery, New York City, USA
Dimensions approx. 4 m × 3,5 m (w × h)
Materials steel, aluminum, polycarbonate, fluorescent tubes, cable, photocell, computer system, software
Status completed
Video https://vimeo.com/realitiesunited/contemporary-architecture

BIGGA
Abu Dhabi, Vereinigte Arabische Emirate, 2008
Robotic architecture for the Khalifa Park Art Soug (competition entry)

Location Khalifa Park, East Ring Road Abu Dhabi, United Arab Emirates
Architects Bjarke Ingels Group (BIG), Copenhagen, Denmark
Client TDIC – Tourism Development and Investment Company
Materials aluminum, steel, electric engines, cable, computer system, software
Status unrealized
Video https://vimeo.com/realitiesunited/bigga

MEDIA CLOUD
Seoul, South Korea, 2008
Temporary media installation for the Hi Seoul! Festival

Location Seoul Plaza, Seoul, South Korea
Architects Minsuk Cho (Mass Studies), Seoul, South Korea
Client Seoul Foundation for Arts & Culture
Dimensions 55 m (diameter)
Materials steel, plastic, LED modules, control system, software
Status completed

ReLief
Dessau, Germany, 2008
Interactive light installation for illuminating a municipal park

Location Stadtpark Dessau, Germany
Client City of Dessau, Bauhaus Dessau Foundation
Materials lighting towers, motion sensors, cable
Status completed

Freiheits- und Einheitsdenkmal
Berlin, Germany, 2010
The monument as an infrastructure project (awarded competition entry)

Location Schlossplatz, Berlin, Germany
Partner Bjarke Ingels Group (BIG), Copenhagen, Denmark
Dimensions approx. 36 m (diameter)
Materials steel, stainless steel, concrete, wood
Status unrealized

Crystal Mesh
Singapore, 2010
Ornamental light and media façade

Location Iluma, Victoria Street, Singapore
Architects WOHA, Singapore
Client Capitaland Singapore
Dimensions approx. 3,500 m²
Materials polycarbonate, aluminum, steel, compact fluorescent lamp, cables, control system, computer system, customized software
Status unrealized
Video https://vimeo.com/realitiesunited/crystal-mesh

2×5 (Brothers)
Providence, USA, 2012
Kinetic light installation in public space

Location Perry & Marty Granoff Center for the Creative Arts, Providence, RI, USA
Architects Diller Scofidio Renfro, NYC, USA
Client Public Arts Committee, Brown University, Providence, USA
Dimensions 2 scrolling posters, 1,8 m × 4,4 m × 0,2 m (w × h × d) each
Materials aluminum, steel, hubs with power units, fluorescent lamps, fabric, dye sublimation prints, microprocessor control
Status completed
Video https://vimeo.com/realitiesunited/2x5

TransReflex
Magdeburg, Germany, 2012
Kinetic façade installation for Kunstmuseum Magdeburg (art in public space)

Location Kunstmuseum Kloster Unser Lieben Frauen, Magdeburg, Germany
Client Kunstmuseum Kloster Unser Lieben Frauen
Dimensions 17 mirror panels, 1,5 m × 3 m (w × h) each
Materials steel, stainless steel, linear motors, electronic control system
Status completed
Video https://vimeo.com/realitiesunited/transreflex

Sender
Bergkamen, Germany, 2013
Temporary installation and performance for Urban Lights Ruhr Festival

Location Turmarkaden, Bergkamen, Germany
Client Urbane Künste Ruhr
Dimensions variable
Materials industrial robot, special tools, computer system, software
Status completed
Video https://vimeo.com/realitiesunited/sender

Eine Stiftung an die Zukunft
(Foundation for the Future, Monument to Freedom and Unity)
Leipzig, Germany, 2014
The monument as demonstration area and archive (awarded competition entry)

Location Wilhelm-Leuschner-Platz, Leipzig, Germany
Client City of Leipzig
Partner Man Made Land, Berlin (landscape architecture), Schlaich Bergermann und Partner, Berlin (structural engineer), Susanne Jaschko, Aachen
Dimensions approx. 16,500 m²
Materials concrete, stainless steel, glass mirror, natural stone, asphalt, road marking paint, wood, LED lighting, waterbound cover, lawn, trees etc.
Status unrealized

Toni Areal
Zurich, Switzerland, 2014
Artistic light installation

Location Förrlibuckstrasse 109, Zurich, Switzerland
Architects EM2N (building conversion), Zurich, Switzerland
Client Allreal Toni AG
Dimensions approx. 7,900 m²
Materials approx. 2,700 fluorescent lamps, cables, light control system
Status completed

BIG Vortex
Copenhagen, Denmark, 2015
Flue-gas system of a waste incineration plant as transmitter (art in public space)

Location Amagerforbrænding waste incineration plant, Copenhagen, Denmark
Architects Bjarke Ingels Group (BIG), Copenhagen, Denmark
Client Bjarke Ingels Group (BIG), Amager Ressourcecenter
Dimensions approx. 30 m × 6 m (w × h/ring)
Materials flue-gas, modified exhaust system
Status unrealized
Video https://vimeo.com/realitiesunited/big-vortex

Phantásien
Edmonton, Canada, 2015
Public art installation

Location	Mill Woods Library, Alberta, Canada
Architects	Dub Architects, CanadaClients: Edmonton Arts Council, Canada
Dimensions	4,7 m × 4,2 m × 2,8 m (w × d × h)
Materials	extra clear glass mirror with colored PVB film, LED lighting, vinyl floor, extra clear glass walls, custom-made furniture
Status	completed

Architecture of Autonomy
Gwangju, South Korea, 2017
Installation for Gwangju Biennale, Folly III

Location	Gwangju, South Korea
Architects	Moon Hoon Architects, Seoul, South Korea
Client	Gwangju Biennale
Dimensions	approx. 23 m × 5 m (w × h)
Status	completed

C3A
Córdoba, Spain, 2017
Museum façade with integrated light and media installation

Location	Centro de Creación Contemporánea de Andalucía, Spain
Architects	Nieto Sobejano, Madrid, Spain
Client	Nieto Sobejano & Comunidad de Andalucía, Spain
Dimensions	approx. 110 m × 11 m (w × h)
Materials	fibre amplifier, concrete, white LED lighting, cables, light control system, computer system, software
Status	completed
Video	https://vimeo.com/realitiesunited/c3a

Essential Tree 2
Edmonton, Canada, 2017
Public art installation

Location	Rogers Place Arena, NW Plaza, Edmonton, Alberta, Canada
Client	Edmonton Arts Council, Canada
Dimensions	approx. 12 m × 15 m (w × h)
Materials	steel, varnish
Status	completed

FUTURIUM
Berlin, Germany, 2017
Interactive light installation

Location	Futurium, Alexanderufer 2, Berlin, Germany
Architects	Richter Musikowski, Berlin
Client	BAM Deutschland GmbH
Dimensions	2,090 m²
Materials	LED lighting, software, digital control system, sensors
Status	completed
Video	https://vimeo.com/realitiesunited/futurium

Drehmoment
Berlin, Germany, 2018
Kinetic sculpture in public space

Location	Futurium, Alexanderufer 2, Berlin, Germany
Client	Institute for Federal Real Estate (BImA)
Dimensions	approx. 15 m hight, 4,30 m diameter
Materials	steel, aluminum, polyester fabric, concrete, digital control system, sensors
Status	completed
Video	https://vimeo.com/realitiesunited/drehmoment-doku

LightSpell
Toronto, Canada, 2019
Interactive light installation for a subway station (art in public space)

Location	Steeles West Subway Station, Toronto, Canada
Architects	Will Alsop Architects, London, UK
Dimensions	approx. 250 m length
Materials	LED lustre, cable, light control system, computer system, customized software
Status	completed

Mondspiegel (Europa, Io, Titan)
Heilbronn, Germany, 2019
Public art installation

Location	experimenta – Das Science Center, Experimenta-Platz, Heilbronn, Germany
Architects	sauerbruch hutton, Berlin
Client	experimenta – Science Center der Region Heilbronn Franken gGmbH
Dimensions	44 m² (whole area)
Materials	laminated mirror glass, white glass, sandblasting, Vanceva foil, PVB foil with inkjet print
Status	in progress

Monocle
Toronto, Canada, 2019
Kinetic façade installation in public space

Location	219 Queen St W, Toronto, Canada
Client	Urban Capital Property Group/ Malibu & U
Dimensions	2,30 m (diameter)
Materials	steel, glass, LED lighting, digital control system, software
Status	in production

90° – 8,4°
Belgrade, Serbia, 2019
Public art installation

Location	German Embassy Belgrade, Serbia
Architects	karlundp, Munich
Client	German Federal Republic (represented by the Federal Ministry of the Interior, Building and Community, represented by the Federal Office for Building and Regional Planning)
Dimensions	20 m² (whole area)
Materials	laminated mirror glass, white glass, Vanceva foil, chromed aluminum
Status	planning stage

Flussbad
Berlin, Germany, 2025
Urban renewal project for the recovery of Berlin's inner-city river Spree

Location	Kupfergraben, Berlin, Germany
Partner	Flussbad Berlin e.V.; Man Made Land, Berlin (landscape architecture); Heiko Sieker/ engineering bureau Prof. Dr. Sieker, Hoppegarten (hydraulic engineering)
Dimensions	1,8 km (river) length
Status	planning stage
Video	https://vimeo.com/realitiesunited/flussbad

Diese Publikation erscheint anlässlich der Ausstellung • This catalog has been published in conjunction with the exhibition

realities:united

Fazit
27.4.–19.8.2019

Berlinische Galerie
Landesmuseum für Moderne Kunst, Fotografie und Architektur
Stiftung öffentlichen Rechts

Alte Jakobstraße 124–128
10969 Berlin

Tel +49 (0)30 78 902 600
Fax +49 (0)30 78 902 700
bg@berlinischegalerie.de
www.berlinischegalerie.de

Ausstellung Exhibition

Konzept • Concept:
realities:united, Jan Edler und/and Tim Edler

Kurator • Curator:
Thomas Köhler

Kuratorische Mitarbeit & Projektmanagement • Curatorial Assistance & Project Management:
Anne Bitterwolf

Produktionsleitung • Production Management realities:united:
Daniela Ihrig

Planung & Produktion • Planning & production realities:united:
Svenja Binz, Christopher Gramer, Felizitas Maria Konrad

Technische Leitung • Head of Installation Berlinische Galerie:
Wolfgang Heigl

Aufbau • Installation:
RT Ausstellungstechnik, Rode & Tornow G.b.R.

Leihgaben Loans

Kühlturmmodelle • Cooling tower models:
Courtesy Windingenieurwesen und Strömungsmechanik, Institut fur Konstruktiven Ingenieurbau, Ruhr-Universität Bochum und Ingenieurgesellschaft Niemann & Partner, Bochum

Katalog Catalog

Herausgeber • Editor:
Berlinische Galerie, Landesmuseum für Moderne Kunst, Fotografie und Architektur

Redaktion • Editing:
Anne Bitterwolf, Daniela Ihrig

Gestaltung • Design:
Gregor Schreiter für • for BUREAU Mario Lombardo

Texte • Texts:
Dr. Thomas Köhler, Antje Stahl

Lektorat • Copy Editing:
DISTANZ Verlag

Übersetzung • Translation:
Alicia Reuter

Lithografie • Image Editing:
max-color, Berlin

Produktion • Production:
DISTANZ Verlag

Gesamtherstellung • Printing and Binding:
optimal media GmbH, Röbel/Müritz

Vertrieb • Distribution:
edel Germany GmbH,
www.edel.com,
international-books@edel.com

ISBN Buchhandelsausgabe • Trade Edition
978-3-95476-280-4

ISBN Museumsausgabe • Museum Edition
978-3-940208-59-0

Rechte Copyrights

Fotonachweis Image Credits

© realities:united, digitale Montagen basierend auf Fotografien von • digital montages based on photographs by S. Ziese/picture alliance/blickwinkel, S./pp. 22/23 (Detail Vorsatzpapier • detail front endpaper); Stefan Stefanescu & Volker Sattel, S./pp. 24/25; Frank Roeder/picture alliance/Westend61, S./pp. 38/39; Andreas Franke/picture alliance, S./pp. 40–41 (Detail Nachsatzpapier • detail endpaper); Stefan Stefanescu & Volker Sattel, S./p. 42; Herbert Kehrer/picture alliance/imageBROKER, S./p. 43; Arne Hückelheim (CC BY-SA 3.0), S./pp. 48/49.

© für die Abbildungen • for the images: Moritz Friese, S./p. 6; BIG, www.big.dk, S./p. 9; Michelangelo Oprandi/Alamy, S./pp. 10/11.; Leon Liesener (CC BY-SA 3.0), S./p. 14; Marco Fulle, S./pp. 30/31; Moritz Friese, S./pp. 35–37; Axel Schmidt, S./pp. 44–47; Annette Hauschild/Ostkreuz, S./pp. 53, 56; Axel Schmidt S./pp. 60–61.; kerb studios, S./pp. 69–73; Markus Koob, S./p. 75; Roland Halbe, S./p. 76 unten • below; Fernando Alda Fotografía, S./p. 77; Roland Halbe, S./pp. 78/79; Roger Frei, Zürich, S./p. 84; EM2N, S./p. 85 oben • top; Roger Frei, Zürich, S./p. 85 unten • below, S./p. 86 oben • top; Simon Menges, S./p. 87; Phillip Kaminiak, S./pp. 90–95; Warren Jagger, Providence, USA, S./pp. 97–99; Natalie Czech, S./p. 101.

© VG Bild-Kunst, Bonn, für • for: Natalie Czech

Alle anderen Abbildungen • All other images: © realities:united

Dank Acknowledgement

realities:united danken bloomimages Berlin und der dpa/Picture Alliance für die Unterstützung bei der Erstellung der digitalen Bildmontagen zum Projekt Fazit. • realities:united would like to thank bloomimages Berlin and dpa/Picture Alliance for supporting the preparation of the digital montages for the project Fazit.

Besonderer Dank gilt außerdem • Special thanks goes to Dr. Juerg Alean, Prof. Dr. Günther Bachmann, Emil Bange, Ellen Blumenstein, Frank Büke, Moritz Friese, Marco Fulle, Max Hannes, Christine Herntier, Dr. Norbert Hölscher, Dr. Wolfgang Hubert, Dave Goodall, Antje Grothus, Dr. Gabor Janiga, Miriam Kolitsch-Gonciarz, Hannes König, Esra Küçük, Jun.-Prof. Dr. Christian Lessig, Nicolas Mussot, Prof. Olaf Nicolai, Prof. Dr. Hans-Jürgen Niemann, Boris Reyher, Dr. Gerd Rosenkranz, Andreas Ruby, Volker Sattel, Prof. Dr. Mike Schlaich, Susanne Schmelcher, Axel Schmidt, Gregor Schreiter, Kuenil Song, Delia Sabine Schwarz, Antje Stahl, Dr. Carl-Stephan Schweer, Dr. Felix Laurin Stang, Prof. Stefan Stefanescu, Kai Tebbel, Prof. Dr. Dominique Thévenin, Dr. Susanne Titz, Frank Tornow, Hanse Warns, Rebecca Wilton, Olaf Zimmermann

Ganz besonderer Dank gilt Dr. Thomas Köhler, Anne Bitterwolf sowie dem gesamten Team der Berlinischen Galerie. • Very special thanks goes to Dr. Thomas Köhler, Anne Bitterwolf, and the entire team of Berlinische Galerie.

Mitarbeiter*innen Staff Berlinische Galerie